广视角·全方位·多品种

权威·前沿·原创

皮书系列为
"十二五"国家重点图书出版规划项目

中国社会科学院创新工程学术出版项目

河南经济蓝皮书

BLUE BOOK OF
HENAN'S ECONOMY

2014 年河南经济形势
分析与预测

ECONOMY OF HENAN ANALYSIS AND FORECAST
(2014)

主 编／胡五岳
副主编／俞肖云 金美江

社会科学文献出版社
SOCIAL SCIENCES ACADEMIC PRESS (CHINA)

图书在版编目（CIP）数据

2014 年河南经济形势分析与预测/胡五岳主编. —北京：社会
科学文献出版社，2014.3
（河南经济蓝皮书）
ISBN 978 - 7 - 5097 - 5652 - 2

Ⅰ.① 2…　Ⅱ.①胡…　Ⅲ.①区域经济 - 经济分析 - 河南省 -
2014 ②区域经济 - 经济预测 - 河南省 - 2014　Ⅳ.①F127.61

中国版本图书馆 CIP 数据核字（2014）第 026922 号

河南经济蓝皮书
2014 年河南经济形势分析与预测

主　　编／胡五岳
副 主 编／俞肖云　金美江

出 版 人／谢寿光
出 版 者／社会科学文献出版社
地　　址／北京市西城区北三环中路甲 29 号院 3 号楼华龙大厦
邮政编码／100029

责任部门／皮书出版分社　（010）59367127　　责任编辑／高　启　王　颉
电子信箱／pishubu@ ssap. cn　　　　　　　　责任校对／谢　华
项目统筹／任文武　　　　　　　　　　　　　责任印制／岳　阳
经　　销／社会科学文献出版社市场营销中心　（010）59367081　59367089
读者服务／读者服务中心（010）59367028

印　　装／北京季蜂印刷有限公司
开　　本／787mm×1092mm　1/16　　　　　印　　张／20
版　　次／2014 年 3 月第 1 版　　　　　　　字　　数／325 千字
印　　次／2014 年 3 月第 1 次印刷
书　　号／ISBN 978 - 7 - 5097 - 5652 - 2
定　　价／69.00 元

摘　要

本书依据河南省 2013 年最新年度统计数据，全方位分析全省经济运行态势，以数据翔实、资料丰富、客观权威为特征，突出科学性、实证性和前瞻性，服务于科学决策与科学发展。全书由河南省统计局主持编撰，内容由主报告、分析预测篇、专题研究篇三部分组成。

本书主报告为"2013～2014 年河南省经济形势分析与展望"，由河南省统计局课题组撰写，代表本书的基本观点。全面分析 2013 年度河南全省经济运行综合情况，科学预判 2014 年经济走势及发展的脉络轨迹。

报告认为，2013 年，河南省在错综复杂的外部环境叠加影响与国内近年少有的困难局面下，经济运行自年中开始能够稳住并逐步向好，保持了全年稳中向好的态势，很重要的原因就是中央积极创新宏观调控方式，河南省把稳增长摆在突出位置，主动出击、精准发力，及时解决经济运行中的突出矛盾和问题，扎实推进国家粮食核心区、中原经济区、郑州航空港经济综合实验区三大战略。初步核算，全省年生产总值增长 9%，总量达 32155.86 亿元。总体实现了增长平稳，物价稳定，农业稳固，结构调整取得进展，发展效益质量好转，民生得到改善，产业升级加快。2014 年，虽然发展环境依然复杂，经济运行压力不容忽视，但总体看，积极因素正在持续积累，随着党的十八届三中全会精神和河南省一系列决策部署的逐步落实，全省经济有望继续保持平稳增长、稳中向好的态势。

本书分析预测篇，重点分析了 2013 年河南省各产业、各行业发展的新特点，特别是产业集聚区建设发展和承接产业转移形势新变化，结合国内外市场及政策环境对这些方面影响的研判，预测 2014 年走势前景，给出发展思路和对策。

本书专题研究篇，秉承专业精神和数据优势，依靠专家团队，着力分析河

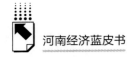
南省在进入国家粮食核心区、中原经济区、郑州航空港经济综合实验区三大战略运作新时期和科学推进城镇化的新要求下，加快中原崛起、河南振兴面临的机遇与挑战，突出科学研讨和省情区域特点，科学回应在新形势下河南经济发展战略问题，探索规律；跟踪重大决策部署的实施效应，建言献策，发挥"智库"作用。

　　本书邀请了省内经济工作部门的专家学者，从河南财政、金融、对外贸易、扩大开放等各个领域分析介绍了 2013 年的形势，科学探讨存在的问题及解决措施，展望 2014 年发展前景。为广大理论和实际工作者研究河南经济提供参考。

目 录

ＢⅢ　专题研究篇

皮书数据库阅读 **使用指南**

主 报 告

2013～2014 年河南省经济
形势分析与展望

河南省统计局课题组*

摘 要：

2013 年河南经济运行呈现稳中有升、稳中有进、稳中向好的态势。初步核算，2013 年，全省生产总值 32155.86 亿元，同比增长 9.0%。第一产业增长 4.3%；第二产业增长 10.0%，其中工业增长 9.9%；第三产业增长 8.8%。物价控制在 2.9%；全年粮食总产量 1142.74 亿斤，连续 10 年增产和 8 年超千亿斤，总体实现了增长平稳，物价稳定，农业稳固，结构调整取得进展，效益回升，质量好转，民生改善和升级加快。展望 2014 年，需求不足与结构性矛盾交织叠加，不稳定、不平衡、不协调、不可持续问题仍然突出。尽管经济下行压力不容忽视，但总体看，积极因素正在持

---

* 课题组组长：胡五岳；副组长：刘明宪、俞肖云；执行负责人：金美江；执笔人：孙磊、张亚丽。

续积累，随着党的十八届三中全会精神和河南省一系列决策部署的逐步落实，全省经济有望继续保持平稳增长、稳中向好的态势。

关键词：

河南省　经济形势　分析与展望

2013 年，河南省面对极为错综复杂的经济形势，全省上下深入贯彻落实中央和省委、省政府各项决策部署，牢牢把握主题主线，统筹做好稳增长、调结构、促改革、惠民生各项工作，全省经济社会发展继续保持好的趋势、好的态势、好的气势。展望 2014 年，世界经济仍处于危机后的恢复期，需求不足的外部因素与自身结构性矛盾、体制性问题交织叠加，保持全省经济平稳较快增长仍面临诸多不确定因素。但随着三大国家战略规划的扎实推进，稳增长、调结构、促转型等政策效应的不断显现，河南经济发展态势仍有望稳中向好。

一　2013 年河南经济呈现稳中有升、稳中有进、稳中向好的积极态势

2013 年，在全国经济增速回落的大背景下，河南经济主要指标增幅也出现同比回落，增长放缓的现象。省委、省政府积极落实中央决策部署，并结合河南发展实际，出台了一系列稳增长、促转型的政策措施，使年初经济增速回落过大的局面逐步扭转，速度、结构、质量、效益等指标趋于协调，持续健康发展的基础不断夯实。初步核算，2013 年，全省生产总值 32155.86 亿元，保持全国第五位；同比增长 9%，虽较上年回落 1.1 个百分点，但较年初加快 0.6 个百分点。第一产业增长 4.3%；第二产业增长 10.0%，其中工业增长 9.9%；第三产业增长 8.8%。

（一）经济运行总体平稳

1. 生产形势持续向好

（1）农业生产形势较好。2013 年，河南粮食生产克服了各类重大自然灾

害带来的不利影响后再获丰收,全年粮食总产量1142.74亿斤,连续10年增产、连续8年超千亿斤。在一系列政策措施的带动下,畜牧业生产克服H7N9禽流感和生猪价格波动带来的不利影响,生产总体正常、发展平稳。2013年,全省肉(猪、牛、羊、禽肉)、蛋、奶(牛奶)总产量同比分别达到681.8万吨、410.2万吨和316.4万吨,同比分别增长3.3%、1.5%和0.1%。

(2)工业生产稳中有升。2013年,全省规模以上工业增加值同比增长11.8%,较上年回落2.8个百分点,比前三季度加快0.2个百分点,比上半年和一季度均加快0.7个百分点;高于全国2.1个百分点,居全国第15位,比上半年前进5位。有九成以上行业保持增长。全省40个工业行业中39个行业增加值增长,比上半年增加3个行业。其中,26个行业保持两位数增长,比上半年增加2个行业;6个行业增速超过20%,与上半年持平。有八成产品产量实现增长。2013年,全省重点监测的98种工业产品中,有79种产品产量实现增长,增长面80.6%。气体压缩机、帘子布、农用薄膜等3种产品增速超过50%;手机、畜肉制品、商品混凝土等24种产品产量增速在20%～50%。

工业用电量增速持续回升。2013年,全省工业用电量同比增长2.9%,比前三季度、上半年和一季度分别提高0.7个、3.8个和5.3个百分点。进入6月份以来,累计工业用电量增长呈现出稳步回升态势,连续7个月回升,连续5个月正增长。

(3)服务业保持较快发展。交通运输业增速逐月回升。2013年,全省货物运输量同比增长11.8%,增速与前三季度持平,分别比上半年、一季度加快0.2个、3.5个百分点;货物周转量同比增长9.7%,增速分别比前三季度、上半年、一季度加快0.4个、1.1个、2.9个百分点。货物运输量、周转量增速自2月份以来基本呈现回升态势。批发零售、住宿餐饮业平稳增长。2013年,全省批发零售业商品销售额增长15.8%,分别比前三季度、上半年、一季度加快0.3个、0.9个、2.4个百分点。2013年,全省住宿餐饮业营业额增长15.6%,分别比前三季度、上半年、一季度加快0.1个、0.3个、0.7个百分点。房地产开发业在波动中保持快速增长。2013年,全省房地产开发投资增长26.6%,增速同比加快11个百分点。商品房销售面积和销售额分别增长

22.5%和34.4%,增速较上年分别加快27.4个和30.3个百分点。金融业保持稳定。12月末,全省金融机构人民币各项存款余额同比增长17.1%,较上年回落1.7个百分点;人民币各项贷款余额增长15.3%,较上年提高0.9个百分点。

2. 社会需求平稳较快增长

(1)固定资产投资平稳较快增长。2013年,全省固定资产投资同比增长23.2%,与上年持平,高于全国3.6个百分点,居全国第15位,比上半年前进1位。工业投资增速虽然相对缓慢,但呈回稳趋势。2013年,全省工业投资同比增长19.5%,低于全省投资增速3.7个百分点,较上年回落3.6个百分点。7~12月,工业投资各月累计增速分别为18.5%、18.6%、18.7%、18.7%、18.9%和19.5%,呈现逐渐回稳趋势。民间投资保持较快增长。2013年,全省民间投资同比增长24.9%,占全省投资的比重为81.9%,较上年提高1.1个百分点,对全省投资增长的贡献率达到86.7%。

(2)消费品市场平稳运行。2013年,全省社会消费品零售总额同比增长13.8%,较上年回落1.9个百分点,高于全国0.7个百分点,扣除价格因素实际增长11.7%。各月累计增速从年初的13.0%小幅稳步回升,总体呈现平稳增长态势。2013年,粮油食品饮料烟酒类、服装鞋帽针纺织品类、家用电器和音像器材类、石油及制品类、汽车类商品零售额分别增长了18.5%、17.8%、13.1%、7.4%和15.2%,占限额以上批发和零售业零售额的比重达77.7%,拉动限额以上批发和零售业零售额增长11.1%,贡献率达75.9%,是限额以上批发和零售业零售额增长的主要拉动力。

(3)进出口增速逐月趋稳。2013年,全省进出口总值同比增长15.9%,其中出口增长21.3%,分别高于全国8.3个、13.4个百分点,下半年以来增速在小幅波动中逐步趋稳。

3. 物价水平总体平稳

2013年,居民消费价格总指数同比上涨2.9%,涨幅高于上年同期0.4个百分点,比前三季度上升0.1个百分点,比上半年和一季度均上升0.3个百分点。12月居民消费价格环比上涨0.3%。八大类消费品及服务项目中,食品、娱乐教育文化用品及服务、衣着、居住、医疗保健和个人用品类、家庭设备用品及维修服务、烟酒类、交通和通信类价格分别上涨 5.6%、2.9%、2.5%、1.9%、1.5%、1.5%、0.4% 和 0.2%，涨幅与上年同期相比两升六降。食品仍然是推动消费价格总指数上涨的主要因素。2013 年，由于食品类价格上涨影响消费价格总指数上涨 1.7 个百分点。

（二）结构调整与转型升级取得进展

1. 产业结构继续优化

从工业看，2013 年全省六大高成长性产业增加值占规模以上工业增加值比重为 60.3%，同比提高 2.1 个百分点；四大传统支柱产业占比为 25.2%，较上年下降 0.5 个百分点；六大高载能行业占比为 37.4%，较上年下降 1.7 个百分点。能源、原材料工业占比为 47.0%，较上年降低 2.0 个百分点。

从投资看，2013 年，全省第三产业投资增长 28.0%，占投资比重为 44.4%，较上年提高 1.7 个百分点。六大高成长性产业投资占工业投资比重为 66.2%，较上年提高 2.4 个百分点；四大传统支柱产业投资占比为 23.4%，较上年降低 1.8 个百分点。

2. 产业集聚区带动作用持续增强

2013 年，全省产业集聚区实际利用外资同比增长 19.2%，占全省利用外资的 56.7%；实际利用省外资金增长 23.5%，占全省 58.3%，成为河南省招商引资的主阵地。产业集聚区规模以上工业增加值增长 18.1%，对全省工业增长的贡献率达到 73.7%，较上年提高 9.8 个百分点。全省产业集聚区 1～11 月固定资产投资增长 29.4%，占全省投资比重继续保持在 50% 以上，其中，工业投资增长 28.2%，占全省工业投资的比重为 71.1%。产业集聚区新开工亿元及以上项目占全省新开工亿元及以上项目个数的 56.5%。

3. 节能降耗成效显著

2013 年，全省继续加大淘汰落后产能的工作力度，万元工业增加值能耗下降 8.32%，取得较好成效。预计可完成国家下达的万元生产总值能耗目标。

（三）发展质量与效益不断改善

1. 财政收入增速加快

2013 年，全省地方财政总收入同比增长 12.3%，较上年回落 2.8 个百分点，分别比前三季度、上半年和一季度加快 0.8 个、2.0 个和 4.1 个百分点，增速呈持续加快态势。地方公共财政预算收入增长 18.3%，较上年回落 0.2 个百分点，比上半年加快 1.6 个百分点。

2. 工业经济持续回暖，增速稳中有升

1~11 月，全省规模以上工业主营业务收入同比增长 13.9%，增速较上年提高 0.5 个百分点，分别比上半年和一季度加快 0.6 个和 2.2 个百分点。工业企业利润增长 13%，较上年提高 8.0 个百分点，分别比上半年和一季度加快 2.2 个和 1.2 个百分点。

（四）民生大局保持稳定

1. 城乡居民收入平稳增长

受城镇居民工资水平上调、民生工程扎实推进、转移性收入持续增长等因素支撑，2013 年河南城镇居民人均可支配收入 22398.03 元，同比增长 9.6%，扣除价格因素实际增长 6.6%；农牧业生产平稳发展、主要农牧业产品价格走高、外出务工工资水平提高等因素也为全省农民收入的持续较快增加提供了支撑，2013 年河南农民人均纯收入 8475.34 元，同比增加 950.39 元，增长 12.6%，扣除价格因素实际增长 9.5%。

2. 就业形势总体平稳

据人社部门统计，2013 年全省城镇新增就业 143.1 万人，同比增长 0.3%。全省新增农村劳动力转移就业 90 万人，转移就业总量累计达到 2660 万人，省内转移超过省外 386 万人。城镇登记失业率 3.1%，低于 4.5% 的控制目标。全省就业呈现出总体基本平稳、略有增长的态势。

3. 民生持续改善

2013 年，全省地方公共财政预算支出中，用于民生支出合计 4049 亿元，占公共财政预算支出比重为 72.6%。10 项重点民生工程资金总体落实较好，

2013 年共落实财政资金 930 亿元。城市基础设施、交通、水利等行业一批重大项目快速推进，2013 年全省基础设施投资增长 21.7%，较上年加快 2.9 个百分点。

总体来看，2013 年在十分复杂严峻的宏观形势下，河南抢抓三大战略实施机遇，持续推进扩大开放招商、新型城镇化和产业集聚区建设等战略举措，积极实施扩充增量、缩小减量等一系列稳增长政策措施，探索各项机制体制改革创新，全省经济表现出趋稳回升、稳中有进、稳中向好的积极态势。但也要看到，今后一段时期，河南长期累积的结构性矛盾与竞争力不强问题在产能过剩、需求不足的大背景下将更为突出，经济发展面临的内外环境将更为复杂，保持全省经济平稳较快发展面临诸多挑战。

二 2014 年河南经济发展面临的机遇与挑战

2014 年，河南经济发展面临的环境依然非常复杂，有利因素与风险并存。一方面积极的因素仍在持续累积，推动全省经济保持平稳较快的增长势头；另一方面需求不足与结构性矛盾交织叠加，不稳定、不平衡、不协调、不可持续问题仍然突出，经济下行压力不容忽视。

（一）总体运行环境仍将持续改善

1. 从外部看

国际经济环境特别是发达经济体开始逐渐复苏向好。目前世界经济合作组织 34 个成员整体领先指标处于 2011 年 6 月以来的最高水平，显示欧美等发达经济体经济复苏明显。12 月，摩根大通公司全球制造业采购经理人指数（PMI）达 53.3，创下 32 个月以来的最高点，表明全球制造业仍处在上升趋势。预计 2014 年发达经济体复苏态势总体好于 2013 年。

2. 从国内看

我国经济仍具有长期保持平稳快速增长的条件和潜力。

（1）科学推进城镇化将激发投资和消费需求。据测算，2001～2011 年城镇化率每提高 1 个百分点，分别拉动投资、消费增长 3.7 个、1.8 个百分点。

而 2012 年我国城镇化率仅为 52.6%，与高收入国家及相同发展阶段国家相比差距均十分明显，提升潜力巨大，城镇化步伐的加快是扩大投资需求和消费规模的强劲动力。

（2）工业化与信息化深度融合将催生新的经济增长点。目前我国信息化水平整体滞后于新型工业化进程，"两化"融合尚处于初级阶段。进一步推动"两化"深度融合，可以有效推动技术与产业创新，改造提升传统产业，催生新兴产业，培育新的经济增长点。

（3）农业现代化加快发展，将提高资源的使用效率。我国人均耕地、农机使用量均大大低于发达国家。农业现代化的加快发展，既有利于提高农业的规模化和抗风险能力，也有利于释放更多劳动力进入二、三产业。

（4）居民消费结构升级加快，将持续增强对经济的拉动作用。我国居民消费正处于生存型向发展享受型转变的过程中，随着居民收入的增长和消费环境的改善，住房、汽车、文化娱乐、旅游休闲消费有望保持较快增长，对经济增长的贡献将不断提升。

（5）中西部地区后发优势明显，经济增长的回旋余地较大。据测算，目前我国中、西部分别比东部地区至少落后 5 年和 10 年，而中、西部地区具有劳动力成本低、资源丰富的比较优势，随着区域增长协调性的增强，新的区域增长极将不断涌现。

（6）改革红利不断释放，持续增强经济发展的动力和活力。2013 年以来，中央着力破除体制机制障碍、释放改革红利，向纵深推进的市场化改革举措将进一步增强内生动力和发展活力，各方面有利因素将推动经济保持平稳较快增长。2013 年下半年以来，中国经济有所改善，全年全国规模以上工业增加值增速、社会消费品零售总额增速均比上半年提高 0.4 个百分点；12 月，中国制造业采购经理指数（PMI）为 51.0%，连续 15 个月位于临界点以上，为 2012 年 5 月以来的较高水平。这些数据表明国内市场需求趋于活跃，经济企稳回升态势渐趋明显，全国经济有望延续稳中向好态势，河南加快发展的国内环境将进一步改善。

3. 从河南省看

（1）河南经济平稳较快增长的基本面将持续趋好。随着粮食生产核心区、中原经济区、郑州航空港经济综合实验区三大战略规划的加快实施,河南在全国大局中的战略地位将更加突出,基础设施、发展载体、人力资源等支撑能力将不断增强,长期积蓄的发展潜力和发展后劲将进一步释放,有助于推动河南经济稳定回升。

（2）招商引资效果仍将不断显现。近年来,河南省抢抓产业转移机遇,以产业集聚区为主要平台,不断加大招商力度,取得了良好成效,为全省经济转型升级、增强发展后劲奠定了扎实的基础。2008～2012 年,全省实际利用外资年均增长 31.7%,实际到位省外资金年均增长 21.2%。随着这些承接项目的投产达效,将形成河南新的经济增长点。

（3）稳增长政策效应仍将不断显现。截至 2013 年 12 月,全省规模以上工业增加值累计增速已连续 7 个月稳定;企业销售也同步加快,产成品库存增速不断走低,由上年同期的 16.3% 回落到 2013 年 1～11 月的 5.6%;货运量、周转量增速分别从 1～2 月的 7.2% 和 6.0% 提高至 1～12 月的 11.8% 和 9.7%。对重点工业企业生产经营情况的调查结果显示,12 月,全省正常生产的企业占 90.7%,同比提高 0.3 个百分点;销售形势预计较上月好转或持平的企业占 94.8%,同比提高 1.6 个百分点,比重自 6 月以来持续提高;预计获得订单较上月增加或持平的企业占 94.6%,同比提高 2.3 个百分点,比重自 6 月份以来稳步提高,为 2013 年以来的次高点。

（4）结构调整与转型升级效应持续显现。近年来河南把加快产业结构战略性调整作为突出任务,梳理完善产业发展思路,坚持做强工业、做大服务业、做优农业、强化创新驱动、加大节能减排和淘汰落后产能力度,全力提升全产业链竞争力,奠定了经济稳定增长的新基础。

（二）需求不足与结构性矛盾交织叠加,稳健运行压力依然较大

1. 从外部看

虽然欧美发达国家,特别是美国已表现出经济复苏的迹象,但复苏的步伐缓慢,效果有限。相反,新兴经济体国家却陷入了后危机时代的泥潭之中,经济复苏状况堪忧,市场需求低迷。因此,2014 年中国的出口形势依然严峻,指望外围市场复苏给中国出口带来希望的可能性很小。尤其是在世界经济需求

不旺的大环境下，贸易保护主义将持续加剧，也会影响全球贸易复苏进程进而影响中国的出口形势。

2. 从国内看

随着潜在增长率的下降，中速增长已将成为我国经济增长的常态。尤其是当前我国经济正处在增长速度换挡期、结构调整阵痛期叠加阶段，发展中不平衡、不协调、不可持续问题依然突出，经济依然面临较大下行压力。

（1）产能过剩、地方债务风险、房地产等三大难题将继续影响经济增长前景。特别是以产能过剩为突出表现的产业结构不合理问题短期内难以根本消除。当前，全国的产能过剩呈现出行业面广、过剩程度高、持续时间长等特点，已从钢铁、化工等传统行业扩展到风电、光伏等新兴行业。多数过剩行业的产能利用率处于不足75%的严重过剩状态。由于产能过剩产生的体制机制基础短期内不会根除，在宏观需求总体不振的大背景下，化解的难度将会更大、期限会更长。从中长期看，潜在的经济增长能力已经下降，当前我国经济平稳放缓正是对全球经济再平衡以及潜在经济增长率下降的适应性调整。

（2）居民收入增势趋弱与消费热点缺乏形成叠加效应，国内消费增长短期内难有质的变化，潜在需求增长的动力依然不足。2013年，全国城镇居民人均可支配收入实际增长7.0%，农村居民人均现金收入实际增长9.3%，较上年分别回落2.6个和1.4个百分点。前三季度，我国最终消费支出对GDP增长的贡献率为45.9%，较上年同期下降9.1个百分点。

（3）市场力量难以支持短期内投资快速增长。未来一段时期，总需求疲弱，消化已有过剩产能等因素叠加将对企业盈利造成较大压力。在外需低迷、国内企业总体创新能力较弱的条件下，新的投资热点缺乏。

（4）政策增量空间缩小决定短期内经济难以大幅扩张。从财政政策的增量空间看，地方政府性债务管控加码、财政收入增速放缓，加上财政支出的刚性需求，导致财政收支压力逐步加大，财政政策的扩张力度将比较有限。从货币政策的增量空间看，货币供应量和社会融资总量均保持在较高水平，央行近期的调控操作也明显传达出"要坚持住、发挥好稳健的货币政策"的意图，不会在流动性上继续粗放地"铺摊子"。2014年货币政策将维持稳健、中性的基本取向，政策增量空间较小。

3. 从河南省看

尽管 2013 年以来，河南经济表现出好的态势与趋势，但经济持续复苏的基础尚不稳固，需求不足状况没有明显改变，产业结构调整任重道远，房地产业走势存在较大不确定性，资源环境约束加剧的压力前所未有。

（1）经济持续复苏的基础尚不稳固。虽然河南主要经济指标增幅稳中趋升，但整体经济持续复苏的基础还不牢固，经济下行压力仍然较大。2013 年，全省工业生产者出厂价格（PPI）下降 1.5%，已连续 16 个月保持下降态势；工业生产者购进价格（IPI）下降 0.7%，已连续 17 个月保持下降态势。PPI、IPI 持续低迷反映部分行业产能过剩的矛盾仍然突出。企业利润空间受挤压。1~11 月，全省规模以上工业企业成本费用总额占主营业务收入的比重达到 91.3%，比上年提升 0.4 个百分点；成本费用利润率比上年下降 0.1 个百分点；企业亏损面达 4.7%，比上年提高 0.1 个百分点，特别是大型企业亏损面达 15.4%。

（2）需求不足状况不会明显改变。从投资需求看，由于回升基础尚不稳固，企业投资意愿减弱，全省工业投资增速自 2013 年以来已经跌破 20% 的增速平台，并从 2012 年 12 月以来连续低于固定资产投资增速。从消费需求看，2013 年以来，河南消费需求从 2012 年 15% 以上的增速平台跌落至 13% 左右，其中限上企业（单位）消费品零售额增速从 2012 年同期的 19.0% 放缓至 2013 年上半年的 14.4% 和全年的 13.6%；批发业、零售业、住宿业和餐饮业四种业态的零售额增速分别较 2012 年同期放缓 3.9 个、1.4 个、10.7 个和 2.7 个百分点，表明消费动力偏弱，新的消费热点尚未形成，持续扩大消费需求的难度加大。

（3）结构调整、转型升级任重道远。过去 30 多年河南经济的高速增长很大程度上靠的是重化工业快速增长这样一种动力机制。2013 年以来化工、通用设备等重化工类行业增速虽高于全省平均水平，但带动力量明显减弱，2013 年全省化工、通用设备等行业增长对全省规模以上工业增长的贡献率比上年分别回落 0.6 个、0.1 个百分点。与此同时，新的接续支撑力量尚在形成之中，高技术产业增加值仅占全省规模以上工业的 6.4%，"高端产品"、"适销对路产品"、新增优势产能不足以弥补"大路货"、"过剩产品"、"低端产品"的

下拉影响。因此，推进结构调整转型升级任重道远。

（4）房地产业走势存在较大不确定性。房地产业牵涉行业多、带动面广、关联性强，是保持经济平稳较快发展的重要前提。2013年以来，全省房地产开发投资与销售虽然在波动中保持快速增长，但作为先行指标的土地、房屋新开工面积等指标表现较差。2013年1~2月、一季度、上半年、前三季度和1~11月全省房地产开发企业本年土地购置面积同比分别下降50.9%、37.7%、26.0%、24.4%和13.8%，全省房屋新开工面积同比增速分别为3.4%、－11.9%、0.0%、4.0%和18.5%。土地购置面积持续下降、新开工面积低速增长，后续房地产市场调控政策不确定、市场前景不明朗。同时，经过多年的高速增长，房地产市场调整的动能不断累积，后期走势存在较大的不确定性。

（5）资源环境约束加剧的压力前所未有。河南制造业比重偏低，经济总体处于价值链中低端，且能源利用效率较低，对资源能源和环境硬约束反应敏感。2012年，河南制造业占规模以上工业增加值的比重为81.4%，不仅低于广东、浙江等经济发达省份，在中部六省中也仅高于山西，位居第五。全省万元GDP能耗、万元工业增加值能耗等指标不仅高于国内先进省市水平，也高于全国平均水平。六大高耗能行业增加值占GDP比重为17%，但消耗的能源却占全部能源消费量的一半左右，能耗水平不仅高于江苏、浙江、广东等省份，也高于中部地区多数省份。资源消耗高、环境影响大的问题日益突出，已引起中央与社会各界的高度关注。同时，经济发展的要素禀赋进入转折期，随着资源价格改革的不断深入和环保力度的加大，低成本优势逐渐减弱，对依赖要素投入的河南经济扩张约束将越来越强。

总体上看，2014年，河南经济运行具备了不少有利条件，上升动力将持续强化。特别是随着党的十八届三中全会精神的逐步落实，宏观环境将不断改善，有助于全省经济回升向好。但稳增长、调结构、促转型的任务依然艰巨，影响经济平稳运行的不利因素依然较多，宏观经济仍将呈现慢节奏、弱复苏、会反复的小幅波动、稳中向好的趋势。基于国内外经济运行大环境，考虑到河南经济发展的阶段性特征与稳增长、调结构各项政策效应的持续显现，全省经济仍将保持平稳增长、稳中向好的态势。

三 对保持河南经济持续较快发展的建议

2014 年，我们应继续坚持把稳增长放在更加突出的位置，把加快经济结构战略性调整和产业转型升级作为突出任务，把提升开放水平和深化改革作为稳增长、调结构、推动科学发展的根本举措，加快推进三大战略，确保经济实现持续平稳较快增长，积极打造河南经济升级版。

（一）加快结构转型升级，增强自主创新能力

充分利用目前市场需求不足形成的"倒逼机制"，在改造提升传统产业和壮大战略性新兴产业上统筹布局、重点突破。在工作举措上，要多从市场的角度想办法，多一些打基础、管长远的治本之策。积极引进高端产业项目，加快推动郑州航空港经济综合实验区开发建设。不断提升产业集聚的规模与水平，进一步强化产业集聚区建设对全省稳增长、促转型的积极作用。

（二）着力激发企业活力，提升产业与企业竞争力

当前，由于要素成本不断上升，产成品价格倒挂，河南企业经济效益持续低位运行，影响了企业生产经营的积极性与发展活力。2014 年，全省上下要持续加大对企业的服务力度，帮助企业解决生产经营中出现的困难与问题，努力减轻企业负担，改善企业生产经营环境。同时，积极落实国家相关政策，加大淘汰落后产能力度，通过有取有舍、有退有进，加快转型升级，积极提升河南产业与企业竞争力。

（三）发挥新型城镇化引领作用

要着力发挥好新型城镇化对投资、消费、民生和发展方式转变的引领作用。更加注重通过深化经济体制改革和机制创新提升城镇化的质量与水平。积极探索改革户籍、土地、财税、社保等各项体制机制，有序推进农业转移人口市民化。着力在规划、基础设施、公共服务等方面推进城乡一体化，构建科学合理的城市空间格局和城镇体系。

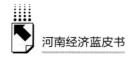

（四）持续提升开放带动水平

大规模承接产业转移仍然是现阶段河南加快城镇化进程、稳增长的重要前提条件。2013年以来，由于国际经济形势的变化与要素成本的不断趋高，国际产业资本向中国的转移有放慢苗头，需要我们高度关注。要不断加大招商引资的力度，提高水平。既要注重引进劳动密集型产业以缓解河南就业压力，又要积极引进技术密集型产业提升河南产业层次。积极引进高端产业项目，加快推动郑州航空港经济综合实验区开发建设。抓好产业集聚区建设，在提升水平特别是促进集群发展上做文章。着力引进龙头企业，大力吸引配套中小企业。加强各类载体配套设施建设，健全招商信息处理和受理服务机制、联审联批和代理服务机制，狠抓招商引资项目的落地、开工、达产达效。

（五）加快服务业发展步伐

服务业是稳增长、调结构的关键与潜力所在。要强化发展服务业的政策支撑，建立完善支持服务业发展的体制和机制环境。扩大服务业开放，鼓励民间资本以各种方式进入现代物流、商贸、文化、旅游以及基础设施、市政工程和其他公共服务领域。结合新区建设和旧城改造，加快推进城市特色商业区和中心商务区建设，谋划实施一批重点服务业建设项目。努力培育一批有特色和竞争优势的服务产业，培育一批实力强、机制活的服务业企业集团，培育一批服务业知名品牌。要坚持正确的舆论导向，着力稳定和提升市场信心，合理引导住房投资和消费，以加快保障性安居工程建设为重点，促进房地产市场稳定健康发展。

（六）确保民生大局稳定

实施就业优先战略和更加积极的就业政策，稳定和扩大就业，重点做好农村劳动力转移就业，解决好高校毕业生、就业困难群体的就业。多渠道增加城乡居民收入，缩小城乡、行业、区域收入差距。完善社会保障体系，持续推进保障性安居工程建设，促进房地产业健康发展。组织好重点生活商品的产销衔接和调运储备，保持市场物价稳定。

分析预测篇

B.2

2013～2014 年河南省农业
经济形势分析与展望

陆洁 乔西宏 李丽*

摘　要：

2013 年，河南农业生产经受住了高温干旱、禽流感暴发、生猪养殖亏损等多重考验，实现稳定发展。粮食总产量达到 1142.74 亿斤，实现连续 10 年增产、连续 8 年超过千亿斤，农业综合生产能力进一步提高；畜牧业生产在波动中增长，主要农产品市场运行平稳，新型农业组织快速发展，农民收入有望继续超过城镇居民收入增速、保持较快增长的态势。

关键词：

河南省　农业经济　形势分析

---

* 陆洁、乔西宏、李丽，河南省统计局。

2013 年，河南省认真贯彻落实党中央一号文件和省委三号文件精神，加快推进农业科技创新，提高农业综合生产能力，集中力量建设粮食生产核心区，积极应对高温干旱等复杂的农业生产条件，经受住了禽流感暴发、生猪养殖亏损等考验，全省农业生产形势保持基本稳定。2013 年实现农林牧渔业增加值 4058.98 亿元，同比增长 4.3%；粮食总产量实现连续 10 年增产、连续 8 年超过千亿斤；畜牧业生产形势好转；主要农产品及农资市场运行平稳；农民收入有望继续保持较快增长态势；新型农业组织快速发展。

一 2013 年农业生产运行总体良好

1. 粮食总产再创新高，实现"十连增"

2013 年，河南省粮食播种总面积 15122.7 万亩，比 2012 年增长 1.0%；粮食生产在高起点上持续增产，粮食总产量达到 1142.74 亿斤，比 2012 年增产 15.02 亿斤，增长 1.3%；单位面积产量 377.82 公斤/亩，每亩增产 1.36 公斤。河南省粮食产量连续三年稳定在 1100 亿斤，实现高起点上连年创造新纪录，不仅保证了全省一亿多人口的口粮，还为保障国家粮食安全做出了重要贡献。

（1）夏粮总产实现十一连增。全省夏粮总产量 647.04 亿斤，比 2012 年增加 9.84 亿斤，增长 1.5%，连续十一年实现增产、连续六年超过 600 亿斤，成为全国唯一超过 600 亿斤的省份，继续位居全国第一。2013 年，夏粮播种面积 8090 万亩，其中小麦 8050 万亩，比 2012 年增加 40 万亩，增长 0.5%；夏粮平均亩产 399.9 公斤，比 2012 年提高 4.1 公斤，增长 1.0%。

（2）秋粮继续增产。2013 年河南秋粮总产量为 495.70 亿斤，比 2012 年增加 5.20 亿斤，增长 1.1%。其中，玉米总产量为 359.30 亿斤，比 2012 年增加 9.80 亿斤，增长 2.8%；水稻总产量为 97.16 亿斤，比 2012 年减少 1.4 亿斤，减产 1.4%。2013 年全省秋粮生产形势异常复杂，前中期生产形势较好，中后期大范围、大面积发生持续高温干旱，虽然全省上下投入大量人力、物力奋力抗灾，并把灾情影响控制到了最低程度，但全省秋粮平均亩产仍比 2012 年下降，增产的主要因素是种粮面积增加。2013 年全省秋粮播种面积 7032.7

万亩，比2012年增加105万亩，增长1.5%。农业结构调整有利于机械化作业、收益稳步提高、生产风险降低，玉米播种面积增加是秋粮播种面积增加的主要原因，棉花播种面积持续减少和秋粮内部结构不断调整促使玉米播种面积增加。

2013年，河南粮食生产在"旱灾、热灾、涝灾，病害、虫害、倒伏"等多种灾害考验下夺取丰收，实现历史性的"十连增"，得益于高标准粮田"百千万"建设工程和一系列机制保障。一是实施高标准粮田"百千万"建设工程，完善和新建高标准粮田2600多万亩，高产创建活动示范效果明显。二是强化科技支撑，全面推广优良品种、测土配方施肥、病虫害综合防治等技术，科技支撑作用增强。三是集中力量大力加强基础设施建设。四是不断提升农业生产管理服务水平。河南粮食稳产增产，是建设国家粮食生产核心区战略成果的集中体现，也是不以牺牲农业和粮食、生态和环境为代价"三化"协调科学发展道路的突出亮点。

2. 主要农作物生产形势较好

（1）油料播种面积和产量增加。初步统计，2013年河南油料播种面积2384.9万亩，比2012年增加24.5万亩，增长1.0%；油料总产量589.1万吨，同比增长3.4%。其中，花生播种面积1555.9万亩，比2012年增长3%；花生产量471.4万吨，同比增长3.8%；油菜籽产量89.8万吨，同比增长2.5%。

（2）蔬菜生产保持稳定。初步统计，全年蔬菜播种面积2618.67万亩，比2012年增长0.9%；蔬菜产量7112.5万吨，同比增长1.4%。全省露地蔬菜生长正常，日光温室、塑料大棚等设施蔬菜发展势头良好。尽管夏季高温少雨天气使得部分蔬菜品种产量下降、价格出现上涨，但总体来说蔬菜生产较为稳定，保证了市场供应。

3. 畜牧业生产在波动中继续增长

（1）生猪价格先降后升，生产基本稳定。2013年1~4月，生猪价格连续下跌，4月一度跌至11.89元/公斤，生猪养殖普遍出现亏损；国家随即启动生猪市场调控预案，快速下跌的趋势得到初步遏制。5月，国家启动第二轮冻猪肉收储，在政策影响等措施拉动作用下，生猪价格从5月中旬开始逐步回升，6月初恢复至14元/公斤以上并渐趋稳定；至12月底，生猪价格15.31

元/公斤,比 2012 年同期略低 3.2%,养殖户盈利增加,出栏每头生猪盈利 200~300 元。

尽管 2013 年 1~4 月生猪价格出现了较大幅度下跌,但由于河南规模养殖比例占生猪养殖的 70%左右,规模养殖户抗风险能力较强,能正确看待生猪价格波动,并且能够及时采取更新养殖结构、加强管理、降低生产成本等措施来应对价格波动,因此,2013 年生猪养殖形势保持基本稳定,生猪供应较为充足,全年全省生猪存栏 4426.7 万头,同比减少 3.5%;出栏 5996.9 万头,同比增长 5%;猪肉产量 454.1 万吨,同比增长 5%。

(2)家禽养殖业基本恢复。2013 年,全省活家禽存栏 68100.2 万只,同比减少 0.1%;出栏 94332.1 万只,与 2012 年基本持平略减;禽肉产量 122.3 万吨,同比略增 0.1%;禽蛋产量 410.2 万吨,同比增长 1.5%。受禽流感影响,河南家禽养殖在 4~5 月出现禽肉、禽蛋价格快速下跌,销售基本停滞等困难,家禽生产遭受重创;6 月起,禽流感应急响应终止,人们对禽蛋、禽肉的消费需求逐渐回暖,鸡蛋、白条鸡等产品价格开始趋稳回升;受供给不足、需求恢复的影响,鸡蛋价格在 7 月中下旬出现快速上涨,两个月左右时间鸡蛋价格上涨幅度接近 40%;鸡蛋价格在 9 月中下旬冲高回落,价格逐渐下降并趋于稳定。至 12 月底,鸡蛋价格 8.07 元/公斤,同比下降 8.9%;白条鸡价格 13.8 元/公斤,同比略增 1.2%,基本恢复到正常水平。

(3)牛、羊生产基本稳定,价格持续走高。2013 年,牛出栏 535.5 万头,同比增长 0.2%;存栏 905.1 万头,同比减少 0.3%;羊出栏 2032.4 万只,同比增长 0.2%;羊存栏 1830.3 万只,同比增长 0.1%。随着人们生活水平的提高,饮食结构的改善,对牛羊肉的需求不断增加,而牛羊继续保持较低的产出水平,供给小于需求导致牛羊肉价格在 2013 年继续维持上行态势,价格上涨明显。牛肉价格从年初的 50.1 元/公斤上涨到了 12 月底的 58.68 元/公斤,上涨幅度 17%,同比上涨超两成;羊肉价格从年初的 55.87 元/公斤上涨到了 62.79 元/公斤,上涨了 12.4%,同比上涨 16%。受牛羊生产条件制约,牛羊肉供需失衡局面在短期内难以改观,预计今后一段时期内牛羊肉价格仍会稳定上涨。

(4)奶源紧张,牛奶价格上涨。受到新西兰恒天然事件的影响,我国牛奶及其制品进口量减少，加上 2013 年极端气候特别是南方极端气候导致奶牛产量下降以及散养户退出加快、部分养殖户大规模淘汰产奶低的奶牛等叠加因素影响，全国牛奶供应偏紧。保持多年较为稳定的牛奶价格也出现较大幅度上涨，至 12 月底，牛奶价格 4.19 元/千克，比年初上涨了 22.5%，比 2012 年同期上涨 20% 以上。全年牛奶产量 316.4 万吨，同比略增 0.1%。

4. 主要农产品市场运行平稳

（1）小麦价格稳中有升。2013 年 1～5 月，小麦价格总体稳定，6 月随着新麦的收获上市，小麦价格迅速下跌至 112.63 元/50 公斤。之后随着小麦需求增加，小麦价格开始稳步上升，到 12 月下半月，全省小麦平均价格为 123.31 元/50 公斤，同比上涨 7.7%，比 1 月的 117.50 元/50 公斤上涨了 4.9%。小麦市场全年供应充足，呈现出质优价高的特点，运行较为平稳。

（2）玉米价格先涨后降。2013 年 1～8 月，玉米价格呈现总体上涨，从 1 月的 108.06 元/50 公斤上涨到 8 月的 118.08 元/50 公斤，新玉米上市后，玉米价格开始下跌。12 月下半月，玉米市场价格平均为 108.73 元/50 公斤，同比上涨 2%。全年玉米价格低于小麦价格，价格波动属于正常的供求关系引起的变动，供需较为平衡。

（3）油料价格有涨有跌。2013 年河南花生丰产丰收，市场供应增加，而终端食用油市场较为低迷，花生仁价格下降。12 月下半月，花生仁价格 11.13 元/公斤，同比下降近 2 成，比年初下降了 21.1%。油菜籽价格小幅上涨，12 月下半月，油菜籽价格为 5.8 元/公斤，同比上涨 6%。三种食用油价格全年基本保持稳定，到 12 月底的平均价格为 16.61 元/公斤，同比下降 2.9%。

（4）主要化肥价格总体下降。受化肥市场供大于求、国际化肥价格下跌、原料成本下滑等因素影响，河南复合肥、氯化钾、钙镁磷肥、尿素等主要化肥价格从年初开始呈现下降趋势，到 12 月下半月的价格分别为 2785.51 元/吨、2959.48 元/吨、756.51 元/吨、1884.78 元/吨。其中，复合肥、氯化钾、钙镁磷肥全年下跌幅度超过了 10%。

5. 新型农业组织快速发展

在中央一号文件相关政策激励下，河南各种新型农业组织得到快速发展。截至 2013 年 10 月，全省共有农民专业合作社 6.49 万个，出资总额 1588.33

亿元，涉及成员总数43.73万个；全省经工商部门登记的家庭农场4000余家；农村土地流转面积2824万亩，占家庭承包耕地面积的29%。

6. 农民收入继续保持较快增长

随着中原经济区建设以及新型城镇化、工业化建设进程的加快，在产业集聚区建设、南水北调工程、承接产业转移等基础设施和重大项目的投资拉动下，河南农民工就业机会增加、就业形势良好，农村劳动力省内转移步伐加快，农民务工收入快速增长，工资性收入成为农民增收的主要推动力量。国家连续提高小麦、油料等农产品的最低收购价、加大各项惠农强农政策补贴力度、土地经营权流转等各项收益的增加，保障了农民收入有望继续超过城镇居民收入增速、保持较快增长的态势。预计全年农民人均纯收入达到8400元，扣除物价因素，实际增长9%左右。

二 存在的问题

1. 农业生产抵御风险能力有待提高

2013年夏季的高温少雨、秋季的连续干旱天气导致部分地区出现旱情，而河南农田水利设施老化落后导致无法灌溉，在一定程度上影响了农作物的生产，反映出河南农业生产基础较为脆弱、抗灾能力不强的弱势。受死猪事件、禽流感等影响，河南生猪和家禽业养殖、销售等环节都遭到冲击，充分暴露了河南畜牧业抵御疫病和市场风险的能力较弱的不足。一旦遇到突发灾害或重大疫情，应急能力差，自救乏力，缺乏抵御市场风险的能力。

2. 新型农业组织发展不平衡

当前，新型农业经营主体虽然取得了一定程度的发展，但是部分合作社、家庭农场等存在管理不规范，专业人才匮乏，较难获得银行贷款等金融支持、存在资金瓶颈等困难，新型农业组织的运行尚处于"摸着石头过河"阶段，缺乏有效统一管理，在一定程度上影响了新型农业组织优势的充分发挥。

3. 土地流转不规范

河南农村土地流转面积不断增加，但也存在土地流转行为不规范、服务机构不健全、流转机制不完善等问题。土地流转没有统一规范的流转合同，流转的程序不规范、不固定，对土地流转双方的约束机制、流转纠纷的调解仲裁等机制尚不完善。

4. 农民持续增收难度加大

在国际国内经济形势严峻的大环境下，农民工外出务工的就业形势及收入增速受到影响。另外，在农业生产成本增高、自然条件的不确定性、市场风险增大和粮食难以持续大幅增产等因素影响下，农民的经营性收入持续增长的不确定性增强。农民增收渠道较为单一，农民增收难度也日益加大。

三 政策建议

1. 提高农业生产抗风险能力

加大投入，集中力量改善农业生产基本条件，加快中低产田改造，以提高对自然风险的抵御能力，从基础条件上保证农业生产稳定发展。2013 年秋季的持续干旱导致局部地区秋粮的明显减产，暴露出部分地区农田水利设施更新改造缓慢、功能老化，抗灾能力薄弱。因此继续加大改善农业生产条件的力度，确保农业生产的抗灾能力不断提高，才能确保粮食生产持续发展。

2. 加大扶持力度，加快构建新型农业产业体系

加强对农民专业合作社、种植大户、家庭农场等新型农业组织的规范引导；建立并发挥农村合作组织功能，解决部分农户疏于农业生产管理的问题。由于大量农民外出务工，农业生产劳动力缺乏，农民对农业、尤其是粮食生产的实际管理明显弱化，突出表现在部分农户对播种后的缺苗断垄缺乏管护，抗旱浇水、病虫害防治措施不能落实。这些已经严重影响了粮食生产水平的提高。必须建立农村合作组织，并发挥其对农业生产的服务功能，实现统一抗旱浇水、病虫害防治。切实减轻部分农户因管理不到位而对粮食生产产生的影响。

3. 建立土地流转服务体系，加快土地流转

建立健全土地流转服务体系，规范土地流转行为，建立统一规范的土地流转流程，指导土地流转双方签订规范流转合同；完善土地流转登记、备案和档案管理等管理制度；成立调解仲裁委员会，积极开展土地流转纠纷调解仲裁工

作，切实维护土地流转双方的合法权益。

4. 多措并举，保障农民持续增收

继续稳定提高粮价，提高农民种粮积极性；加快构建由种植大户、家庭农场、专业合作组织和农业龙头企业等组成的新型农业经营体系，提升农业综合生产能力，提高劳动生产率，降低生产成本，增加农民收入；加强对农民工的培训教育，提高农民工就业能力；根据党的十八大及十八届三中全会部署，健全体制机制，改革创新，赋予农民更多财产权利，拓宽农民增收渠道，保障农民收入持续增长。

四　2014 年河南农村经济展望

2013 年，河南农业经受住了各种考验和困难，粮食产量再创新高，农民收入持续增长，农村经济继续稳定发展。展望 2014 年，国际国内形势依然严峻，有利因素和不确定因素并存。党的十八届三中全会和中央农村工作会议对农业农村发展提出了新的更高要求，新的一年将加快农村各项体制机制改革，让广大农民平等参与现代化进程、共同分享现代化成果，为激发农村发展活力、促进农村发展创造了良好环境。然而，各种自然灾害、疫病、市场风险等对农业农村稳定发展的影响也日益增大。在不发生大的自然灾害条件下，2014 年全省农业农村经济有望继续保持稳定发展。

1. 种植业稳定增长

河南省政府办公厅《关于河南粮食生产核心区建设规划的实施意见》发布三年多以来，河南积极实施高标准粮田"百千万"建设工程，大力改造中低产田，加大科技推广力度，粮食综合生产能力不断提高，各种农作物特别是粮食将实现稳定增长，河南将继续为保障国家粮食安全做出贡献。

2. 畜牧业平稳发展

在一系列政策支持下，全省畜禽规模化养殖比重逐渐增大，畜禽产品供应增加，养殖户抵御市场风险的能力增强，畜牧业生产日益稳定。但畜牧业生产也面临着生产成本逐年增高、环境污染问题较为突出、疫病风险增大等问题，预计 2014 年全省生猪生产将保持基本稳定，家禽生产有望逐渐恢复正常，牛羊生产能力有望提高，畜牧业生产总体实现平稳发展。

3. 农民收入保持较快增长

根据《中共中央关于全面深化改革若干重大问题的决定》，将加快构建新型农业经营体系，赋予农民更多财产权利，推进城乡要素平等交换和公共资源的均衡配置。随着农村改革的不断深入，农民的财产性收入将不断增加；小麦等各种农产品最低收购价的提高，也将保证农民经营性收入增长；国际国内经济形势的逐渐好转，农民务工的工资性收入将实现继续增长。总体来说，农民收入有望继续保持较快增长、增速超过城镇居民的良好势头。

B.3

2013～2014 年河南省工业经济形势分析与展望

王世炎　方国根　王学青　张奕琳 *

摘　要：

2013 年，河南省工业经济保持了总体平稳、稳中向好的发展态势。受国内外市场需求不足和工业自身结构性矛盾等因素的影响，工业经济面临的形势依然严峻，稳增长的压力进一步加大。随着省委、省政府一系列稳增长的政策措施效应的逐步显现，预计 2014 年全省工业经济增长仍有望保持平稳增长态势。本文分析了河南 2013 年工业经济运行状况，揭示了工业经济运行中存在的突出问题，并对 2014 年全省工业经济走势做出判断，对保持工业稳定增长提出了政策建议。

关键词：

河南省　工业经济　运行分析

2013 年，面对极为错综复杂的国际国内形势，河南省始终坚持以科学发展为主题，以转变发展方式为主线，针对经济运行中存在的突出矛盾和问题，采取了一系列政策措施，全省工业经济保持了总体平稳、稳中向好的发展态势。但当前国内外市场需求未明显改善，产能过剩与结构性矛盾仍然突出，工业经济持续回升的基础尚不稳固，工业增长下行压力依然较大，实现保持平稳发展任务艰巨。

---

* 王世炎、方国根、王学青、张奕琳，河南省统计局。

一 河南省工业经济运行基本情况

1. 工业生产运行总体平稳、稳中向好

2013 年，河南省规模以上工业（以下简称"工业"）增加值同比增长 11.8%，比 2012 年回落 2.8 个百分点；1～2 月以来各月累计增速波幅不超过 0.7 个百分点，5 月以后开始进入上行通道，12 月稳定到 2013 年以来 11.8% 的最高点（见图 1），总体呈现稳中向好态势。2013 年，河南省工业增幅高出全国平均水平 2.1 个百分点，在全国的位次由一季度的第 19 位、上半年的第 20 位前移到全年的第 15 位，在中部六省的位次稳居第 3 位。

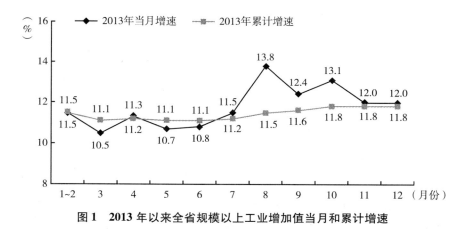

图 1　2013 年以来全省规模以上工业增加值当月和累计增速

（1）重工业增速快于轻工业。2013 年，重工业占河南省工业增加值的 67.1%，比上年增长 11.9%，增幅高出轻工业 0.4 个百分点，较一季度、上半年和前三季度分别提高 1.0 个、0.9 个和 0.2 个百分点，是带动全省工业增长的重要动力。

（2）重点行业增速分化明显。在 21 个比重超过 2.0% 的重点行业中，电子信息，电气机械和器材，通用设备，医药，金属制品，酒、饮料和精制茶，汽车制造，橡胶和塑料制品，化学原料与化学制品等 9 大行业占全省工业的 27.6%，均保持了 15% 以上的增速，对全省工业增长的贡献率达到 40.6%，拉动全省工业增长 4.8 个百分点。而占全省工业 53.1% 的煤炭、农副食品加工、食品制造、烟草、纺织、皮革制鞋、非金属矿物制品、有色金属冶炼和压延加工、有色矿采选、专用设备、电力等 11 大行业增长速度均低于全省平均水平。除烟草、有色矿采选、非金属矿物制品、纺织等 4 个行业增速在 10% 以上，其余均呈个位数速度增长，特别是煤炭、电力行业同比仅分别增长5.5%和3.9%，增幅低于全省平均水平6.3个和7.9个百分点。

2. 工业增长动力结构渐趋优化

（1）高成长性、高技术产业占比提高。2013 年，全省汽车、电子、装备制造、食品、轻工、建材六大高成长性产业增加值增长 13.2%，增幅高出全省工业1.4 个百分点，占工业比重达到 60.3%，比上年提高 2.1 个百分点；高技术产业增速达到 29.1%，占工业的比重上升到 6.4%，比上年提高 0.6 个百分点。

（2）传统支柱、高载能行业占比下降。化工、有色、钢铁、纺织四大传统支柱产业增加值增长 12.1%，占全部九大工业增加值比重为 25.2%，比上年下降 0.5 个百分点；六大高载能行业增长 9.7%，占全省工业增加值的比重为 37.4%，比上年下降 1.7 个百分点。

（3）终端产品、高技术产品产量大幅增加。2013 年，汽车产量由 2008 年的 8.2 万辆增长到 51.2 万辆，手机由 2008 年的空白，增长到 9270.7 万部，金属切削机床产量达 9233 台，较 2008 年增长 36.5%。

3. 基础性产品市场价格趋稳回升

2013 年 12 月，全省工业品出厂价格指数（PPI）同比下降 1.4%；重点监测的 27 种能源类、金属类、化工、建材类基础产品中，11 种产品销售价格上扬，2 种持平。其中无烟煤（5000~6000 大卡）、焦炭销售价格环比分别上升1.0%和0.9%；钢筋、棒材销售价格环比均上升1.3%，水泥销售价格上升3.1%；烧碱、纯碱销售价格环比分别上升1.4%和5.9%；氧化铝价格略有回升，电解铝价格低位徘徊。2013 年，全省黑色、化工等传统支柱行业增加值分别增长 14.8%、16.2%，增幅高于全省平均水平 3.0 个和 4.4 个百分点。如果上述基础性产品市场价格趋稳回升的格局不发生大的变化，大部分能源原材料生产企业生产经营形势就有可能继续向好，增加值总量占全省工业 1/4 的传统支柱产业就有望继续保持目前的较高增速。

4. 工业经济效益水平提升，主要指标总体向好

2013 年，河南省工业 1～11 月实现主营业务收入 53375.74 亿元，同比增长 13.9%，增幅同比提高 0.5 个百分点；实现利润总额 3902.57 亿元，同比增长 13.0%，增幅同比提高 8.0 个百分点。主营业务收入增速居全国第 8 位，中部六省第 4 位，分别较 2012 年 1～11 月提高 8 个位次和 1 个位次；利润增速居全国第 15 位，中部六省第 5 位，与 2012 年 1～11 月持平（见图 2）。

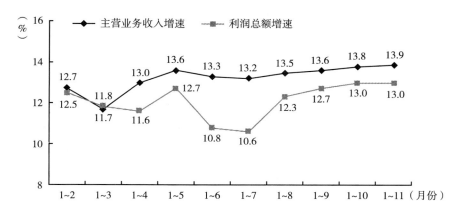

图 2 2013 年以来全省规模以上工业主营业务收入和利润总额分月增速

电力、非金属、农副食品等 5 个行业是拉动利润增长的主要力量。2013年 1～11 月，电力、非金属、农副食品、黑色金属和电子信息等 5 个行业实现利润 1242.90 亿元，较同期增利 196.88 亿元，占全省工业利润增量的 43.8%，拉动全省利润增长 5.7 个百分点，是支撑利润增长的主要力量。

经济效益综合指数持续改善。反映企业盈利水平的主营业务收入利润率为 7.31%、成本费用利润率为 8.01%，分别高于全国平均水平 1.54 个和 1.78 个百分点。资产负债率 49.63%，分别较一季度、上半年和三季度回落 1.87 个、0.87 个和 0.26 个百分点。

二 多策并举，全力促进工业经济发展稳中向好

2013 年，全省工业生产增长 11.8%，实现利润增长 13.0%，仍然在 10%

以上的较高平台上运行。这是省委、省政府在市场需求不足、外部环境趋紧、区域竞争加剧、全国工业增速放缓、自身结构性矛盾突出，金融危机影响不断加深的大环境下审时度势、科学决策的结果；是全省上下攻坚克难，稳增长、转方式、促转型，努力提高经济增长质量和效益，努力促进科学发展的结果，来之不易。

1. 以稳增长、调结构为首要任务，着力加强运行调节

2013 年以来，面对复杂多变的经济形势，省委、省政府预见早、行动快，迅速抓住现阶段的主要矛盾，因势利导，多策并举，及时调整工业经济运行调控的方向、力度和重点。针对经济运行中存在的突出矛盾和问题，省政府多次召开运行工作会议，深入基层和企业协调解决问题，建立了煤电互保工作机制。先后出台了电子信息产业集群引进行动计划、促进民营中小企业健康发展行动计划、稳增长调结构"百日攻坚"行动方案等一系列稳增长、调结构政策措施，组织开展了钢铁、汽车及零部件、铝及铝制品、纺织服装、电子信息等五大产业链上下游企业对接洽谈、项目签约、重点产品宣传推介等专题对接活动和承接纺织服装鞋帽产业转移对接洽谈活动，推动工业增速出现逐步回升态势。2013 年，全省工业增加值增速呈现月度间小幅波动、总体平稳增长态势，3~6 月单月增速分别为 10.5%、11.3%、10.7%、10.8%，月度间波动幅度在 0.8 个百分点以内。进入第三季度以来，工业增加值增速呈现逐月回升态势，7~12 月单月增速分别为 11.5%、13.8%、12.4%、13.1%、12.0% 和 12.0%，12 月较 7 月增速提升 0.5 个百分点，增速虽然自 8 月以来略有回落，但仍处于 2013 年以来的较高水平。

2. 以承接产业转移为关键，不断增强工业发展集聚效应

近年来，全省着力实施大开放、大引进战略，进一步拓展投资空间，招商引资工作取得显著成效。随着服务配套体系完善，承接产业转移条件更加成熟，工业发展的集聚效应不断增强。重点企业、重点产业的产业集聚度、吸纳各类要素的能力和竞争力不断提升。

（1）产值超亿元企业集聚力提高。2013 年，全省工业总产值超亿元的企业单位数占 52.1%，完成总产值占 92.2%。其中累计产值超十亿元的有 880 家，较 2012 年增加 190 家，占全省工业单位数的比重为 4.5%，完成工业总产值占全省工业的比重为 46.4%。

（2）产业集聚水平不断提升。全省产业集聚区工业增加值 1～11 月同比增长 18.2%，增速超过全省平均水平 6.4 个百分点；占全省的比重为 47.2%，同比提高 5.1 个百分点。全省产业集聚区企业实现利润 1634.6 亿元，占全省工业的 41.9%，同比增长 25.5%，高于全省平均水平 12.5 个百分点，对全省利润增长的贡献率达 74.0%，拉动全省利润增长 9.6 个百分点。产业集聚区已经成为全省工业经济增长的重要推动力量。

3. 坚持优化环境，形成支持企业发展的合力

2013 年以来，河南省始终把工业发展环境建设放在突出位置，把深入开展党的群众路线教育实践活动与推动经济社会发展有机结合起来，狠抓工作落实和作风建设，形成了上下联动、协调配合的工作机制，重点建立完善监控预警机制，引导建立企业服务工作、市场化发展机制，提高了对经济运行调节、调度能力，对工业企业发展起到了重要保障作用，有力地促进了全省工业经济的发展。

三 当前工业经济运行中存在的突出问题

在看到 2013 年全省工业经济发展成绩的同时，也要清醒地认识到，当前工业经济运行面临的形势是近 10 年来最为严峻、最为复杂的一年，市场需求不足、企业资金紧张、部分传统行业生产经营困难等问题仍然存在，结构性矛盾依然突出，全省工业经济增长依然存在下行可能。

1. 市场有效需求不足是制约工业经济增长的重要因素

受国际金融危机的深层次影响，国际市场持续低迷，国内需求增速趋缓，我国部分产业供过于求矛盾日益凸显，传统制造业产能普遍过剩，特别是钢铁、水泥、电解铝等高消耗、高排放行业尤为突出。2013 年，全国进出口总值同比增长 7.6%，其中出口增长 7.9%，较上半年回落 2.6 个百分点；固定资产投资同比增长 19.6%，增速较 2012 年回落 1.0 个百分点；社会消费品零售总额同比增长 13.1%，同比回落 1.2 个百分点。2012 年底，我国钢铁、水泥、电解铝、平板玻璃、船舶产能利用率分别仅为 72%、73.7%、71.9%、

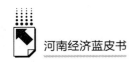

73.1%和75%，明显低于国际通常水平。

在国内外市场需求不足叠加影响下，全省工业品市场受到挤压，部分传统行业产能利用率下降。2012年，全省纳入生产能力统计的33种工业品中有27种产能利用率低于80%，其中原煤、焦炭、粗钢、钢材生产能力利用率分别为76.7%、62.8%、61.7%、65.0%，较2009年分别下降13.5个、15.8个、12.9个和14.6个百分点。由于产能利用不足，工业用电量迅速回落。全省电力部门统计的工业用电量由2011年增长12.5%、2012年增长3.0%变化为2013年增长2.9%。在有限的市场容量下，行业竞争不断加剧，工业产品出厂价格始终处于较低水平并持续下降。2013年，全省工业生产者出厂价格指数（PPI）同比下降1.5%，连续26个月下降，并低于2012年0.9个百分点。2001年8月至2002年11月、2009年1~11月，在亚洲金融危机和国际金融危机后期，全省工业生产者出厂价格指数负增长分别持续了16个月和11个月。而这次单月负增长已经持续了26个月，预示金融危机对工业经济运行的深度影响加剧。全省工业企业成本费用利润率和总资产贡献率在1~11月分别为8.01%和18.27%，同比分别回落0.1个和2.26个百分点，企业盈利空间明显压缩，企业投资意愿不高。自2011年起全省工业投资增速呈现回落趋势，2013年以来更是出现了近年少有的低于固定资产投资增速的现象。2013年，全省工业投资同比增长19.5%，低于全省固定资产投资增速3.7个百分点，全省工业投资占全部投资的比重为52.0%，同比降低了1.6个百分点。其中制造业投资同比增长21.1%，低于全省投资水平2.1个百分点。

2. 企业资金紧张，成本上升趋势显著

2013年以来，全省工业企业资金紧张、成本上升趋势显著，"钱荒"问题已经成为制约企业产能正常发挥的主要问题。全省工业月度趋势调查结果显示：12月流动资金正常企业占全部被调查企业的70.9%，认为资金缺口在10%以上的企业比重达21.2%，资金缺口20%以上的企业占10.1%。在企业资金紧张的同时，融资、人工等要素成本呈上升趋势。1~11月，全省工业企业利息支出同比增长4.2%，增幅较一季度、上半年和三季度分别提高1.5个、2.1个和0.1个百分点；约有46.5%的企业由于用工成本上升存在明显劳动力缺口。在资金紧张和要素成本上升双重因素制约下，企业成本上升幅度已高于收入增长幅度。1~11月，全省工业企业主营业务收入同比增长13.9%，主营业务成本同比增长15.0%，成本增幅高出收入1.1个百分点。

3. 部分传统行业企业亏损较为集中

2013年1~11月，全省亏损企业亏损额前5位的行业分别是有色金属冶炼和压延加工、化学原料与化学制品制造、纺织、石油加工炼焦、黑色金属冶炼和压延加工，五行业亏损企业亏损额达122.12亿元，占全省亏损企业亏损额的57.4%。化学原料与化学制品制造业部分主要产品市场需求不足，价格下滑，企业生产经营困难。国内尿素市场需求仍然疲软，尿素价格不断下降，企业存货积压、流动资金紧张；甲醇市场产能过剩，价格成本倒挂，行业开工率较低；纯碱市场竞争激烈，整体生产形势不容乐观。黑色金属冶炼和压延加工业虽然部分钢铁类产品价格有一定的回升，但市场需求不足的状况并未发生根本改变，钢材价格难以大幅回升，行业产能利用不足、资金紧张、融资成本高，低盈利状况仍在持续。有色金属冶炼和压延加工业由于下游需求乏力，氧化铝、电解铝价格持续低位运行。特别是环保压力不断加大，节能减排任务艰巨，有色金属行业生产经营面临着极其严峻的考验。全行业亏损企业1~11月亏损额为52.71亿元，占全省的比重达24.8%，其中铝冶炼生产环节亏损企业亏损额占有色金属行业亏损额的70%以上。纺织行业市场需求不旺、经营成本攀升，产品价格、企业订单状况改善不明显，尤其是国内外棉花价格差距拉大，企业库存增加，效益下滑，中小纺织企业开工不足，停产、转产现象增多。

4. 长期累积的结构性矛盾依然突出

2013年，全省工业增加值增速同比回落2.8个百分点，其深层次根源依然是自身长期累积的结构性矛盾。

（1）多数产品仍集中在产业链上游和价值链低端，技术含量较低，竞争力不强。河南在全国排名较为靠前的工业产品，大多是处于产业链上游和价值链低端的初级产品，科技含量和附加值较高的高精密度加工产品较少。即使在装备制造、食品、建材、化工、钢铁等优势产业中，也存在传统产品和初加工产品比重大，高端新产品少，适应市场变化能力弱等问题。2013年，全国和上海、江苏、浙江、广东等沿海省份工业生产者出厂价格指数高于购进价格指数，而河南工业生产者出厂价格指数却低于购进价格指数0.8个百分点，充分暴露出产品层次低、市场竞争力不强的问题。

（2）能源原材料等基础性行业占比偏高，受影响更大。2013年，全省能源原材料行业占全省工业的47.0%，明显高于东部沿海省市和中部地区的湖北、湖南、江西、安徽等省份。在市场需求不足形势下，需求紧缩效应由产业链下游向上游传导，处于产业链上游的能源原材料等基础性行业遭遇的需求紧缩也被叠加，导致河南省以能源原材料为特征的工业经济遭遇更大困难，优势难以发挥，回落幅度更深。2009年、2012年和2013年，全省工业增速同比分别回落5.2个、5.0个、2.8个百分点，超过全国平均水平3.3个、1.1个和2.5个百分点。

（3）工业转型升级处于爬坡阶段，增长缺乏强有力支撑。目前，我国经济已进入实质转型期和个位数增长阶段，经济中低速增长条件下市场竞争必然更加激烈。全省正处于爬坡过坎、攻坚转型的关键阶段，结构不合理、发展活力弱、综合竞争力低等问题更加突出，工业增长缺乏强有力的支撑。总量大的行业增速放缓，增速高的行业规模较小。2013年，全省增加值总量最大的前10个行业（纺织、农副食品、专用设备、非金属、有色金属、通用设备、电力、化工、煤炭、黑色金属等，占全省的56.8%）中有6个行业增速出现回落，特别是纺织业、专用设备制造业、农副食品加工业、有色金属分别回落15.9个、7.9个、6.1个、3.6个百分点；这10个行业拉动全省工业增长6.0个百分点，同比少拉动1.3个百分点。2013年，增速超过全省平均水平5个百分点以上的13个行业实现增加值仅占全省的23.6%，其中有10个行业增加值占比不足3%、6个行业的增加值占比不足2%。特别是电子信息产业虽然保持了52.4%的高速增长，但由于只占2.9%，仅拉动全省工业增长0.9个百分点，同比少拉动全省工业增长0.6个百分点。重点培育的高成长性产业增速回落较多。2013年，全省重点培育的六大高成长性产业增加值增长13.2%，增速同比回落5.1个百分点，拉动全省工业增长7.6个百分点，同比少拉动2.2个百分点。其中受富士康企业高端手机产品行业竞争激烈、市场需求回落以及企业逐步出现基数较大等因素影响，电子信息产业回落254.4个百分点，同比少拉动全省工业增长0.6个百分点。食品工业、轻工行业、建材工业、装备工业分别回落 4.5 个、2.6 个、3.2 个和 3.4 个百分点，同比少拉动全省工业增长 1.8 个百分点。

四　2014 年全省工业经济走势的判断及建议

2014 年，国际经济总体趋稳，内需增长面临下行压力，对工业经济的影响将会加深，全省工业经济面临的形势将更加复杂。但支撑全省工业发展的有利因素和条件也诸多。第一，经过前期的持续快速发展，河南工业经济实力显著增强，企业活力和竞争力明显提高，为应对复杂严峻的发展环境奠定了基础。第二，河南省仍处在工业化、城镇化加速推进时期，内需潜力大，区位优势明显，承接产业转移条件较好。第三，随着市场供需关系调整，目前有色、钢铁、化工、建材等基础性产品价格已出现止跌回稳迹象。第四，省委、省政府为应对复杂经济形势，不断采取有针对性的优化结构、促进健康发展的政策措施，工业增长的政策环境和社会环境较好。只要在工业转型升级过程中抓住机遇、积极应对，2014 年全省工业经济增长仍有望保持平稳增长态势。建议重点抓好以下工作。

1. 加强工业经济运行监测

加强对经济运行热点难点问题的监测分析和调查研究，准确把握运行态势，及时反映经济运行中的新情况、新变化。密切关注国家宏观调控政策变化及对工业运行的影响，密切关注市场需求不足对工业的传导作用和部分困难行业生产经营情况，及时发现问题，采取有力措施，保障工业平稳运行。

2. 加快工业结构调整步伐

继续改造提升建材、化工、有色、能源等传统支柱产业，推进产品深加工、精加工，拉长产业链。大力推动先进装备制造和新兴产业扩规模上水平，培育高端产品，提高产品的技术含量和附加值，将新兴产业做大做强，使其成为工业经济发展新的战略支撑。重点支持和引导创新要素向企业集聚，推动发展一批核心竞争力强的大企业大集团，进一步做大总量、提升效益，提高行业集中度。

3. 切实提高企业运行质量和水平

提高工业竞争力，关键在提高工业效益和运行质量。要为企业创造良好的外部环境，强化政策支持，在市场环境优化、重大项目建设等方面加大支持力度。引导企业创新组织模式和管理模式，提高生产效率，控制生产成本，加强资金管理和调配，增产降耗，最大限度增收节支提效率。

4. 充分发挥企业市场主体作用，引领工业转型升级

充分发挥市场配置资源的基础性作用，全面提高自主创新能力，使企业真正成为研究开发投入、技术创新活动、创新成果应用的主体。同时注重把企业技术改造同兼并重组、淘汰落后、流程再造、组织结构调整等有机结合起来，提高新产品开发能力和品牌建设能力，提升企业市场活力和竞争力。

2013～2014年河南省第三产业
形势分析与展望

赵德友　刘文太　常伟杰　陈　哲*

摘　要：

本文详细地阐述了2013年河南省第三产业各个方面的发展情况，在此基础上深刻分析第三产业发展中存在的问题，提出要围绕中原经济区、郑州航空港经济综合实验区等战略规划，以服务业支柱行业、重点项目等为抓手的一系列对策和建议。

关键词：

河南省　第三产业　形势分析

2013年，面对错综复杂的经济形势，河南省上下按照省委、省政府的工作部署，把加快发展第三产业作为转变经济增长方式、促进产业结构优化升级的战略重点，以郑州航空港经济综合实验区、商务中心区和特色商业区为重要抓手，创新体制机制，扩大开放招商，全省第三产业实现了稳中有升的发展态势。

一　2013年河南省第三产业发展状况

2013年，随着一系列加快发展第三产业政策措施的贯彻落实，河南省第三产业总体呈现稳中有升态势，重点领域和重点服务企业实现稳步增长。

---

* 赵德友、刘文太、常伟杰、陈哲，河南省统计局。

1. 总体呈现稳中有升态势

（1）第三产业增加值增速持续攀升。预计 2013 年全年河南第三产业增加值增长 8.8%，增速较一季度、上半年、前三季度分别提高 1.6 个、0.4 个、0.3 个百分点，呈现季度持续攀升态势。

（2）第三产业投资快速增长，占比提高。2013 年 1~11 月，第三产业投资累计 10089.98 亿元，同比增长 28.9%，高于全社会投资增速 5.6 个百分点，分别比第一、二产业高 7.5 个和 10.0 个百分点；第三产业投资额占全省投资总额的比重为 4.4%，同比提高 2.0 个百分点。

（3）第三产业税收贡献份额持续提升。2013 年 1~11 月，第三产业税收收入同比增长 26.2%，高于全部地税收入增幅 6.5 个百分点，高于第二产业税收 19.3 个百分点；占全部地税收入的比重为 69.5%，比去年同期提高 4.3 个百分点；第三产业税收对地税收入增长的贡献率达 87.9%，其中房地产税收增长 45.6%，拉动税收增长 15.5 个百分点。

（4）消费品市场平稳增长。2013 年 1~11 月，社会消费品零售总额 10992.94 亿元，比上年同期增长 13.6%，与前三季度、上半年和一季度相比分别提高 0.2 个、0.4 个和 0.3 个百分点，高于全国平均水平 0.6 个百分点。

2. 服务业重点领域实现稳步增长

（1）交通运输业发展态势良好。2013 年，全省高速公路总通车里程 5858 公里，连续 7 年保持全国第一。全省货物运输量 30.44 亿吨，比上年增长 11.8%，其中公路货运量增长 12.4%；旅客运输量 22.57 亿人次，比上年增长 8.4%，其中铁路、公路旅客运输量分别增长 15.9% 和 8.1%；货物周转量 10357.41 亿吨公里，比上年增长 9.7%，其中公路货物周转量增长 12.2%，水运货物周转量增长 15.1%；旅客周转量 2328.12 亿人公里，比上年增长 8.3%，其中铁路旅客周转量增长 9.5%，公路旅客周转量增长 8.2%。

随着郑州航空港经济综合实验区战略措施的逐步实施，郑州机场航空货邮吞吐量增速大幅提升，2013 年货邮吞吐量达 25.57 万吨，同比增长 69.1%，增幅比上年提高 22.0 个百分点，排名全国第一位；新增至阿塞拜疆巴库、荷兰两条货运航线，航线总数达到 19 条。中欧国际铁路货运班列 80861 次年内开通 14 个国际班次，标志着郑州沟通世界的国际铁路物流大通道由此打通。

郑州地铁 1 号线一期工程投入运营、2 号线一期主体结构的完工，标志着省会郑州正式迈入地铁时代。

（2）金融市场运行平稳，各项存贷款余额增加较多，信贷投放结构较为均衡。截至 2013 年 11 月，全省金融机构本外币各项存款余额 37546.6 亿元，同比增长 17.9%，较年初增加 5607.2 亿元。其中人民币各项存款余额 37040.1 亿元，同比增长 17.7%，较年初增加 5422.7 亿元；储蓄存款余额为 19953.3 亿元，同比增长 15.3%，较年初增加 2482.6 亿元。本外币各项贷款余额为 23306.2 亿元，同比增长 15.1%，较年初增加 2939.1 亿元。人民币各项贷款余额为 22928.0 亿元，同比增长 14.7%，较年初增加 2831.2 亿元，同比多增 344.8 亿元。

（3）房地产开发市场总体在波动中运行。2013 年 1～11 月，全省房地产开发投资保持快速增长，累计完成房地产开发投资 3385.05 亿元，比上年同期增长 25.6%，增速比 1～10 月加快 1.3 个百分点；全省房屋施工面积 33970.10 万平方米，比上年同期增长 19.1%，增速比 1～10 月加快 2.4 个百分点。其中，房屋新开工面积 10620.09 万平方米，比上年同期增长 10.4%，增速比 1～10 月加快 7.6 个百分点；房屋竣工面积 4037.72 万平方米，比上年同期增长 7.8%，增速比 1～10 月加快 1.2 个百分点。商品房销售在快速增长中有所回落，1～11 月，全省商品房销售面积 5676.00 万平方米，比上年同期增长 24.5%；增速比 1～10 月回落 1.8 个百分点。

（4）旅游市场异彩纷呈。2013 年，河南举办了世界旅游城市市长论坛、焦作国际太极拳交流大赛、三门峡国际黄河旅游节，还组建了沿黄九省（区）旅行社合作联盟，赴天津、北京、东北三省等客源地举办推介活动，这些活动取得了良好的效果。前三季度，全省共接待海内外游客 3.23 亿人次，同比增长 15.6%，旅游总收入 2319.24 亿元，同比增长 16.1%。"十一"黄金周期间全省接待游客 3719.54 万人次，实现旅游收入 211.9 亿元，同比分别增长 15.8% 和 16.2%。

（5）文化产业硕果累累。"三网融合"全面推进，数字电视、手机传媒等新兴业态发展迅猛，交互式网络电视（IPTV）业务正式启动，《大河报》入选全国首批数字出版转型示范单位，奥斯卡院线 4 家影城进入全国影院百强；国

家（河南）动漫基地入驻企业超百家，产业园区集聚效应进一步显现；电视剧《花木兰传奇》、文化栏目《汉字英雄》等创收视率新高，《太极传奇》、《冰上天姿》等演艺节目在省内外反响强烈。

3. 服务业重点监测企业经营状况良好

根据对河南省 2000 家服务业重点企业（除批发和零售业、住宿和餐饮业、房地产开发经营业和金融业外）监测资料，2013 年 1~11 月，全省重点服务业企业营业收入 2527.97 亿元，比去年同期增长 8.3%；营业利润 108.76 亿元，比去年同期（剔除不可比因素后）增长 12.1%；资产总计 7571.76 亿元，比去年同期增长 10.6%。

从营业收入看：传统的交通运输、仓储和邮政业为 1436.17 亿元，占营业收入总量 56.8%，绝对优势凸显；信息传输软件和信息技术服务业、科学研究和技术服务业、租赁和商务服务业营业收入分别为 501.93 亿元、218.52 亿元和 193.24 亿元，分别占营业收入总量的 19.9%、8.6% 和 7.6%；上述 4 个行业营业收入合计占服务业营业收入总量的 93.0%，是重点服务业企业的四大支柱行业。其余 6 个行业营业收入均小于 90 亿元。从增长速度看，被监测的 10 个行业中，文化体育和娱乐业、物业管理和房地产中介服务业增速超过 15.0%，分别比去年同期增长 23.1% 和 17.8%；卫生和社会工作、信息传输软件和信息技术服务业、租赁和商务服务业、教育营业收入增速均在 10%~15% 之间；居民服务修理和其他服务业、水利环境和公共设施管理业、交通运输仓储和邮政业增速介于 0~10% 之间。

从营业利润看：在被监测的 10 个行业中，营业利润较大的行业主要表现在信息传输和软件及信息技术服务业、科学研究和技术服务业、租赁和商务服务业 3 个行业，2013 年 1~11 月营业利润分别为 110 亿元、23.94 亿元和 13.77 亿元，亏损行业主要表现在交通运输、仓储和邮政业，营业利润在上年亏损的基础上进一步扩大；从增长速度看，被监测的 10 个行业中，营业利润增长幅度较大的主要表现在物业管理和房地产中介服务、租赁和商务服务业、文化体育和娱乐业 3 个行业，1~11 月营业利润同比增幅分别为 312.3%、90.3% 和 35.7%，卫生和社会工作、居民服务修理和其他服务业、水利环境和公共设施管理业 3 个行业，同比呈现下降。

二 第三产业发展存在的主要问题

2013 年，在整个经济下行压力加大的情况下，河南第三产业保持了稳定发展的势头。但是，由于受河南经济发展阶段性制约以及农业大省、人口大省、城镇化水平低、消费力不强等深层次因素的制约和影响，第三产业总体发展水平还严重滞后，一些深层次问题需要逐步破解。

1. 第三产业增速低、占 GDP 比重低，拉动经济增长作用偏弱

现阶段，河南省尚处于工业化加速发展阶段，在工业高速增长的大背景下，要素资源向工业倾斜配置，第三产业发展空间受到一定抑制。2012 年全省第三产业增加值占 GDP 比重仅为 31.0%，低于全国约 14 个百分点，居全国倒数第一位。2013 年第一季度、上半年第三产业增加值增速分别比 GDP 低 1.3 个和 0.1 个百分点，前三季度与 GDP 持平，第三产业对经济增长的拉动作用偏弱。

2. 城乡居民收入、城镇化水平偏低限制了第三产业发展空间

2013 年，河南省城镇化率预计为 44.3%，明显低于全国平均水平；农村居民人均纯收入、城镇居民人均可支配收入预计分别为 8475.34 元和 22398.03 元，也明显低于全国平均水平。城乡居民收入水平相对较低，城镇化进程的明显滞后，严重制约了全省第三产业快速发展。

3. 第三产业发展更多地依靠传统产业，新兴服务产业规模偏小

虽然近几年第三产业内部结构有所改善，新兴产业有一定的升级趋向，但远没有成为产业增长的主体，全省第三产业发展仍更多地依靠传统产业，新兴产业总规模偏小，呈现家数多、个头小的特征，缺乏龙头企业，市场竞争力不强。

4. 市场化程度较低，影响第三产业快速发展

长期以来，河南第三产业领域体制、机制转换相对滞后，市场化、专业化程度低，对第三产业的发展产生了很大的约束。国有和行政事业单位在整个服务行业中占有绝对的地位，这些行业有的实行垄断性经营，有的政企不分、政事不分，造成人浮于事、效率低下。民营服务业的发展在很大程度上受到市场

准入制度方面的限制，不利于资金、技术、人才等生产要素向第三产业流动，结果往往是反复强调民营资本的重要性，但传统的管理理念和方法根深蒂固，在很大程度上又阻碍着民营资本的介入。

5. 第三产业尤其是新兴服务业后续发展潜力不足

2013 年 1～11 月，全省第三产业投资占全社会投资比重为 44.4%，低于全国 10.3 个百分点。从内部结构看，投资的主要方向是房地产和公共设施建设，房地产、水利环境公共设施管理等传统服务业投资分别占第三产业投资的 53.1% 和 15.0%，而文化体育娱乐、租赁商务服务、居民服务修理及其他服务、科学技术服务、信息软件等新兴服务业投资比重仅为 2.4%、1.7%、1.4%、1.0% 和 0.6%，第三产业尤其是新兴服务业增长的后续力量严重不足。

三 2014 年第三产业形势分析与预测

2014 年，随着国际国内经济大环境持续向好，河南省第三产业发展将面临重大机遇：一是随着国家促进信息服务、养老、健康、文化、教育等服务业发展，扩大"营改增"试点范围等政策措施的实施，第三产业发展环境将更加优化。二是全省加快发展服务业工作会议的召开，必将打开大力发展服务业的良好局面。三是随着河南省加快推进产业结构战略性调整指导意见的实施，商务中心区和特色商业区建设加快推进，全省服务业重点领域、新兴产业发展将面临重大机遇。四是一批大型物流商务企业落户，将大力带动第三产业发展。菜鸟网络、京东商城、中外运长航等一批国内外知名品牌落户河南，将带动交通运输、仓储、信息等相关产业的大发展，随着其龙头带动作用逐步显现，将为河南第三产业发展创造良好机遇。总体看，在经济企稳向好、政策环境不断优化的大背景下，预计 2014 年河南第三产业增加值将增长 9.5% 左右。

四 加快第三产业发展的对策建议

面对当前经济发展环境和服务业发展的问题，河南省要始终坚持"十二

"五"规划服务业发展目标不动摇,围绕中原经济区、郑州航空港经济综合实验区等战略规划,以服务业支柱行业、重点项目、龙头企业、特色园区为抓手,以改善政策和体制环境为保障,力促服务业总量扩张、结构优化、水平提升,努力强化第三产业对经济增长的支撑,提高第三产业增加值在生产总值中的比重和第三产业从业人员在全社会从业人员中的比重。

1. 加强领导,营造发展环境

一是充分发挥各级政府领导服务业发展的职能作用,充分调动相关部门的工作积极性,合力推动服务业发展。二是进一步完善服务业发展政策体系。加大对服务业特别是中小企业的资金引导和政策扶持力度。对服务业的薄弱环节、关键领域和重点行业,要在财政、税收、信贷、审批和土地等方面给予优惠政策,支持其健康快速发展。最大限度地创造加快服务业发展的良好氛围。三是进一步放宽服务业市场准入门槛,建立公平、规范、透明的市场环境。四是在土地、环境和能源消费总量、资金等方面重点支持骨干企业,促进企业做大做强。引导骨干企业加强资本运营,通过兼并、联合、重组、上市以及开展国际合作等形式提升竞争能力。

2. 稳定发展传统服务业,提升发展层次

交通运输、仓储和邮政业、批发和零售业、住宿和餐饮业等传统服务业仍是服务业的主体,占国民经济的比重大,对经济增长的贡献率高;税收盘子大,占比高,对税收增长贡献大;吸纳的从业人员多,是社会和谐的稳定器。上述特征决定了这些传统产业仍是第三产业发展的重点。传统服务业稳中求进,关键在于运用现代信息技术手段和现代管理方法改造提升,使之发挥更大效能。

3. 大力发展新兴服务业,拓展发展空间

一是要立足实际,发挥比较优势,选择重点行业率先突破,尽快建立"覆盖面广、带动力强、增加就业机会多"的现代化服务业体系。二是要加快新兴服务业的基础设施建设,整合资源,拓展发展空间,完善发展平台,尤其是要改革现行不合理的运行机制和管理体制,加大资本投入,增强发展动力,尽快把金融、信息服务、现代物流、商务服务和会展服务等新兴服务行业培育成为国民经济的主导产业。加大培育河南省地方性商业银行的力度,尽快形成

资产规模较大，在全国具有一定辐射力的地方性商业银行，发挥其对河南经济特别是中小企业的造血功能。三是加快经济结构战略性调整，培育壮大现代服务业产业集群，形成完善的现代服务体系，提高集聚效应，使河南服务业发展更具竞争力和发展后劲。

4. 加强考核评价，发挥引领作用

一是把服务业发展规模、速度和结构纳入地方经济社会目标考核，增强各地发展服务业的动力。二是建立服务业考核评价指标体系，按年计算并发布各省辖市、省直管县服务业发展综合指数及排序，引导各地更加重视发展服务业。三是针对服务业行业多、门类广的特征，建立重点服务行业考核机制。四是采取类似于推动非公有制经济发展的做法，对经济规模大、税收贡献高、吸纳从业人员多、社会效益好的龙头企业进行表彰和奖励，形成全社会协力发展服务业的良好氛围。

B.5

2013～2014年河南省产业
集聚区发展分析与展望

冯文元　司景贤*

摘　要：

本文对河南省产业集聚区2013年建设发展和经济运行基本情况、特征进行描述和分析，指出建设发展的动力及需要关注的问题，对2014年建设发展、经济增长走势做了判断，结合问题对促进产业集聚区建设、提升产业集聚区发展水平提出建议。

关键词：

产业集聚区　发展　分析

2013年，面对错综复杂的国际国内经济形势，全省180个产业集聚区在省委、省政府的领导下，以科学发展和提升质量效益为目标，推进各项工作，集聚发展能力和科技创新能力进一步增强，主导特色产业集聚引领作用突出，投入产出效益不断提升，高技术产业的快速发展对全省经济的贡献度进一步提高。

一　产业集聚区建设发展基本情况

1. 综合实力显著增强，对全省经济贡献度进一步提高

2013年，产业集聚区建设发展稳步推进，规模有效扩大。至9月底，全省产业集聚区建成区面积已达到1777平方公里，比2012年新增建成区面积

＊ 冯文元、司景贤，河南省统计局。

130.02 平方公里，新增标准厂房面积 252 万平方米，使综合承载能力进一步增强。至 11 月底，全省产业集聚区已入驻"四上"企业 10236 家，比 2012 年增加 413 家，其中规模以上工业企业有 7016 家，比 2012 年增加 357 家；规模以上工业企业占全省规模以上工业企业个数的 36.1%，比 2012 年提高 0.9 个百分点。

2013 年 1~11 月，全省产业集聚区引进省外项目 2097 个，占全省引进省外项目个数的 39.4%，同比提高 4.6 个百分点，实际利用省外资金 3331.9 亿元，增长 25.7%，占全省实际利用省外资金的 59.1%，同比提高 1.5 个百分点；引进外资项目 154 个，占全省引进外资项目个数的 51.0%，同比提高 5.3 个百分点；实际利用外资 661343 万美元，增长 22.1%，占全省实际利用外资的 52.6%，同比提高 4.1 个百分点。全省产业集聚区完成固定资产投资 11591.51 亿元，同比增长 29.4%，占全省固定资产投资的 51.0%，同比提高 2.4 个百分点。

产业集聚区对全省经济贡献度进一步提高，1~11 月，全省产业集聚区规模以上工业增加值较 2012 年同比增长 18.2%，占全省规模以上工业增加值的 47.2%，比 2012 年同期提高 5.2 个百分点；规模以上工业企业实现主营业务收入 27437.29 亿元，同比增长 20.6%，占全省规模以上工业主营业务收入的 51.4%，比 2012 年同期提高 5.1 个百分点；规模以上工业企业实现利润总额 1650.04 亿元，同比增长 25.8%，占全省规模以上工业利润总额的 42.3%，比 2012 年同期提高 4.3 个百分点。产业集聚区限额以上批发和零售业企业实现商品销售额 2718.34 亿元，同比增长 21.2%，占全省限额以上批发和零售业销售额的 29.1%，比 2012 年同期提高 2.2 个百分点。

2. 工业较快发展，质量效益提升

（1）工业生产保持平稳较快增长。2013 年 1~11 月，全省产业集聚区规模以上工业增加值同比增长 18.2%，增速比前三季度提高 0.2 个百分点，比上半年提高 0.7 个百分点，比全省规模以上工业增加值增速高 6.4 个百分点。2013 年，全省产业集聚区规模以上工业增加值总体保持平稳较快增长，各月增速波幅均小于 1.6 个百分点，增幅变化呈"先落后升"的特点。产业集聚区规模以上工业增加值对全省规模以上工业增加值增长的贡献率为 68.9%，拉动全省规模以上工业增长 8.1 个百分点。

（2）工业经济效益实现较快增长，盈利水平提升。2013 年 1～11 月，全省产业集聚区规模以上工业企业主营业务收入同比增长 20.6%，增速比全省规模以上工业高 6.7 个百分点，对全省规模以上工业主营业务收入增长的贡献率为 71.9%；产业集聚区规模以上工业企业实现利润总额同比增长 25.8%，增速比全省规模以上工业企业高 12.8 个百分点，对全省规模以上工业企业利润总额增长的贡献率为 75.3%。全省产业集聚区规模以上工业主营业务收入利润率为 6.0%，比前三季度、上半年分别提高 0.2 个和 0.4 个百分点，比 2012 年同期提高 0.5 个百分点。

（3）工业企业达产增效，就业承载能力增强。全省产业集聚区建设有效推进，一批大型项目竣工投产，投产项目也逐步达产达效，集聚区就业规模增大。前三季度，全省产业集聚区规模以上工业企业从业人员平均人数 305.94 万人，比 2012 年同期增加 36.95 万人，增长 13.7%，增速高于全省规模以上工业从业人员增速 7.1 个百分点。产业集聚区规模以上工业企业从业人员占全省规模以上工业的 52.3%，比 2012 年同期提高 3.2 个百分点，对全省规模以上工业企业从业人员增长的贡献率达 100.9%。

（4）产业集聚区工业成为区域经济发展的重要支撑。2013 年 1～11 月，全省产业集聚区规模以上工业对全省规模以上工业增加值增长的贡献率为 68.9%。全省 18 个省辖市中，10 个市产业集聚区规模以上工业增加值占全市规模以上工业的比重超过 50%，比 2012 年同期增加 1 个，其中 4 个市超过 60%；16 个市产业集聚区规模以上工业增加值占全市的比重较 2012 年同期提高，部分市提高较快超过 10 个百分点。从贡献率看，10 个市产业集聚区规模以上工业增加值对全市规模以上工业增长的贡献率超过 70%，其中 3 个市贡献率超过 90%。产业集聚区规模以上工业已发展到占据大部分省辖市规模以上工业经济规模的半壁江山，成为支撑区域经济发展的重要力量。

（5）各集聚区工业主营业务收入规模不断扩大。2013 年 1～11 月，全省有 106 个产业集聚区规模以上工业主营业务收入超过百亿元，比 2012 年同期增加 29 个；工业主营业务收入超五百亿的产业集聚区有 4 个，其中郑州航空港产业集聚区超千亿元，达到 1496.45 亿元。分省辖市看，14 个市产业集聚区规模以上工业主营业务收入超千亿元，郑州、洛阳、焦作产业集聚区规模以上工业主营业务收入分别增至 4151.08 亿元、3191.69 亿元和 2294.24 亿元。

3. 项目建设稳步推进，投资保持较快增长

（1）投资保持较快增长，规模有效扩大。2013 年 1～11 月，全省产业集聚区完成固定资产投资 11591.51 亿元，同比增长 29.4%，增速比全省增速高 6.1 个百分点，占全省固定资产投资比重达 51.0%，比 2012 年同期提高 2.4 个百分点，占比为产业集聚区建设发展以来的高点；产业集聚区投资规模有效扩大，对全省固定资产投资增长的贡献率为 61.3%，拉动全省投资增长 14.3 个百分点。

（2）大项目向产业集聚区聚集，民间投资成效显著。产业集聚区围绕重大项目，优先配置要素资源，有效推进大项目建设进程。2013 年 1～11 月，全省产业集聚区亿元及以上在建项目 5655 个，比 2012 年同期增加 1013 个，增长 21.8%，占全省亿元及以上在建项目个数的 55.2%，其占比高出产业集聚区在建项目占全省在建项目个数比重 19.0 个百分点；新开工亿元及以上项目 3046 个，比 2012 年同期增加 475 个，增长 18.5%，占全省新开工亿元及以上项目个数的 56.5%，其占比高出产业集聚区新开工项目占全省新开工项目个数比重 18.2 个百分点。

2013 年 1～11 月，全省产业集聚区亿元及以上在建项目完成投资 9881.94 亿元，同比增长 39.0%，增速比产业集聚区投资增速高 9.6 个百分点，亿元及以上项目投资占产业集聚区完成投资的 85.5%，同比提高 5.9 个百分点，对产业集聚区投资增长的贡献率高达 105.2%。党的十八大以来，中央对发展民间投资制定了一系列政策和措施。1～11 月，全省产业集聚区民间投资完成 9577.51 亿元，同比增长 30.3%，增速比产业集聚区投资增速高 0.9 个百分点；民间投资占产业集聚区完成投资的 82.6%，同比提高 0.6 个百分点，对产业集聚区投资增长的贡献率达 84.6%，拉动产业集聚区投资增长 24.9 个百分点。

二 产业集聚区建设发展的特征

1. 高成长性产业、高技术产业发展迅速

2013年1～11月，全省产业集聚区规模以上工业六大高成长性产业增加值增长21.2%，高技术产业增加值增长37.9%，增速分别比产业集聚区规模以上工业增加值增速高3.0个和19.7个百分点，增加值占产业集聚区规模以上工业增加值的比重分别为63.7%和10.8%，比2012年同期分别提高2.3个和0.9个百分点。反映出全省产业集聚区工业企业正朝着有利于结构调整的方向积极转型。

2013年1～11月，全省产业集聚区六大高成长性产业投资5802.66亿元，同比增长32.6%；高技术产业投资963.91亿元，同比增长39.0%，增速分别比产业集聚区投资增速高3.2个和9.6个百分点；投资占产业集聚区完成投资的比重分别为50.1%和8.3%，比2012年同期分别提高1.2个和0.6个百分点。

2. 大、中型工业企业生产稳步向好

2013年1～11月，河南省产业集聚区规模以上工业大、中型企业增加值同比分别增长14.3%和18.1%，规模以上工业大、中型企业生产持续稳步向好，增速比1～10月分别提高0.3个和0.1个百分点。产业集聚区大型工业企业增加值增速于5月企稳，增幅连续保持提高，增长速度从1～4月的11.8%提升到14.3%；中型工业企业增加值增速于6月企稳回升，增速从1～5月的14.4%提升到18.1%。大中型工业企业增加值占产业集聚区规模以上工业增加值的比重分别为40.7%和33.0%，对产业集聚区规模以上工业增加值增长的贡献率分别为38.8%和34.9%。

3. 投资结构优化，促进产业结构优化升级

2013年，河南省产业集聚区围绕提升发展水平，推进产业结构调整和产品转型升级，着力延伸和拓展主导产业，拉长产业链，大力培育产业集群发展。

（1）强化主导产业投资。1～11月，全省产业集聚区主导产业投资4355.36亿元，同比增长31.1%，增速比产业集聚区完成投资增速高1.7个百

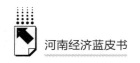

分点；主导产业投资占产业集聚区完成投资的 37.6%，同比提高 0.5 个百分点。其中，主导产业中制造业投资 4189.12 亿元，同比增长 33.2%，增速比产业集聚区主导产业投资增速高 2.1 个百分点，比产业集聚区制造业投资增速高 4.5 个百分点，比产业集聚区投资增速高 3.8 个百分点，主导产业中制造业投资占产业集聚区制造业投资的 53.0%，同比提高 1.8 个百分点。

（2）推进高端制造业、新兴产业投资，提升产业发展层次。1~11 月，全省产业集聚区制造业投资 7907.79 亿元，同比增长 28.7%，增速比全省制造业投资增速高 7.7 个百分点。其中，以含高端装备制造业为代表的通用设备制造业，专用设备制造业，铁路、船舶、航空航天和其他运输设备制造业，计算机、通信和其他电子设备制造业，仪器仪表制造业等行业投资 1919.36 亿元，增长 53.1%，占产业集聚区完成投资的 16.7%，比上年同期提高 2.7 个百分点；以含新材料、新能源产业为代表的化学纤维制造业、橡胶和塑料制品业、非金属矿物制品业、有色金属冶炼和压延加工业等行业投资 1347.77 亿元，增长 45.3%，占产业集聚区完成投资的 11.6%，比上年同期提高 1.3 个百分点。高端制造业、新兴产业投资规模扩大和快速增长，直接影响和决定着产业集聚区产业结构的形成及其发展变化。

（3）生产性服务业和现代服务业投资快速发展。以含生产性服务业、现代服务业为代表的批发和零售业，交通运输、仓储和邮政业，住宿和餐饮业，信息传输、软件和信息技术服务业，金融业，租赁和商务服务业，科学研究和技术服务业等行业投资发展加快，2013 年 1~11 月投资 1010.06 亿元，增长 78.8%，占产业集聚区完成投资的 8.7%，比上年同期提高 2.4 个百分点。生产性服务业和现代服务业快速发展，为产业集聚区制造发展提供重要基础和支撑。

4. 突出集约节约，发展成效显著

产业集聚区大力调整和优化产业结构，提升发展水平。一是严格限制经济产出低、集约化水平低、占地大及与主导产业关联度不大的项目准入，提高土地集约利用效率。2013 年 1~11 月，全省产业集聚区建成区投资强度（建成区土地单位面积完成固定资产投资）为 125.52 万元/亩，单位面积投资同比增加 8.88 万元，投资强度提高 7.6%；全省产业集聚区建成区平均工业经济密度（建成区土地单位面积实现规模以上工业主营业务收入）为 102.93 万元/亩，单位面积产出同比增加 13.20 万元，工业产出率提高 14.7%。二是在高成长性产业快速发展和企业工艺技术升级作用下，产业集聚区能源利用效率提高。1～11 月，全省产业集聚区规模以上工业万元产值能耗 0.2621 吨标准煤，万元产值能耗同比降低 0.0443 吨标准煤，单位产值能耗下降 14.4%，降幅比同期全省规模以上工业扩大 4.1 个百分点。

三 产业集聚区建设发展需要关注的问题

1. 高技术产业、高成长性产业工业增速回落

产业集聚区规模以上工业高技术产业、高成长性产业生产增速高于规模以上工业增速，但其增幅变动呈现回落趋势。即使在产业集聚区规模以上工业增加值增速在 2013 年 6 月以后呈现总体提升趋势，高技术产业、高成长性产业增加值增速仍在持续回落，增长速度分别从较高的 44.4%、22.2% 回落至 1～11 月的 37.9%、21.2% 且回落幅度有所扩大。

2. 小型企业生产持续减速

2013 年，国际市场持续低迷，国内经济增速放缓，小微工业企业生产经营受到较大影响，产销减速，效益不佳。全省产业集聚区规模以上小型工业企业增速一直回落，规模以上小型工业企业增加值增长速度从 1～2 月的 31.3% 回落至 1～11 月的 24.5%，回落幅度连续 3 个月小幅扩大。

3. 建设项目减少，投资增速回落

2013 年 1～11 月，全省产业集聚区在建项目 8286 个，比 2012 年同期减少 386 个，产业集聚区新开工项目 4724 个，比 2012 年同期减少 540 个；新开工项目计划总投资 12993.62 亿元，同比增长 18.3%，低于新开工项目完成投资 1.4 个百分点。从投资月度情况看，8 月以后全省产业集聚区投资增速连续回落，10 月达到低点。如果产业集聚区投资发展不足，将不利于产业集聚区产业集群的形成及其发展变化。

4. 技术创新能力不强，产业层次不高

2013 年，河南虽然完善了产业集聚区创新机制，促进技术进步，进一步激发了企业活力，提升了企业信心，但是多数产业集聚区仍是研发投入不足、创新能力薄弱，许多行业技术落后。如产业集聚区发展较快的电子信息产品制造业，其创新能力仍显匮乏，绝大部分核心技术源于省外、海外，集聚区企业多为代工生产；汽车制造业，除客车外，其技术也主要依赖于省外、国外，企业整车生产能力低，较多企业是生产没有核心技术的配件。产业集聚区制造业普遍存在的核心技术缺失问题阻碍企业升级步伐。全省产业集聚区目前规划的相当一部分主导产业及区内多数工业企业也集中于附加值低、技术要求不高的低门槛行业，如食品加工、纺织服装加工、机械加工等行业；而生产产品附加值高，属于精深加工产品、终端产品的产业及企业则较少。

四　2014 年产业集聚区建设发展走势展望

1. 建设发展的积极因素

从国际看，美国经济和欧元区经济继续复苏，中国对发达国家出口有所好转，出口对经济增长的拉动作用增强。从国内看，党的十八届三中全会的全面深化改革政策措施，将进一步释放新的经济发展动力和活力。中国制造业 PMI 指数，连续 15 个月位于 50% 的扩张临界点以上，制造业继续保持增长态势。从河南看，随着三大国家战略深入实施，特别是全面推进郑州航空港经济综合实验区建设，打造中原经济区核心增长极，为产业集聚区提高质量发展提供了重大机遇。2014 年，全省产业集聚区，特别是与郑州航空港经济综合实验区一样具有区域优势的产业集聚区，发挥定向招商和产业招商、承接产业配套发展的载体作用，增加项目储备。

2. 建设发展面临的不利因素

从国际看，中国产品主要出口地美国经济第四季度预期增速低于第三季度，欧元区两大经济体德国和法国继续呈现分化，欧元区经济复苏仍然十分脆弱。从国内看，当前经济回升向好的基础还不稳固，部分行业产能过剩。国内产能过剩的钢铁、有色金属、建材、化工等行业为河南传统支柱产业，过剩的风电、光伏等产业也是河南近几年支持发展的新兴产业。从河南看，产业结构偏重，过剩产能清理压力较大，中小企业发展不充分，一些企业生产经营困难，传统产业优势减弱。产能过剩、产品竞争力不强会降低企业投资意愿、制约经济回升程度。

综合各方面判断，从短期看，产业集聚区规模以上工业生产和效益已呈回升态势，11 月投资增长回升明显，2014 年全省产业集聚区将持续 2013 年的走势，各项指标增速继续高于全省，大项目增加和投产以及投产项目达产达效的总量将进一步做大、效益持续提升，预计产业集聚区增速将高于全省 7 个百分点左右，对全省增长的贡献超过 60%，对全省经济增长的支撑带动作用进一步增强。

五　提升产业集聚区建设发展的几点建议

1. 引导产业集聚区转型发展

按照河南推进产业转型升级的要求，综合政策、土地、资金等要素，形成合力，引导产业集聚区进一步加大对先进制造业、现代服务业和新兴产业的支持，推进产业集聚区产业向高、新方向转型发展，发展精深加工产品、高端产品和终端产品，提升产业产品发展层次。坚持"三规合一"、"四集一转"的要求，支持产业集聚区用高定位、高标准、新理念来系统调整优化建设用地和空间布局，做好顶层设计，为引进技术先进的高新项目创造条件。各产业集聚区要根据优势产业基础找准主攻方向，集中抓好一两个主导产业，打通产业链条，培育主导产业集群，形成在全省乃至全国具有比较优势的特色产业。

2. 推进产业集聚区创新发展

产业集聚区不仅要成为产业的集聚区，而且要成为创新的示范区。加强公共创新平台建设，加快形成以企业为主体、以市场为导向、以人才为核心的创新体系；进一步引导企业加大与省内外高校、科研院所的合作力度，积极引进与产业集聚区特色产业关联密切的研发机构和技术市场服务机构，引导企业引进高端人才，开发具有自主知识产权的核心技术，研发新产品。制定鼓励产业集聚区企业创新发展的政策措施，吸引国内外优秀的企业、项目等到产业集聚区集聚发展，发挥产业集聚区的载体作用。

3. 大力招商引资，持续保证有效投入

产业集聚区发展已经进入更加注重提升发展水平、提高发展质量效益的阶段，保持产业集聚区规模扩大和对产业集聚区投资的有效投入，是实现产业集聚区提质增效和河南产业结构调整的重要保障。推动各产业集聚区围绕主导产业发展，科学把握产业发展和转移的规律，充分利用一切有利条件，统筹招商引资的规划、定位和重点，有针对性地面向国际、国内500强和行业龙头企业开展定向招商和关联招商，开创产业招商引资新局面。

4. 发展生产性服务业，促进产业融合

提高产业集聚区产业发展水平，需要产业融合，围绕制造业的需求大力发展生产性服务业，如现代物流、融资租赁、科技研发服务、专业技术服务等。通过促进产业链上制造业和服务业的融合，形成良性互动，提升产业集聚区制造业竞争力。产业集聚区要依托主导产业，培育龙头企业，依托龙头企业，引进上下游配套企业，推动企业向价值链两端延伸，形成二、三产业融合发展格局，提升产业集聚区发展水平，推动区域"产城"发展。

B.6

2013～2014年河南省固定资产
投资形势分析与展望

罗勤礼　刘俊华　徐 良*

摘　要：

本文详尽阐述了2013年河南省固定资产投资增速加快、结构积极变化、大项目带动作用明显增强、房地产投资不断增强等特征，分析了运行中存在的问题和原因，并对2014年河南省投资"机遇大于挑战，将继续朝着宏观调控的预期方向发展"的运行前景进行展望，提出了保持河南投资持续平稳增长的对策和建议。

关键词：

河南省　投资形势　分析展望

2013年，面对错综复杂的国内外经济形势，河南省认真贯彻落实中央和省委、省政府各项"稳增长、调结构、惠民生"政策措施，全面实施国家三大战略规划，全省固定资产投资保持了平稳较快增长态势。投资规模不断扩大，投资结构积极变化，第三产业、高成长性行业、民间投资继续保持较快增长，大项目带动作用不断增强。但是由于受市场有效需求不足、自身结构性以及体制性问题叠加影响，全省投资增长中出现了工业投资增速持续低于整体投资增速，民间投资增速有所趋缓，新开工项目投资回升较慢等问题，投资保持平稳较快增长的压力继续加大。

---

* 罗勤礼、刘俊华、徐良，河南省统计局。

一　2013年河南固定资产投资运行的基本特征

1. 投资保持平稳较快增长，增速高于全国及中部六省平均水平

2013年，全省累计完成固定资产投资（不含农户，下同）25321.52亿元，同比增长23.2%，增速比一季度、上半年、前三季度分别回落0.8个、0.3个和0.3个百分点。2013年以来，全省投资增长总体上呈现小幅回落态势，但月度增速波幅在1个百分点左右，且持续在20%以上的较高平台上运行，全省投资继续保持平稳较快增长。

通过对全国各省份2013年对比，从总量上看，河南投资总量位居江苏（35983.00亿元）、山东（35875.86亿元）之后，列全国第3位；从占比上看，河南投资总量占全国比重的5.8%，比2012年提高0.2个百分点；从增速上看，河南投资增速高于全国平均水平3.6个百分点，列全国第15位。

通过对中部六省的对比，河南投资总量列中部六省第1位，投资总量占中部六省总量的24.7%，比2012年提高0.1个百分点；投资增速高于中部六省平均水平0.4个百分点，列中部六省第4位。

2. 投资结构继续呈现积极变化，第三产业投资引领全省投资快速增长

（1）第三产业投资快速增长，占比提高。2013年，全省第一产业投资895.91亿元，同比增长20%，低于全省投资增速3.2个百分点，占固定资产投资比重的3.5%；第二产业投资13186.27亿元，增长19.5%，低于全省投资增速3.7个百分点，占固定资产投资比重的52.1%，第二产业投资占全部投资的比重继续保持在五成以上；第三产业投资11239.34亿元，增长28%，高于全省投资增速4.8个百分点，占固定资产投资比重的44.4%，比上年提高1.7个百分点。2013年，全省第三产业投资增速明显高于第一、第二产业投资增速。

（2）工业投资回稳趋升，行业结构积极变化。2013年，全省工业投资完成13175.62亿元，同比增长19.5%，低于全省投资增速3.7个百分点，工业投资占固定资产投资比重的52.0%。2013年，全省工业投资增速持续低于固定资产投资增速；8月，工业投资增速开始回稳趋升，并小幅加快；至2013

年年底，全省工业投资增速达到年内最高，为 19.5%。

第一，采矿业投资 615.04 亿元，下降 11%，占工业投资比重的 4.7%，比上年降低 1.6 个百分点；制造业投资 11842.55 亿元，增长 21.1%，占工业投资比重的 89.9%，比上年提高 1.1 个百分点；电力、燃气及水的生产和供应业投资 718.03 亿元，增长 29.3%，占工业投资比重的 5.5%，比上年提高 0.5 个百分点。2013 年，全省工业投资增长整体上相对较慢，主要缘于采矿业投资增长持续下降、制造业投资增长相对较慢。

第二，全省六大高成长性行业投资保持较快增长，占比提高。2013 年，全省六大高成长性行业投资 8728.53 亿元，增长 24.2%，高于全省工业投资增速 4.7 个百分点，占工业投资比重的 66.2%，比上年提高 2.4 个百分点。六大高成长性行业投资中，电子信息、食品、装备制造行业投资增长较快。2013 年，全省电子信息业投资增长 57.2%，食品工业投资增长 28.5%，装备制造业投资增长 27.6%，汽车制造业投资增长 16.6%，轻工行业投资增长 13.9%，建材行业投资增长 13.3%。

第三，四大传统支柱行业、六大高耗能行业投资增长则相对较慢。2013 年，全省四大传统支柱行业投资 3079.15 亿元，增长 10.8%，低于全省工业投资增速 8.7 个百分点，占工业投资比重的 23.4%，比上年降低 1.8 个百分点；全省六大高耗能行业投资 3529.13 亿元，增长 17.9%，低于全省工业投资增速 1.6 个百分点，占工业投资比重的 26.8%，比上年降低 0.3 个百分点。

第四，高技术产业投资继续保持快速增长势头。2013 年，全省高技术产业投资 1189.94 亿元，增长 34%，高于全省工业投资增速 14.5 个百分点，占全省投资比重的 4.7%，比上年提高 0.4 个百分点。

（3）投资主体结构较好，民间投资保持较快增长，占比提高。2013 年，全省民间投资完成 20746.07 亿元，同比增长 24.9%，高于全省投资增速 1.7 个百分点，民间投资占全省投资比重的 81.9%，比上年提高 1.1 个百分点。民间投资增长对全省投资增长的贡献率达到 86.7%。2013 年，河南全省投资增长的内生动力依然强劲。

从民间投资的行业分布看，2013 年，全省民间投资主要集中在工业和房地产业。其中，工业投资 11865.75 亿元，增长 20.9%，占民间投资的比重为

57.2%；房地产业投资 5047.64 亿元，增长 28.6%，占民间投资的比重为 24.3%。二者合计占民间投资比重的 81.5%。

3. 在建项目计划总规模继续适度扩大，大项目对全省投资增长的支撑作用不断增强

2013 年，全省在建项目累计达到 24283 个，在建项目计划总规模 53574.25 亿元，同比增长 25.4%，高于全省投资增速 2.2 个百分点。其中，亿元及以上在建项目（不含房地产开发，下同）累计达到 10689 个，同比增加 2385 个，计划总规模 47008.42 亿元，增长 37.5%，高于全部在建项目投资规模增速 12.1 个百分点，全省亿元及以上项目投资规模继续保持快速扩张势头。

2013 年，全省亿元及以上项目完成投资 17281.07 亿元，同比增长 42.9%，高于全省投资增速 19.7 个百分点，亿元及以上项目完成投资占全省投资比重的 68.2%，亿元及以上项目完成投资对投资增长的贡献率达到 108.8%。整体来看，2013 年全省在建亿元及以上项目投资保持快速扩张势头，在建大型项目投资对全省投资增长的带动作用显著。

4. 基础设施投资保持较快增长，房地产开发投资在波动中继续保持较快增长

2013 年，全省基础设施投资 4380 亿元，同比增长 21.7%，增速略低于全省投资增速 1.5 个百分点，整体上仍保持了较快增长势头。其中，电力、交通、文化等行业投资增长较快。2013 年，全省电力行业投资增长 40.4%；交通运输仓储和邮政业投资增长 32.2%；文化体育和娱乐业投资增长 44.7%：全省城市基础设施投资 1858.26 亿元，增长 15.5%，占全部基础设施投资比重的 42.4%；水利管理业投资增长 7%。

全省 2013 年房地产开发投资增速虽有所波动，但仍保持了较快增长势头。全年全省房地产开发企业累计完成投资 3843.76 亿元，同比增长 26.6%，高于全省投资增速 2.3 个百分点，比上年加快 11 个百分点，房地产开发投资占全省投资比重的 14.9%，比上年提高 0.3 个百分点。在房地产开发投资中，住宅类投资增速相对较快，2013 年全省住宅类投资完成 2827.09 亿元，增长 28.3%，住宅类投资占房地产开发投资比重的 73.6%。

全省基础设施、房地产开发等行业投资的较快增长，有力地支撑了新型城镇化进程的不断加快。

二 2013 年河南省固定资产投资运行中存在的主要问题及其成因

总体来看，2013 年河南固定资产投资实现了平稳较快增长，但我们也应清醒地认识到，由于受国际供需失衡、国内需求不足和产能过剩等多重因素的叠加影响，全省工业企业投资意愿依然不强，民间投资进入下半年以来持续下滑，新开工项目投资规模和完成投资回升较慢等，这些问题都需要引起高度关注和重视。

1. 受传统支柱行业投资持续低速增长、煤炭行业投资持续下降的影响，全省工业投资增长相对较慢

2013 年，全省工业投资同比增长 19.5%，低于全省 3.7 个百分点。全省工业投资增速从 2012 年 12 月开始，已连续 12 个月低于总体投资增速，这也是自 2005 年以来继 2010 年上半年工业投资增速低于投资增速以后的第二个年份。因此，2013 年以来，占全省投资比重达到 51.9% 的工业投资持续相对较慢增长，使得全省投资增长出现小幅回落态势。

工业投资增长较慢，主要受化工、有色、钢铁、纺织服装等四大传统支柱行业投资持续低速增长，煤炭行业投资持续下降等因素的影响。2013 年，全省四大传统支柱行业投资同比增长 10.8%，低于全省工业投资增速 8.7 个百分点，对工业投资增长的贡献率仅为 14%；另外，2013 年全省煤炭行业投资下降了 23.2%。2013 年以来全省四大传统支柱行业投资低速增长，以及煤炭行业投资增速持续下降，是全省工业投资增长乏力的直接原因。

工业投资增长相对较慢且动力不足，其主要原因：一是国内外市场有效需求不足以及河南自身结构矛盾等因素的叠加，使得全省工业品市场受到挤压，部分工业行业出现产能过剩，从而影响了工业企业的投资意愿，部分工业企业对于下一步投资持观望态度。二是在有限的市场容量下，伴随着行业竞争的不断加剧，省内部分工业产品价格持续低迷，企业盈利空间不断压缩，部分企业经营面临困难，造成部分制造业企业投资能力不强，投资预期明显下降。2013年，全省41个工业行业中，有11个行业投资出现下降，投资下降的行业比2012年增加了5个。全省投资出现下降的工业行业，主要分布在钢铁、有色、化工等河南的传统支柱行业以及煤炭行业。

2. 民间投资增速有所趋缓，投资领域相对较为狭窄

2013年，全省民间投资同比增长24.9%，增速比一季度、上半年分别回落1.2个和0.9个百分点，与前三季度持平。自2013年年初以来，全省民间投资增速整体上呈不断回落态势，虽然增速仍高于全省投资增速，但是领先优势逐步缩小，尤其是进入6月以后，在开始趋缓的基础上连续5个月出现回落。

民间投资增速趋缓，初步分析其主要原因在于：一是民间投资中民营中小企业占多数，易受宏观经济环境影响。对一些抗风险能力较差的民营企业而言，2013年以来的经济形势使其生产经营困难逐步加剧，甚至面临生存困难，因此导致其投资能力下降，投资积极性不高，投资增长的内生动力不足。二是民间投资融资渠道相对单一，多数民营中小企业筹集投资资金主要靠自我积累、民间融资等方式，难以通过发行企业债券、股票等方式直接融资，再加之河南目前贷款担保抵押体系不健全，银行出于资金安全和经营风险考虑，对民营中小型企业采取不贷、惜贷等限制。三是全省民间投资渠道仍显不畅，政策受限、形式受限等现象较为普遍，目前开放的领域主要还是低层次、技术不高的行业，基础设施、垄断行业等领域仍未有实质性开放。从2013年全省民间投资的行业分布看，全省民间投资主要集中在工业和房地产业，两者合计占全省民间投资比重的81.5%，工业和房地产业仍是河南民间投资的主战场，相比其他行业，尤其是除房地产业之外的第三产业，民间投资依然薄弱。

3. 新开工项目投资规模、完成投资回升较慢，全省投资增长后续支撑动力不足

2013年，全省新开工项目计划总投资同比增长16.4%，低于全省在建项目计划总投资增速9个百分点；新开工项目完成投资增长16.1%，低于在建项目投资增速6.5个百分点。全省新开工项目计划总投资、完成投资在2013年1~2月、一季度出现"双下降"的情况下，从4月开始双双止跌转升，5

月开始连续小幅加快，但回升速度仍显较慢，均低于全部在建项目计划总投资、完成投资增速。

与此同时，有三个方面的问题需要关注。一是截至 2013 年年底，全省 18 个省辖市，仍有焦作、濮阳、漯河、商丘、驻马店、济源等 6 个省辖市新开工项目计划总投资出现不同程度下降。二是 2013 年，全省新开工项目完成投资对全省投资增长的贡献率仅为 34.5%，新开工项目投资增长对全省投资增长的支撑能力明显弱化。三是新开工项目不足的行业主要集中在工业行业。2013 年以来，受宏观经济形势影响，作为工业项目投资主体的企业，整体盈利能力不断下降，企业自身投资预期不强、投资能力不足、投资意愿下降。2013 年，全省工业新开工项目投资规模仅增长 14.1%，其中制造业新开工项目投资规模增长 14.3%，增速明显偏低。全省新开工项目投资规模、完成投资增速回升相对较慢，表明全省投资增长后续动力不足，这将对 2014 年乃至未来一个时期全省投资增长带来影响。

4. 房地产开发投资波动前行，后期走势存在较大不确定性

2013 年，全省房地产开发投资在波动中虽然保持了快速增长，但作为先行指标的土地购置面积、房屋新开工面积等指标均表现较差。自 2013 年年初以来，全省房地产开发企业本年土地购置面积持续下降，一季度、上半年、前三季度同比分别下降 37.7%、26% 和 24.4%，全年则下降至 13.8%，整体上看持续呈下降态势；房屋新开工面积增速则持续低位徘徊，全年增长 18.5%，增速虽在不断加快，但依然偏低。与此同时，由于房地产市场调控政策的不确定、市场前景的不明朗，以及河南房地产市场自身存在的问题，使得全省房地产开发在未来一个时期的走势仍存在较大不确定性，这都将影响 2014 年全省投资的平稳较快增长。

三　2014 年河南固定资产投资走势展望

2013 年，面对复杂多变的国内外经济形势，河南投资规模适度扩大，投资结构继续呈现积极变化。展望未来，2014 年是加快中原崛起、河南振兴和全面建成小康社会的关键之年。当前，河南正处于"三化"协调快速发展的崭新阶段，河南经济社会发展将呈现新的阶段性特征，既面临着承接产业转移、发展新兴业态、大力实施三大国家战略规划等难得机遇，也面临着省内一些传统产业优势有所减弱，新的接续支撑力量尚未形成，国家治理产能过剩、清理地方政府融资平台等各种风险和挑战，但总体来说，机遇大于挑战。

1. 面临的有利形势

（1）2013年党的十八届三中全会顺利召开，会议通过了《中共中央关于全面深化改革若干重大问题的决定》（以下简称《决定》），《决定》是新的历史时期全面深化改革的总纲领，改革将在六大领域全面展开。会议的召开，将进一步全面解放思想、解放和发展生产力、增强社会的创新活力，也必将极大地鼓舞和坚定全国人民建设中国特色社会主义的信心和决心。

（2）中原经济区、粮食生产核心区、郑州航空港经济综合实验区，已经相继上升为国家战略，河南在国家经济社会发展大局中的定位将会更加明晰、地位将会更加重要，一大批事关河南长远发展的基础设施、生态农业、高端制造、现代服务业等领域的重大项目相继开工建设，这必将形成河南新一轮的投资建设热潮。

（3）伴随着河南"三化"协调的加速推进，尤其是新型城镇化的科学推进，河南经济社会发展将为投资需求提供广阔的舞台和市场空间。

（4）面对当前依然复杂多变的世界经济形势，下一阶段，中国将继续坚定不移地实施扩大内需发展战略，国内市场需求将进一步扩大；与此同时，为确保国内经济更长时期保持较快增长，国家会继续引导国际国内产业向中西部地区转移，以求形成区域间的动态比较优势。一系列政策的实施，为河南投资发展提供了难得的机遇和条件，进一步优化提升河南发展水平。

2. 存在的制约因素

（1）国际金融危机后世界经济整体上恢复缓慢，深层次矛盾还在不断显现之中。美国、欧盟、日本等世界三大经济体的发展还存在许多不确定、不稳定因素，国际市场需求低迷，各国贸易保护主义依然严重，内外矛盾的叠加、新老问题的交织，使得全省、全国投资保持较快增长的宏观环境依旧不容乐观。

（2）河南省钢铁、有色、水泥、建材、电力等传统支柱行业和部分重化工业投资下行的压力仍然较大，影响到占全省投资总量50%以上的工业投资增长，或将仍然维持目前相对较慢的速度，从而影响全省投资的平稳较快增长。

（3）2014 年国家宏观调控政策总体上不会有重大改变，土地、资金、劳动力等生产要素供给将继续偏紧；另外，国家将继续坚持房地产调控政策不动摇，河南房地产开发投资保持较快增长的基础还不稳固，投资增长的后期走势仍存在诸多不确定性。

综合各方面积极因素和不利因素，结合当前河南固定资产投资运行的实际，按照占投资总量80%左右的工业投资、房地产开发投资和基础设施投资增速来测算，预计 2014 年河南投资增速将比 2013 年有所回落。

四 保持河南投资持续平稳较快增长的几点建议

当前及未来一个时期，投资依然是拉动全省经济增长的主动力。一方面，投资既是稳增长、防下滑的关键举措和有力抓手；另一方面投资也是增强经济发展后劲，转方式、调结构的重要支撑。因此，河南要继续贯彻落实中央部署的各项宏观经济政策，努力实现河南投资的平稳较快增长。

1. 强力推进开放招商，切实加强项目储备

要把重大项目建设作为稳增长、促转型、创优势、增后劲的重要手段，继续开展大招商、招大商活动，按照"大项目—产业链—产业集群—产业基地"的思路，在加快推动郑州航空港经济综合实验区、产业集聚区等六区建设中，积极承接境外和沿海发达地区链式和集群式产业转移，实现招商引资、项目建设、产业发展同步推进；要积极争取国家项目，加强同央企的联系与对接，弥补投资下行行业带来的不利影响；要不断更新观念，进一步提高项目的履约率，确保招商引资项目尽快开工建设。

要积极完善和落实推进项目前期工作的配合联动机制，抓紧列出一批关系河南中长期发展、符合产业结构调整要求的重大项目清单，做好项目储备，为全省经济稳定较快增长提供重要的投资支撑点；同时，要完善项目库建设，推进项目库分层次管理，提高项目的签约率和开工率，建立投产一批、续建一

批、新开工一批、储备一批的项目接续机制，避免投资的大起大落。

2. 切实加大投资结构调整力度，促进经济转型升级

依据当前河南经济发展的现状和特点，要确定投资重点，合理调整投资结构。在投资结构上，要巩固提高第一产业，优化升级第二产业，加快发展第三产业。对于第二产业，要牢固树立工业是牵动河南发展全局的思想，在现有优势产业的基础上继续实施重点投入、重点培养，对于国家明令禁止、已处于淘汰行列的行业坚决予以取缔，坚持有保有压。同时，要适当压缩资源类投资规模，限制低水平加工工业投资，大力加强高附加值精深加工工业投资、高新技术产业投资和战略性新兴产业投资。对于第三产业，要加大对其投资扶持力度，促进河南服务业水平的提高，同时应尽快培育河南第三产业新的投资增长点，要逐渐把投资重点从目前的基础设施类投资（交通、水利、公共设施管理等行业）和房地产类投资，向金融保险证券、现代物流、科技教育卫生、餐饮旅游、文化服务等现代新兴服务性行业转移。

3. 拓宽项目资金融资渠道，加大金融对投资建设的支持力度

进一步优化投资环境，加大政策支持力度，完善融资条件，明确投资任务，充分发挥投资集团、交通投资集团等10家省级融资平台投融资功能；选准、选好项目，积极争取省外国家级金融机构和区域性金融机构对河南投资项目的支持，继续大力推进银企合作，督促落实贷款协议，完善信贷担保体系；在继续加大对重点项目信贷支持力度的同时，切实加强对中小项目的信贷支持，大力吸引民间资本、省外资金和外资；继续积极争取发行地方政府债券和企业债券，并保持适度发行规模。

4. 积极发挥政府主导作用，激发民间投资热情

要积极努力争取中央预算资金对河南的支持，同时也要在省内财力所及的范围内，努力扩大政府投资规模，努力加强财政资金导向作用；另外，要激发和带动省内民间投资热情，结合新型城镇化建设，认真落实国家出台的民间投资"36条"实施细则，鼓励民间资本更多投向新兴产业、城乡基础设施和公共服务等领域，对民间资本进入实施的项目，通过以奖代补、先建后补、贷款贴息、财政补贴等多种方式，给予大力支持和鼓励。

5. 促进房地产业健康发展

要继续认真贯彻国家房地产调控政策，密切关注房地产市场出现的新情况、新特点、新问题，进一步规范房地产市场秩序，积极拓宽融资渠道，优化房地产业区域布局，努力增加有效供给，正确引导合理需求，切实做好稳定房价工作。要大力推进保障性安居工程建设，强化工程质量监督，完善分配和运营监管机制，促进房地产业健康发展。

B.7

2013～2014年河南省消费品
市场形势分析与展望

孙　磊　赵新池　张高峰*

摘　要：

2013年全省消费品市场总体运行平稳。全省社会消费品零售总额达到1.23万亿元，较2012年增长13.8%。但受宏观经济增速放缓和刺激消费政策调整等多种因素影响，消费品市场销售增势有所减弱。2014年消费品市场仍将持续平稳运行态势。

关键词：

河南省　消费品市场形势　分析

2013年，河南省持续完善落实一系列扩内需、促消费的政策措施，推动以改善民生为核心的消费需求增长，着力提高居民消费能力，积极培育消费热点，消费品市场总体实现平稳较快发展。但在经济发展不确定因素增多、城乡居民收入增速持续放缓、消费增长缺乏政策动力支持、热点商品消费不断降温的形势下，河南省消费品市场也呈现出增长趋缓的态势。展望2014年，促进消费品市场持续向好的有利因素与经济运行中不稳定、不协调和不可持续问题交织并行，对全省消费市场平稳健康运行既带来机遇，也带来挑战。

一　2013年河南省消费品市场总体运行平稳

2013年，河南全省社会消费品零售总额达到1.23万亿元，较2012年增

＊ 孙磊、赵新池、张高峰，河南省统计局。

长 13.8%，增速与前三季度、上半年和一季度相比均有所提高，且高于同期全国平均水平。在中部六省中，与山西省、湖北省、湖南省并列第二位。

1. 总体呈现稳中有升态势

（1）季度、月度增幅稳步回升。从季度走势看，增幅呈逐步上升态势。其中，一季度增长 13.1%，上半年增长 13.2%，前三季度增长 13.4%，前四季度增长 13.8%。从月度走势看，1～12 月各月同比增速保持在 12.9%～16.4%，且 12 月份增长 15.8%，达到 2013 年最高水平。

（2）回落幅度逐渐收窄。2013 年，全省社会消费品零售总额增幅比 2012 年同期回落 1.9 个百分点，但与前三季度、上半年和一季度相比，分别回落 0.1 个、0.4 个和 1.1 个百分点（见图 1）。

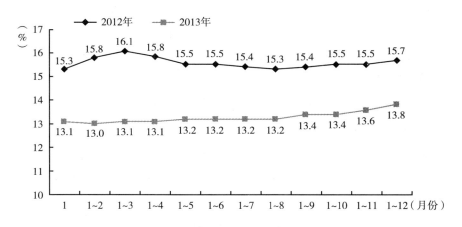

图 1　2012～2013 年全省社会消费品零售总额各月增速

2. 销售市场主体结构持续变化

（1）农村市场增速持续快于城镇。2013 年，全省乡村消费品零售额 2189.84 亿元，增长 15.6%；城镇消费品零售额 1.01 万亿元，增长 13.4%。继续呈现农村市场增长速度快于城镇的格局。

（2）批发业销售额增速逐步回升。2013 年，全省限额以上批发业销售额 6532.67 亿元，增长 10.7%，高于 2012 年同期 1.6 个百分点，呈逐步回升态势。其中 10 月当月批发业销售额增长 21.1%，高于 2012 年同期 16.6 个百分点，居 2013 年以来月度增速最高水平。

（3）限额以上企业比重稳步提高。12月底，全省统计的限额以上法人企业（单位）8706家，比2012年底新增318家；限额以上法人企业（单位）2013年累计零售额4690.58亿元，增长15.7%，占社会消费品零售总额比重的38.2%，比2012年末提高1.2个百分点。

3. 消费结构升级步伐加快

（1）金银珠宝持续热销。黄金价格下降刺激居民购买，使金银珠宝类商品消费增速提升。2013年，全省限额以上批发和零售业21类零售商品大类中，金银珠宝类增速最高，增长34.6%。2013年全年各月增速基本保持在30%以上。

（2）五大类商品拉动力强。2013年，全省粮油食品、饮料、烟酒类，服装鞋帽针纺织品类，家用电器和音像器材类，石油及制品类，汽车类等五大类商品累计实现零售额3349.02亿元，占限额以上批发和零售业零售额的77.6%，对限额以上批发和零售业零售额增长的贡献率达77.5%，拉动限额以上批发和零售业零售额增长11.3个百分点。

（3）生产资料类商品销售增速提升。2013年，全省10类生产资料类商品销售额5697.20亿元，增长16.9%，与前三季度、上半年和一季度相比，增速分别提高了8.6个、11.1个和17.0个百分点。10类生产资料类商品中，有7类商品销售规模同比扩大，另外3类商品销售规模同比小幅下降。

二　多种因素影响，市场销售增势减弱

2013年，受宏观经济增速的放缓和刺激消费政策调整等多重因素影响，消费品市场销售增势有所减弱。

1. 从政策层面看，国家宏观政策影响消费需求

从政策层面看，2013年是继2008年全球金融危机以来我国出台扩大消费政策最少的一年，没有任何贯穿全年的扩大消费政策。加上前几年持续的家电、汽车节能补贴政策和家电下乡政策相继结束，消费增长政策动力支持减弱。不仅如此，国家有关政策对消费需求的连带影响持续存在。

（1）受厉行节约政策的影响，政府性团体消费缩减明显，住宿餐饮业收

入下降较快，高档餐饮企业深受影响。2013 年，全省限额以上住宿和餐饮业企业（单位）零售额比 2012 年同期增长 3.7%，比上年回落 15.8 个百分点；限额以上企业（单位）实现餐饮收入仅增长 6.2%，比上年回落 13.6 个百分点；限额以上企业（单位）住宿业营业额下降 5.3%，比上年回落 17.3 个百分点。

（2）受楼市调控政策的影响，家居市场销售趋缓。受国家楼市调控政策影响，家居建材行业受到较大冲击。2013 年，全省家具类、建筑装潢材料类和五金家电材料类等居住类商品零售额与 2012 年同期相比，分别下降 5.4 个、6.8 个和 9.9 个百分点。

2. 从居民消费信心看，影响消费意愿的因素较多

（1）居民收入增长放缓。2013 年，全省城镇居民人均可支配收入比 2012 年同期增长 9.6%，增速比 2012 年末回落 2.9 个百分点；农村居民人均现金收入比 2012 年增长 12.6%，增速比 2012 年末回落 3.1 个百分点。居民收入增长放缓是抑制居民消费需求的根本原因。

（2）食品价格持续上涨。12 月，全省主要食品价格同比普遍上涨。在所监测的 30 个品种中，上涨的有 22 种，占 73.3%。粮食及制品价格全面上涨，肉蛋禽价格除鸡蛋下跌外，其余全部同比上涨，其中牛肉上涨 18.1%，羊肉上涨 13.2%；蔬菜价格方面，大白菜上涨 10.9%，土豆上涨 19.1%，西红柿上涨 23.5%。随着生活必需品价格的上涨，居民生活成本不断上升，从而影响到消费市场的持续增长。

（3）居民储蓄持续增长。2013 年以来，受宏观环境影响，各大银行提高存款和理财产品的利率，提升了居民储蓄意愿，抑制了居民即期消费。2013 年年末，全省居民储蓄存款余额达 20232.1 亿元，同比增长 15.8%，比年初增加 2761.5 亿元。

3. 从消费层次和消费模式看，新的消费热点尚未形成

虽然经济社会快速发展，城乡居民消费水平持续提高，消费结构不断改善，但河南城乡居民用于吃穿和家庭用品的消费比重仍然较大，对于文教娱乐和交通通信的投入相对较少，消费层次与发达省市相比，仍有较大改善空间。同时，近 3 年对拉动消费品市场增长贡献比重居前 5 位的商品大类一直是汽车

类、石油及制品类、食品饮料烟酒类、服装鞋帽针织纺品类、家用电器和音像器材类，反映河南消费结构活力不足，没有涌现出新的增长亮点。

三　2014 年消费品市场仍将持续平稳运行态势

2014 年，宏观环境持续向好、城镇化进程持续加快、改革红利不断释放等中长期因素将不断拓展居民消费的空间，利好消费品市场。特别是伴随着居民收入水平的不断提高与消费环境的改善，全省消费品市场总体上继续保持稳步发展的态势。

1. 有利因素

（1）城镇化加速。城镇化是扩大内需的最大潜力所在。2014 年，国家将持续围绕提高城镇化质量，因势利导、趋利避害，积极引导城镇化健康发展。目前，河南城镇化水平比全国低 10 个百分点左右，拉动消费的空间巨大。据测算，城镇化每提高一个百分点，将拉动消费增长 1.8 个百分点。预计 2014 年河南城镇化率将提高 1.5 个百分点以上，有望拉动消费增长至少 2 个百分点以上。

（2）居民收入增长加快。"十二五"规划促进经济调整转型的一个重要预期目标就是实现经济增长与城乡居民收入增长同步。基于"十二五"前三年居民收入实际增长较多的欠账需要未来两年弥补，同时考虑到深化收入分配制度改革，提高居民特别是中低收入者的购买力，2014 年城乡居民人均收入增长速度将会有所加快，带来消费品市场加快增长的新契机。

（3）改革红利不断释放。党的十八届三中全会提出全面深化改革的若干意见，着眼于改革红利的不断释放，经济运行的活力将不断增强，社会保障体系更加健全，消费环境也将有极大改善，消费增长的持久动力也将大为增强。

（4）低基数效应。受中央八项规定出台，集团消费行为受到抑制影响，2013 年河南住宿餐饮业增速不高，部分行业还负增长，这也同时为 2014 年相关行业增长营造了较低的同比基数，减弱消费增长的下拉力。

2. 不利因素

2014 年市场信心和预期不稳，消费需求还面临一定的下行压力。

（1）国内外经济形势不确定因素依然较多。从国际环境看，全球经济充满复杂性和不确定性，世界经济低迷长期化趋势明显，外需增长略显乏力。从国内环境看，虽然经济呈现企稳回升的态势，但基础还不够牢固，国内经济结构调整和推动实体经济增长的力量尚未完全形成，国际大宗商品价格上涨的局面短期难以改变，必将通过上游产品传导至国内，输入性通胀压力依然存在。

（2）企业抗风险能力有待增强。贸易行业较为缺乏统一的、规范的、完善的行业标准，个别企业存在无序、无证经营现象，员工缺乏专业培训，在面临成本大幅上涨、市场异常波动等压力时，企业的应对能力还较低。此外，批发零售、住宿餐饮行业企业的利润空间狭小，企业经营活力还不够足。

（3）网上购物迅速发展仍将分流传统实体经营业务。近年来，电商快速发展，网上购物迅速普及流行，传统实体经营受到明显冲击。虽然目前全省有关统计数据没有充分体现网购商品总额，但不能否认的是在网上购物分流传统实体商贸业的同时，在统计上也分流了本地社会消费品零售总额。我们有理由相信，随着"80后"、"90后"成为市场消费的主体，网络消费仍将方兴未艾，对全省社会消费品零售额的冲击不容忽视。

（4）促消费政策的相关配套设施仍不完善。近年来，在促消费政策的引导下，全省汽车消费高速发展，由于居民小区和公共场地停车设施建设滞后，导致停车难、停车贵的问题日益突出；交通管理不善和道路建设滞后，导致交通拥堵严重；能源短缺、油价上涨、尾气排放，导致环境污染等矛盾十分突出，都成为制约汽车行业持续快速发展的因素。2013年，在汽车保有量不断增加的形势下，全省石油及其制品类增速回落14个百分点。另外，农村电网、自来水等设施不完善，在一定程度上影响了家电消费。此外，食品安全问题仍很突出，快递行业申诉数量多，汽车、电动自行车申诉数量上升，家具行业消费纠纷增多等问题关注度不断提高。预示着公众放心消费仍存有"后顾之忧"，从而影响消费者信心。

总体上看，2014年，消费品市场机遇与挑战同在。尽管受经济运行等不确定因素的影响，消费品增长存在有诸多隐忧。但随着扩大消费和增加收入政策的落实，居民的消费意愿将增强，消费品市场仍有望持续企稳。特别是在收入提升和城镇化进程加速的"双轮驱动"之下，在促进消费持续增长的良好

环境不断得到营造的新形势下，2014 年河南消费市场增速仍将保持稳中有升的良好态势。

四 促进消费品市场健康发展的对策建议

基于对 2014 年全省市场形势的认识，要发挥好消费对河南经济增长的强劲拉动作用，应重点做好以下工作。

1. 切实提高居民的收入水平，将改革发展的成果惠及百姓，以收入增长推动消费增长

城乡居民收入不断增长是促进消费的关键。增加居民收入，加快收入分配改革解决的是有钱花的问题，建立、完善社会保障制度，减少人们提升消费水平的后顾之忧就是敢消费的保证。因此，政府一方面要加快财政税收制度的改革与完善，确保充足的财力作为保证；另一方面应继续加大社会养老、失业、基本医疗、住房等保险的范围和力度，提高社保水平。如果人们对社会保障满意达到相应程度，其对增加消费的现实作用就会体现出来。因此应采取有效措施提高居民收入在国民收入分配中的比重，促进居民收入特别是工资性收入持续快速地增长。通过稳定和扩大就业，提高基本工资标准，增加居民收入特别是劳动报酬在分配中的比重，增强收入增长的可持续性，提高城乡居民的持久收入水平预期，切实提升持久消费能力。

2. 加快城镇化步伐，进一步增强消费活力

人口是推动消费需求增长的重要因素，城镇化是提高最终消费需求的强劲动力，加快城镇化特别是人口城镇化的进程，提升城市人口规模以及城区人口数量，是建立消费需求增长的长效机制、激发消费活力的关键环节。因此，应综合施策，加快城镇化步伐，扩大城市规模，优化城市结构，增强消费活力。

3. 加快住宿餐饮企业转型进程

成熟、理性的餐饮市场，应该是两头小、中间大，中档、大众消费占主流。公务宴请占比较高的高端住宿餐饮加快转型是必然的趋势，住宿餐饮业要顺应国内外形势变化，加快转型步伐。而转型的关键是要逐步理性回归到以服务大众为主，在大众人群中寻找主要消费对象。住宿餐饮业应从过去靠拼装修、拼价格、拼资金的畸形模式中走出来，把拼品质、拼服务、拼特色作为健康发展的核心，做好特色、提升品质、优化环境，在性价比方面取得优势，或许是高端住宿餐饮企业转型的一条出路。

4. 进一步开拓农村消费市场，加快消费升级

加快农村公共基础设施建设，积极改善和营造良好的消费环境，建立和完善厂家与商家在农村销售和售后服务网点，鼓励区域内大中商贸企业以连锁经营、品牌加盟等方式建立新型消费场所，改变农村传统集贸市场，整合农村分散的交易市场，方便农民消费，促进农民消费结构升级。

5. 加强市场监管，采取有效措施确保物价基本稳定

建立长效的市场监管机制和保障机制，营造公平合理的商业竞争环境，给广大居民消费者一个安全稳定的消费市场。一是密切关注市场价格动向，适时采取有效措施保证价格稳定；二是严厉打击价格欺诈等违法违纪行为，确保消费权益。

B.8

2013～2014 年河南省对外贸易
形势分析与展望

杨红霞　吕维才　付喜明　孔维衡*

摘　要：

> 2013 年河南对外贸易发展稳中求进，全年的进出口总值已接近 600 亿美元大关，再创历史新高。本文全面盘点了河南省对外贸易取得的成绩，指出存在的问题，并分析了河南省对外贸易发展的有利和不利因素，为促进 2014 年对外贸易发展提出针对性建议，并就 2014 年河南省进出口前景做了预测和展望。

关键词：

> 对外贸易　分析　展望

据海关统计，2013 年，河南省进出口总值 599.51 亿美元，同比增长 15.9%。其中，进口 239.59 亿美元，同比增长 8.6%；出口 359.92 亿美元，同比增长 21.3%。继 2012 年全省外贸进出口历史首次突破 500 亿美元大关之后，2013 年的进出口总值接近 600 亿美元，再创历史新高。

一　2013 年河南省对外贸易现状

1. 外贸月度走势整体上扬，11 月创历史新高

自富士康项目入驻河南省以来，其手机链条业务规模不断扩大，对支撑全省外贸平稳运行起到了重要作用。除 2013 年 1～2 月受春节因素影响，进出口

---

* 杨红霞、吕维才、付喜明、孔维衡，郑州海关统计处。

起伏较大之外；3～11 月呈现整体上扬态势；特别是自 7 月以来，河南月度进出口值已连续 5 个月环比增长；11 月达到 81.65 亿美元，同比增长 5.3%，环比增长 42.8%，创历史新高。12 月当月进出口 73.39 亿美元，同比增长 35.1%，环比下降 10.1%；其中进口 27.01 亿美元，同比增长 15.5%，环比下降 12.8%；出口 46.38 亿美元，同比增长 50.0%，环比下降 8.4%（见图 1）。

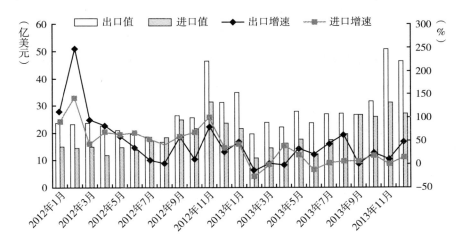

图 1　2012～2013 年河南省进出口月度走势

2. 进出口总值和增速分列全国第 12 位和第 8 位

2013 年，河南省进出口总值排名全国第 12 位，与 2012 年持平，列传统外贸强省河北省之前，排在四川省之后。进出口、进口和出口增速分别为 15.8%、8.6% 和 21.3%，分别较全国同期平均水平高出 8.3 个、1.3 个和 13.4 个百分点。进出口增速居全国第 8 位，其中进口增速列第 12 位，出口增速列第 6 位。

3. 加工贸易进出口列中部 6 省第 1 位、全国第 9 位

2013 年，河南以加工贸易方式进出口 384.36 亿美元，同比增长 26.7%，高于全国平均增速（1.0%）25.7 个百分点，占全省外贸进出口总值的 64.1%，比 2012 年提高 5.5 个百分点。其中，加工贸易进口 156.16 亿美元，同比增长 29.7%；出口 228.20 亿美元，同比增长 24.7%。河南加工贸易进出口、进口、出口增速分别高出全国平均水平 25.7 个、26.4 个和 25.0 个百分点。

2013 年，河南加工贸易对全省进出口的贡献率为 98.6%，全省进出口增长 15.9% 中有 15.7 个百分点由加工贸易拉动。同期，河南省加工贸易进出口总值在全国加工贸易进出口中排名第 9 位，比上年提高 1 位，在中部 6 省中排名第 1 位，高出中部 6 省加工贸易排名第 2 位湖北省 291.2 亿美元，高出全国排名第 11 位的重庆市 56.1 亿美元，稳居全国加工贸易十强之列。

4. 韩国、中国和东盟等 10 大进口市场占河南进口的九成以上

2013 年，河南省从韩国、中国（国货复进口）、东盟、中国台湾和日本分别进口 54.73 亿美元、39.89 亿美元、27.64 亿美元、19.76 亿美元和 18.56 亿美元，分别增长 30.0%、36.9%、3.0%、46.6% 和下降 38.5%。同期，澳大利亚、欧盟、美国、巴西和非洲位居河南省进口值第 6~10 位。河南省从 10 大进口市场进口合计 218.98 亿美元，占全省进口总值的 91.4%（见表 1）。

表 1　2013 年河南省进口 10 大市场

单位：亿美元，%

贸易伙伴	2013 年进口值	2012 年进口值	同比增长
韩　国	54.73	42.08	30.0
中　国（国货复进口）	39.89	29.13	36.9
东　盟	27.64	26.83	3.0
中国台湾	19.76	13.48	46.6
日　本	18.56	30.19	−38.5
澳大利亚	16.00	14.83	7.8
欧　盟	14.22	18.24	−22.0
美　国	12.61	13.39	−5.8
巴　西	10.10	7.66	31.8
非　洲	5.47	2.65	106.5

5. 美国、欧盟和日本等 10 大出口市场占全省出口八成以上

2013 年，河南省对美国、欧盟、日本、东盟和非洲分别出口 109.99 亿美元、78.88 亿美元、30.22 亿美元、24.61 亿美元和 19.64 亿美元，分别增长 45.8%、19.4%、10.1%、24.1% 和 24.1%。同期，中国香港、韩国、加拿大、巴西和俄罗斯等市场分别位居河南省出口的第 6～10 位。河南省对 10 大出口市场出口合计 304.05 亿美元，占全省出口总值的 84.5%（见表 2）。

表 2　2013 年河南省出口 10 大市场

单位：亿美元，%

贸易伙伴	2013 年出口值	2012 年出口值	同比增长
美　　国	109.99	75.43	45.8
欧　　盟	78.88	66.07	19.4
日　　本	30.22	27.45	10.1
东　　盟	24.61	19.84	24.1
非　　洲	19.64	15.82	24.1
中国香港	14.41	19.34	-25.5
韩　　国	7.38	6.67	10.6
加 拿 大	7.28	8.69	-16.2
巴　　西	5.91	2.88	105.4
俄 罗 斯	5.75	3.83	50.1

6. 机电产品为进口商品主体，资源性产品占进口比重较大

2013 年，河南省进口机电产品 171.08 亿美元，同比增长 9.3%，占全省进口总值的 71.4%；进口铁矿砂及其精矿 20.14 亿美元，同比增长 31.0%，占 8.4%；进口农产品 16.15 亿美元，同比增长 6.2%，占 6.7%；进口铅矿砂精矿 7.07 亿美元，同比下降 32.3%，占 2.9%；进口纸浆 3.31 亿美元，同比增长 22.6%，占 1.4%。以上进口合计 217.75 亿美元，占全省进口值的 90.9%（见表 3）。

7. 出口产品主要是以苹果手机和汽车为代表的机电产品，发制品、农产品、纺织品和轮胎等传统产品仍为重要出口商品

2013 年，河南省出口机电产品 244.96 亿美元，同比增长 26.4%，占全省出口总值的 68.1%；出口发制品 15.95 亿美元，同比增长 7.2%，占 4.4%；出口农产品 13.84 亿美元，同比增长 37.0%，占 3.8%；出口纺织纱线 10.49 亿美元，同比增长 12.6%，占 2.9%；出口服装 10.07 亿美元，同比增长 21.3%，占 2.8%；出口轮胎 6.08 亿美元，同比下降 2.3%，占 1.7%。以上出口合计 301.39 亿美元，占全省出口值的 83.7%（见表 4）。

表 3　2013 年河南省进口主要商品

单位：亿美元，%

商　品	金　额	同比增长	占全省比重
机电产品(包括本目录已具体列名的机电产品)	171.08	9.3	71.4
高新技术产品	148.10	15.5	61.8
集成电路	86.29	28.9	36.0
铁矿砂及其精矿	20.14	31.0	8.4
电视摄像机、数字照相机及视频摄录一体机	16.76	25.3	7.0
农产品(包括本目录已具体列名的农产品)	16.15	6.2	6.7
计量检测分析自控仪器及器具	9.00	-6.6	3.8
大　豆	6.61	6.7	2.8
铅矿砂及其精矿	7.07	-32.3	2.9
绵羊或羔羊生皮	3.43	7.2	1.4
纸　浆	3.31	22.6	1.4
棉　花	2.90	-13.6	1.2
印刷电路	2.80	14.8	1.2
做假发的材料	2.25	15.4	0.9
天然橡胶(包括胶乳)	2.24	10.5	0.9
金属加工机床	2.01	-85.4	0.8
电容器	1.96	-22.4	0.8
全省合计	239.59	8.6	100.0

表 4　2013 年河南省出口主要商品

单位：亿美元，%

商　品	金额	同比增长	占全省比重
机电产品(包括本目录已具体列名的机电产品)	244.96	26.4	68.1
高新技术产品	207.26	27.0	57.6
电话机	196.89	26.4	54.7
发制品	15.95	7.2	4.4
农产品(包括本目录已具体列名的农产品)	13.84	37.0	3.8
纺织纱线、织物及制品	10.49	12.6	2.9
服装及衣着附件	10.07	21.3	2.8
新的充气橡胶轮胎	6.08	-2.3	1.7
汽车(包括整套散件)	5.90	1.7	1.6
蔬　菜	4.83	103.1	1.3
铝　材	4.62	15.7	1.3
家具及其零件	4.40	66.1	1.2
鞋　类	4.28	17.2	1.2
钢　材	3.90	-1.5	1.1
陶瓷产品	3.22	-8.4	0.9
铜　材	3.03	-5.3	0.8
游戏机	2.67	14284.9	0.7
全省合计	359.92	21.3	100.0

8. 富士康项目对河南省外贸贡献率下降

自富士康苹果手机项目落户河南以来，手机逐渐成为出口最多的单项商品，改变了全省外贸出口商品结构。2013 年，河南省出口电话机 196.89 亿美元，同比增长 26.4%，占全省出口的 54.7%。富士康集团下辖企业进出口 354.88 亿美元，同比增长 20.7%，占全省进出口的 59.2%；其中进口 154.19 亿美元，占全省进口的 64.4%；出口 200.69 亿美元，占全省出口的 55.8%。富士康进出口贸易对全省外贸的贡献率为 74.2%，比 2012 年下降 30 个百分点，比 2013 年前 11 个月的贡献率下降 1.6 个百分点。2013 年全省外贸进出口增长 15.8% 中有 11.8 个百分点由富士康拉动。

二　河南省外贸发展存在的主要问题

1. 经营主体两极分化、结构不均衡

2013 年，河南省有进出口业务记录的企业 4690 家，较 2012 年同期增加 484 家。但全省进出口值在 10 亿美元以上的大型企业仅有 2 家，分别为鸿富锦精密电子（郑州）有限公司和安阳钢铁集团国际贸易有限责任公司，而且仅鸿富锦 1 家的贸易值就占到了全省进出口总值的 58.7%。多达 4295 家规模在 1000 万美元以下的小型企业，占了进出口企业总数的 91.6%，而进出口总值所占全省的比重仅为 8.9%。从外贸总量和规模来看，河南省稳居中部第 1 位，但经营主体两极分化格局极为明显，外贸主体结构明显不均衡。

2. 机电产品过度集中，商品结构失衡

随着富士康规模的不断扩大，河南省机电产品进出口所占比重迅速提高。2013 年，河南省进出口机电产品 416.04 亿美元，同比增加 18.8%，占全省进出口贸易总值的 69.4%，较 2011 年、2012 年分别提高 24.7 个和 1.7 个百分点，其中与手机产业链相关的机电产品进出口就已占到了全年全省进出口额五成以上。全省钢铁业、农产品、石化产业和纺织服装业等传统产业进出口值分别 30.22 亿美元、29.98 亿美元、14.70 亿美元和 21.19 亿美元，合计仅占全省外贸进出口的 16.0%，较 2011、2012 年分别下降 12.6 个和 2.5 个百分点。河南外贸越来越倚重于机电产品，商品结构明显失衡。

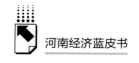

3. 全省外贸集中在省会、区域发展不均衡

2013 年，郑州市进出口总值 427.49 亿美元，同比增长 19.2%，高出全省增速 3.4 个百分点，占全省外贸进出口总值的 71.3%，是其余 17 个省辖市进出口总和的 2.5 倍，是外贸第 2 位焦作市的 18.9 倍，是第 18 位商丘市的 169.5 倍，全省外贸过度集中于一地的现象突出。此外，济源、洛阳、南阳和三门峡等地区的进出口值合计为 53.39 亿美元，是濮阳、商丘、周口和信阳等地区的 23.74 亿美元的 2.2 倍。河南外贸主要集中在省会郑州市，其他地区发展较为缓慢，区域发展不均衡现象十分突出。

三　河南省外贸发展面临的不利因素

1. 新兴经济体面临不确定性因素

据国际货币基金组织（IMF）《世界经济展望》报告显示，2014 年全球经济发展仍将面临一系列不确定性因素，经济下行风险持续存在。

（1）新兴经济体增速明显放缓。受发达国家经济政策溢出效应的负面影响，加上自身经济的脆弱性，继 2012 年巴西、印度等少数经济体出现"硬着陆"后，2013 年新兴经济体增速继续回落，第二季度印度经济增速进一步下滑至 4.4%，为 2009 年以来最低；印度尼西亚经济增长率为 5.8%，连续 4 个季度下滑；第三季度俄罗斯经济接近零增长，全年增速将低于 1.8% 的预期。据相关机构预测，2014 年新兴市场和发展中国家的经济增长率将保持在 4.5%，为 2010 年以来的最低水平。

（2）发达国家经济政策调整带来不确定性。2014 年美联储退出量化宽松政策（QE）存在较大概率，如果退出的时间和进程超出市场预期，势必会对新兴经济体的资产市场、汇率和贸易等多方面产生较大冲击。2013 年，河南省对俄罗斯、印度、非洲、拉美和东盟合计进出口为 131.70 亿美元，同比增长 15.6%，占全省外贸比重的 22.0%，与 2012 年持平。新兴经济体和发展中国家在河南省外贸中占有重要地位，其经济增速放缓将会对河南省产生较大影响。

2. 企业经营成本仍将居高不下

近年来，国内企业生产经营面临困难局面。2014 年中国劳动力、资金、环保等投入要素成本仍将高企。

（1）劳动力成本持续上升。目前工人工资基本以年均 20%～30% 的速度上涨，企业承担各类社保支出和工资的比例也已达到 0.5∶1，企业用工成本高企，负担加重。

（2）融资难、融资贵的问题日益突出。目前广大中小企业普遍面临着审批周期长、贷款规模小等问题，银行在收取正常利息之外，还以咨询费、顾问费等名义收取其他费用，导致融资成本高企，正规渠道得到的贷款加上各种成本年利率在 9%～10%。

（3）产能过剩矛盾在从传统行业向新兴行业蔓延、从下游生产企业向上游资源类企业蔓延，持续影响企业整体经济效益。

（4）2014 年中央将推进人民币汇率形成机制改革，人民币被普遍预期将继续升值，同时由于本届政府对环境保护的力度不断加大，企业的环保成本大幅上升。

多重因素共同作用，致使国内生产企业尤其是出口型企业的经营成本居高不下。除手机等产品之外，河南省传统进出口行业如金属冶炼、轮胎、造纸、纺织服装和发制品等劳动密集型或高污染、高耗能产业，或将面临更加沉重的成本压力。

3. 国际贸易摩擦阻碍外贸发展

2012 年以来随着全球金融危机、欧元区财政危机等经济问题长期持续，全球范围内的贸易保护措施不断增多。尤其是在世界各主要经济体先后陷入衰退、国内政治压力增大的情况下，贸易保护措施的性质不再是以往应对危机的临时性措施，而是通过这些措施来保护本国的相关产业。在中国日益成长为世界贸易大国的过程中，已成为遭受贸易救济措施最严重的国家之一。据国家商务部数据显示，2013 年 1～11 月，中国共遭遇来自 18 个国家和地区的贸易摩擦案件 80 起，同比增加 12%。值得关注的是，除欧美等发达经济体之外，越来越多的新兴市场和发展中国家也加入对华实施贸易保护的行列。2013 年阿根廷、埃及和巴西等国相继对中国出口橡胶轮胎提高税率和征收反倾销税；印

度尼西亚、马来西亚、泰国、墨西哥和越南等国对中国多项钢铁产品发起"双反"调查,这些对河南省的外贸造成了诸多不利影响。

四 河南省外贸发展的有利条件

1. 国际经济形势趋稳,发达经济体有望恢复增长

2013 年以来,全球经济复苏在波动中逐渐加强,欧美日等发达经济体重新成为世界经济增长的主要动力。预计在财政紧缩力度减小、货币条件仍然有利和私营企业活动增强等因素的带动下,2014 年美国经济增长率有可能达到2.5%;欧洲经济近期表现超出预期,随着欧洲银行业联盟、单一监管机制等改革取得实质性进展,欧债危机有望进一步缓和,预计 2014 年欧洲经济增速可达 1% 左右,改变数年来持续衰退的局面;日本经济扭转了长年消费与投资极度低迷的局面,国内经济可能延续复苏态势。据 IMF 预计,2014 年全球经济增长率将达到 3.6%,较 2013 年高 0.7 个百分点。2013 年,河南省对美国、欧盟和日本合计进出口 264.47 亿美元,增长 14.6%。欧洲、美国、日本经济的好转对河南外贸发展是个利好消息。

2. 中国外贸政策继续优化,人民币国际化提速

为进一步落实党的十八届三中全会、中央经济工作会议精神,深化改革推动经济结构调整和外需稳定,中国继续优化外贸政策,对 760 多种进口商品实施低于最惠国税率的年度进口暂定税率,平均优惠幅度达 60%,以上措施将会对中国的外贸增长带来积极影响。此外,据国际清算银行《全球外汇市场成交量调查报告》显示,2013 年人民币已成为日均交易额前十名的货币,从 2010 年 4 月的第 17 位跃升 8 位成为全球第 9 大国际货币。目前,中国已与多个国家签署了双边本币互换协议。同时据环球银行金融电信协会(SWIFT)统计,人民币作为全球支付货币的排名已提升到第 12 位。人民币国际化提速将会促进人民币在境外市场的使用,为在境外市场的进一步发展提供流动性支持,有利于贸易投资便利化和降低外贸企业的汇率风险。

3. 郑州航空港建设实现突破，全省基础建设取得进展

打造河南经济"升级版"，战略突破口在于郑州航空港建设、180 个产业集聚区以及城市新区建设和商务中心区、特色商业区建设，构建现代产业、现代城镇、自主创新三大体系。

郑州航空港经济综合实验区自获批以来发展势头迅猛，目前以郑州"一网、四港、六中心"综合交通枢纽为特征的国家级中心的战略规划已初步形成。截至 2013 年 11 月，郑州新郑国际机场已开通航线 144 条，覆盖除非洲、南美洲以外的全球主要经济体；实验区固定资产投资完成 191 亿元，同比增长 60%；地区生产总值完成 263 亿美元，同比增长 37%。同时，作为推动全省经济转型升级的突破口，产业集聚区也加快了结构调整步伐。据省发改委 12 月 20 日通报显示，全省 180 个产业集聚区继续保持较快增长的良好态势，前三季度建成区面积已达 1777 平方公里，入驻规模以上工业企业 6908 家，引进省外资金项目 1712 个，共计完成投资 8940.2 亿元，同比增长 29%，占全省投资的比重达到 50.3%，对全省投资增长的贡献率为 59.5%。

此外，河南省新郑机场二期工程顺利推进，焦作、三门峡和新乡海关陆续开关办理业务，航空港区和综合保税区已实现部分货物无纸化通关，轨道上的"丝绸之路"——郑欧国际铁路货运班列成功运行，跨境电子商务正在有序展开。河南省日益完善的经济基础设施为外贸进出口奠定了良好的基础，为打造中原外贸开放高地提供了必要的保障。

五　河南省对外贸易发展建议与展望

1. 合理调整外贸结构，优化经营主体

近年来河南省外贸企业组成结构逐渐呈现出"大企业独占鳌头、小企业小而多"的特点，外贸企业日益庞杂，在带动全省经济外贸发展的同时，也为政府部门的有效规范和管理带来了困难。今后应从以下几个方面来调整企业分布，优化结构主体。

一是充分发挥航空港经济综合实验区和综合保税区承接产业转移示范的平台作用，着力引进一批辐射力大、带动力强的龙头型项目，完善产业链条，调

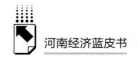

整商品结构。

二是针对众多中小企业开发能力较弱、缺乏外贸经验等弱点，积极鼓励和组织企业参加广交会、中博会等大型国际展会，培育一批产业优势明显、带动效应强的优秀民营企业。

三是扶持省内外贸欠发达地区，根据当地经济发展实际特点，帮助其提高招商引资水平。

四是实施兼并重组的财税、金融支持政策，鼓励企业开展跨区域、跨所有制的兼并重组，提高产业集中度，形成在全国有影响力、具有国际竞争力的优势产业集群。

2. 改善企业运营环境，促进转型升级

目前河南省金属冶炼、造纸、太阳能电池等传统行业企业受制于国内外经济形势、产能过剩、环保和贸易摩擦等因素，普遍处在低利润率甚至亏损的现状。为逐渐改善这种局面，使企业的生产经营走上正轨，一是应创新行业运行方式，依照能耗、环保、质量等技术标准和规范，形成稳定、透明和可预期的制度体系。二是建立公平竞争的市场环境，约束地方政府以低地价、低环境标准、不适当税收优惠和财政补贴等手段过度刺激投资行为。三是提高税收抵扣比例，鼓励企业淘汰落后设备和产能，引进先进生产线，激励企业自主创新。四是切实加大知识产权执法力度，保护企业正当权益不受侵害，降低企业维权成本。

3. 创新贸易形式，推动贸易方式多元化

贸易方式多元化是开拓国际市场和实现市场多元化战略的重要手段。2013年，河南省加工贸易和一般贸易进出口合计占全省进出口总值的95.7%，贸易方式相对单一。今后应加强电子商务平台建设，积极推进跨境电子商务试点工作，鼓励企业运用电子商务平台开展对外合作，发挥电子商务在品牌培育、宣传推介方面的作用和优势，不断提高利用电子商务平台开展对外贸易的比重，减免企业注册、服务费用，降低成本，提高效率，有效推进本省贸易方式多元化。

4. 2014 年外贸形势展望

尽管 2014 年世界经济还存在着诸多未知因素，但总体正在缓慢恢复增长，国际市场需求也会相应扩大。同时，2014 年又是落实党的十八届三中全会精神的一年，中央经济工作会议已经把"不断提高对外开放水平"作为中国明年经济工作的六大主要任务之一，中国经济外贸环境将会不断得到改善，河南省的传统商品外贸形势有望好于 2013 年。此外，随着苹果 iPhone 系列手机的升级换代和规模进一步扩大，河南省外贸会呈现波动上行态势，预计 2014 年对外贸易进出口有望继续保持 10% 以上的增长速度，达到 660 亿美元左右。

B.9
2013~2014年河南省承接
产业转移形势分析与展望

武安华*

摘 要：

党的十八届三中全会通过的《中共中央关于全面深化改革若干重大问题的决定》指出："要抓住全球产业重新布局机遇，推动内陆贸易、投资、技术创新协调发展。"本文通过分析2013年河南省承接产业转移的现状和成效，对2014年河南加快产业转移提出了针对性的政策建议。

关键词：

河南省 产业转移 形势分析

对外开放是加快河南省经济社会发展的全局性、综合性战略举措，招商引资是河南省对外开放工作的重中之重，2013年，全省上下深入开展大招商活动，积极承接产业转移，开放工作取得显著成效。

一 河南省承接国内外产业转移的现状

1. 承接产业转移规模增长迅速、质量不断提升

2013年，全省新批外商投资企业344家，实际利用外资134.56亿美元，同比增长11%，居中部6省第1位；全省新落地省外资金项目5770个，实际到位资金6197.5亿元，同比增长23.3%。承接产业转移引进资金不仅数量

---

* 武安华，河南省商业经济研究所。

多，而且质量高，龙头企业和基地型项目、集群类项目占了大头，标志着河南省承接产业转移取得重大突破。世界 500 强企业在河南投资的达到 76 家，国内 500 强企业达 158 家。

2. 承接产业转移工作深入推进

2013 年河南省成功举办第八届中部博览会，吸引了国内外客商 3 万余人参展参会，签约 435 个项目，吸引投资超过 4400 亿元；河南省承办的承接纺织服装鞋帽产业转移对接洽谈活动，签约 70 个项目，合同利用省外资金 374.3 亿元；豫台电子信息产业对接会成功举办，共有 25 个项目达成合作意向，项目投资总额为 190.9 亿元；中国（郑州）汽车及零部件产业转移对接活动在郑州举行，共促成签约项目 40 个，签约金额 340 亿元，其中省外资金 229 亿元。这些活动扩大了河南省承接产业转移的影响力，提升了承接产业转移的形象，取得良好成效。

3. 承接产业转移的领域进一步拓宽

河南承接产业转移形成了各部门、各领域、各环节全面开放新格局。美国 UPS、深圳华强等一批国内外知名物流企业来豫投资设立专业物流园区、区域分拨中心和配送网络；20 多家动漫游戏企业入驻国家动漫产业发展基地。

4. 承接产业转移能力明显提升

大集团、大项目的成功引进，开创了河南与大型跨国集团展开战略基地型全面合作的先河，标志着河南承载产业转移的能力达到一个新阶段，成为河南承接产业转移的里程碑。这预示着，产业转移正在拉开大幕，以河南为中心的区域可能成为中国工业新的布局重点。

5. 承接产业转移载体凸显优势

（1）大通关机制作用显现。《中原经济区规划（2012～2020 年）》获批，郑州航空港经济综合实验区规划获批，郑州市跨境贸易电子商务试点城市获批，郑州新郑综合保税区封关运营，郑州出口加工区、保税物流中心配套服务更加完善，海关特殊监管区进一步健全，"大通关"机制作用显现，河南承接产业转移综合竞争力显著增强。

（2）产业集聚区成为开放型经济的主阵地。全省现有产业集聚区 180 个，其中包括 42 个省级以上开发区、9 个国家级经济技术开发区、3 个高新技术开

发区、1 个综合保税区。河南省国家级经济技术开发区数量位居全国第 5 位，中西部地区第 2 位。目前，全省产业集聚区发展呈现良好的态势，产业集群大有进展，服务功能逐渐健全，产城互动机制初步形成。产业集聚区已成为全省经济的增长极，成为转变发展方式、实现科学发展的突破口，承接产业转移的主平台。

6. 县域开放型经济持续稳定发展

2013 年前 10 个月，河南省 55 个对外开放重点县（市、区）进出口额达到 46.4 亿美元，占全省进出口总额比例的 10.4%；实际利用外资 31.1 亿美元，占全省实际利用外资比例的 28.6%。55 个对外开放重点县（市、区）吸引了一批大企业落户，大力推动了县域经济快速发展。目前，国内休闲食品前10 强企业中有 8 家入驻漯河临颍，被中国食品工业协会授予"中国食品名城休闲食品产业基地"称号。

二 承接产业转移的成效分析

1. 拉动经济增长

2009 年以来，河南实际利用境内外资金合计超过 2.3 万亿元，为全省经济社会发展注入了资金活力，展现了强劲的拉动作用。

2. 优化产业结构

长期以来，河南省产业结构不合理，产业链短、加工度和附加值低，不合理的产业结构，使河南省在全球金融危机中受到的冲击特别严重。2010 年以来，随着一批基地型、龙头型产业转移项目落户河南，河南初步改变了工业增长主要依靠能源原材料产业拉动的格局。2012 年汽车、电子信息、装备制造、食品、轻工业、建材等六大高成长性产业比 2011 年增长 18.3%，对全省规模以上工业增长的贡献率为 67.2%。2011 年以来全省电子信息产业实现爆发式增长，全省电子信息产业增加值同比增长 220%，占工业增加值比重达到1.42%。

3. 推动进出口贸易跨越式发展

长期以来，开放型经济一直是全省经济发展的短板，突出表现为外贸依存度低、出口商品层次低。2011 年以前全省外贸依存度一直徘徊在 5%，远低于全国 50% 的水平。2011 年以来，在出口大型项目带动下，河南省外向型经济水平显著提高，全省外贸依存度不断提升。河南外贸依存度 2012 年提高到 11.1%，首次超过 10%，实现历史性突破。

2011 年以前，河南省年进出口总额不到 200 亿美元，2011 年河南省进出口总额达到 326.4 亿美元。2012 年全省进出口总额 517.5 亿美元，同比增长 58.5%，位居全国第 12 位，中部第 1 位。2013 年全省进出口总额达到 599.5 亿美元，同比增长 15.8%。

4. 扩大了社会就业

河南是人口大省，由于吸纳就业有限，每年有近 2000 万劳动力在省外打工。随着一大批承接转移项目特别是劳动密集型项目的进驻落户，提供了大量的就业岗位，有效促进了就业增收、改善民生。实现了部分劳动力在省内就业，这对缓解全省就业压力起到了积极的作用；同时，大大缩短了劳动力流动距离，减少了劳动力流动成本，客观上增加了劳动者的"幸福感"和"安全感"。

5. 推进了城镇化进程

产业集聚区建设是事关河南全局的重大举措，在推动产城融合方面发挥了重要作用，是新兴城镇化建设的重要支撑。近年来，河南省承接产业转移的大集团、大项目纷纷落户在各个产业集聚区，带动了产业集聚区餐饮、住宿、娱乐、商业等服务业快速发展，加快了农村劳动力向城镇转移的速度，推动了河南省城镇化建设进程，实现了产业、城市、口岸互动融合发展。

三 河南省承接产业转移的形势分析与展望

1. 有利条件

（1）构建开放型经济新体制的国家新战略。党的十八届三中全会通过的《中共中央关于全面深化改革若干重大问题的决定》指出：要抓住全球产业重新布局机遇，推动内陆贸易、投资、技术创新协调发展；要适应经济全球化新形势，必须推动对内对外开放相互促进、引进来和走出去更好结合，促进国际国内要素有序自由流动、资源高效配置、市场深度融合。

（2）实施中原经济区、郑州航空港经济综合实验区建设等重要国家战略。《国务院关于支持河南省加快建设中原经济区的指导意见》（以下简称《指导意见》）指出，要"有序承接产业转移。发挥区位优越、劳动力资源丰富等优势，完善产业配套条件，打造产业转移承接平台，健全产业转移推进机制，全方位、多层次承接沿海地区和国际产业转移。支持中心城市重点承接发展高端制造业、战略性新兴产业和现代服务业，推动县城重点发展各具特色、吸纳就业能力强的产业，形成有序承接、集中布局、错位发展、良性竞争的格局。支持设立承接产业转移示范区"。

2013年3月，国务院正式批复了《郑州航空港经济综合实验区发展规划（2013～2025年)》（以下简称《规划》）。《规划》指出："发挥对外开放门户功能，增强承接高水平产业转移能力，带动中原经济区加快构建开放型经济体系。"

（3）区位优势明显。河南省地处中原，承东启西，连南贯北，是全国重要的交通枢纽和物流中心，交通优势明显。《指导意见》指出："巩固提升郑州综合交通枢纽地位。加强综合规划引导，按照枢纽型、功能性、网络化要求，把郑州建成全国重要的综合交通枢纽。构筑便捷高效的交通运输网络。加强铁路、公路、航空、水运网络建设，提高通达能力，强化与沿海地区和周边经济区域的交通联系，形成网络设施配套衔接、覆盖城乡、连通内外、安全高效的综合交通运输网络体系。"

（4）劳动力、土地等要素优势明显。河南是人口大省，劳动力比较丰富。河南职工的工资成本大体上低于沿海地区30%以上，这在人力资源上构成了一个很强的优势。富士康之所以把生产基地转移到郑州，在很大程度上是由劳动力资源的保障和竞争优势所致。

2. 不利因素

（1）国际经济环境日趋复杂。国际金融危机影响具有长期性，危机深层次影响仍未消除。国际市场争夺更趋激烈，贸易争端将更为频繁。新的世界经济增长动力源尚不明朗，美国、欧元区和日本的货币政策、贸易投资格局、大宗商品价格变化等方向都存在不确定性，预计2014年世界经济仍将延续缓慢复苏态势。

（2）中国开放面临全方位、多层次的国际竞争。当前中国经济发展中的不平衡、不协调、不可持续的矛盾和问题仍很突出，经济增长下行压力和物价上涨压力并存，部分企业生产经营困难，节能减排形势严峻，经济金融等领域也存在一些不容忽视的潜在风险。中国经济深层次的一些重大比例关系失衡，一些深层次矛盾没有实质性扭转。2013 年第四季度，中国多项经济指数均出现不同程度的回落。特别是中国制造业采购经理指数（PMI）从 10 月的50.4% 下降至 11 月的 49.0%，回落 1.4 个百分点，是 2009 年以来最低值。

（3）高技术人才储备不够充分。技术工人相对短缺，缺乏高层次技术、管理人才，成为制约承接产业转移的瓶颈之一。尽管农村剩余劳动力存量大，但劳动力大多缺乏熟练操作技能，尤其是高级技工较少。

（4）承接载体不够完善。现代化的城市和功能齐全的产业园区是承接产业的主要载体。河南城市化水平较低，个别开发区、工业园区由于规划等原因，道路、管网等基础设施和生产服务配套条件还未达到大规模承接产业转移的要求。

3. 承接产业转移展望

2014 年，河南省承接产业转移工作面临新挑战、新机遇、新要求，中原经济区、郑州航空港经济综合实验区上升为国家战略，为承接产业转移搭建了重要载体和平台，河南省正在迎来承接国内外产业转移的黄金机遇期。我们应充分认识和牢牢把握产业转移的新特点，进一步强化机遇意识，增强紧迫感、使命感和责任感，努力以承接产业转移为新突破，推动对外开放的大跨越。

四　加快承接产业转移的政策建议

1. 强化产业集群式产业转移

当前区域经济竞争正在由企业之间的竞争向产业集群之间的竞争演变。河南省承接产业转移的实践已经证明，产业配套集聚优势正在超越低成本优势，成为引进境内外资金投向的主导力量。河南要顺应国际国内产业转移的特点和趋势，结合省内产业结构和优势，把产业集群招商作为今后一个时期承接产业转移的主攻方向和重点。要结合产业产品结构调整，在科学谋划、主动作为上狠下功夫，突出抓好延链和补链产业转移，深入开展产业集群式转移，建设一批在全国占有重要地位和重大影响力的产业集群和产业基地，实现项目和产业集聚。着力选择市场潜力大、竞争优势明显、产业转移趋势明显的电子信息、汽车及零部件、食品、家电、家具、纺织服装及制鞋、新型建材、金属制品等产业重点推进。

2. 围绕主导产业承接产业转移

发挥产业集聚区招商引资主阵地作用，积极谋划重大招商题材，大力引导国内外产业转移重大项目向产业集聚区聚集。构建以重大产业基地、优势产业集团、特色产业集群为支撑的产业发展格局，构建现代产业体系。根据不同产业的比较优势和薄弱环节，按照"竞争力最强、成长性最好、关联度最高、支撑条件最优、见效最快"的原则，分别确定承接重点，明确主攻方向，进一步增强承接产业转移的针对性，重点是围绕发展高成长性产业、改造提升传统优势产业及培育先导产业承接转移。承接转移要抓住关键、上下联动、形成合力，着力提高承接转移的总体水平和综合效益。在培育引进集群上，要突出龙头带动、市场带动、配套带动及技术带动。在工作推进上，要省、市、县三级联动。省直有关部门要依托龙头企业组织高水平产业转移对接活动，市县要根据自身产业特点和比较优势，通过承接产业转移，建设一批辐射带动力强的产业基地，培育一批特色产业集群。

3. 突出标志性龙头企业和重大项目产业转移

大项目大企业关联度高，聚集效应强，能够迅速形成"雁阵"效应。要围绕郑州航空港经济综合实验区建设，高起点谋划一批电子信息、航空器材、高端制造、生物医药、新型服务等科技含量高、投资规模大、发展前景好的重大产业转移项目，精心组织，争取取得重大突破。要紧盯国内外500强、行业50强企业，关注产业链核心环节，认真研究其投资动向，加大对接力度，争取更多跨国公司和知名企业投资河南省。力争在重点园区集聚一批重大产业项目，在重点产业引进一批骨干企业和配套企业，在关键领域引进一批新技术、新装备、新工艺。

4. 强化统筹协调，不断完善承接产业转移机制

在工业经济领域持续承接产业转移的同时，加快农业、基础设施、社会事业、服务业等领域开放步伐，着力补短板、提升竞争力。抓住国家放宽外商投资市场准入的机遇，研究制定配套支持政策措施，注重引资与引智、引技相结合，引进外资与民资相结合，完善面向所有国家地区、各种资本主体开放的政策体系。吸引国内外大型专业集团和跨国公司、境内外资本，投资城镇基础设施、医疗卫生、教育科技、健康养老、文化娱乐等领域，努力引进一批骨干企业和配套企业。

5. 不断优化承接产业转移环境

进一步提升招商引资信息处理和受理服务中心、联审联批和代理服务中心、投诉权益保护中心服务水平，完善从信息搜集到对接洽谈再到项目落地的全过程服务平台，通过提升服务水平和质量，打造一个让客商动心、省心、安心、舒心的投资环境。制定完善资本对外开放政策，优化土地、环境、电力重要资源配置，改善物流配送、生产研发、人才培训、企业融资、污染治理、质量标准等涉外公共服务体系，规范发展土地市场、产权市场、资本市场和各类中介服务机构，着力完善对外开放软环境，切实保障投资者合法权益，为产业发展创造条件。

B.10

2013～2014 年河南省财政
形势分析与展望

郭鸿勋*

摘　要:

　　2013 年河南省财政形势继续稳中求进，财政在经济社会发展中的职能作用得到更加充分的发挥，财政政策精准调控，促进经济回升向好，推动发展方式转变效应显现。本文系统总结了2013 年河南省财政运行情况，深入分析了其中存在的问题，提出了针对性政策措施，并给出推进 2014 年财政改革顺利实现的若干建议。

关键词:

　　河南省　财政形势　分析与展望

　　2013 年，经济形势极为错综复杂，河南省各级财政牢固树立宏观意识、大局意识、可持续发展意识和中长期观念，强化社会主义市场经济改革取向和现代国家治理理念，使财政在经济社会发展中的职能作用得到充分发挥。

一　2013 年河南省财政收支情况

　　完整的政府预算体系包括公共财政预算、政府性基金预算、国有资本经营预算和社会保险基金预算四大部分，其中以公共财政预算为主体。河南省2013 年主要完成情况如下。

---

　*　郭鸿勋，河南省财政厅政策研究室。

1. 公共财政预算

2013 年，全省公共财政收入完成 2413.06 亿元，比上年增长 18.3%，加上中央分享税收收入，全省财政总收入 3686.81 亿元，同比增长 12.3%。公共财政支出完成 5578.23 亿元，同比增长 11.4%。

（1）财政收入总体平稳增长。2013 年公共财政收入比上年增长 18.3%，分别比上半年和前三季度提高 1.6 个和 0.8 个百分点。地方税收收入完成 1762.6 亿元，比上年增长 19.9%，反映出经济发展的良好趋势和态势。地方税收收入中，国税部门入库地方税收 351.2 亿元（含改征增值税 14.7 亿元），比上年增长 11.4%；地税部门入库地方税收 1396.6 亿元，比上年增长 21.6%。地方税收分月累计增幅情况详见图 1。

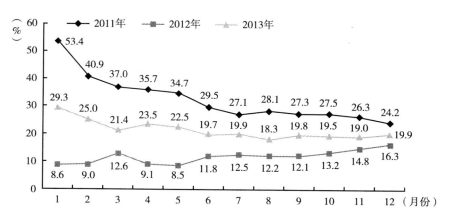

图 1　2011～2013 年地方税收收入分月累计增长速度

（2）产业之间税收增长不平衡。2013 年，河南省部分行业产能过剩，依赖资源开发和初加工的企业仍很困难。工业税收下降 0.2%，其中化工、有色、钢铁、纺织四大行业税收合计下降 1%，煤炭开采和洗选业税收下降 14.3%，汽车、电子信息、装备制造、食品、轻工业、建材六大行业税收合计仅增长 0.9%，建筑业税收增长 27.3%，第三产业税收增长 24.8%（见表 1）。

（3）财政支出进度较为理想。各级财政部门不断加强和改进预算支出管理，建立项目支出工作台账，提高专项资金分配下达效率，强化资金调度，大力压缩结余结转，完善督导通报制度，进一步加快财政支出进度。全年公共财

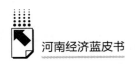

表1 2013年河南省分产业税收比重及增长情况

单位：%

产业类型	规模占比	增长率
一 第一产业	0.1	−10.9
二 第二产业	46.1	3.7
（一）采矿业	7.9	−10.1
1. 煤炭开采和洗选业	4.7	−14.3
2. 石油和天然气开采业	1.3	−4.6
3. 黑色金属矿采选业	0.1	−8.3
4. 有色金属矿采选业	1.1	−4.8
5. 非金属矿采选业	0.4	10.6
6. 其他采矿业	0.2	−5.2
（二）制造业	26.0	−0.7
1. 农副食品加工业	0.8	17.7
2. 食品制造业	0.7	12.5
3. 酒、饮料和精制茶制造业	0.7	19.6
4. 烟草制业	7.8	−4.8
5. 纺织业	0.5	−9.3
6. 纺织服装、服饰业	0.2	3.3
7. 皮革、毛皮、羽毛及其制品和制鞋业	0.3	3.1
8. 木材加工和木竹藤棕草制品业	0.1	8.2
9. 家具制造业	0.0	−14.9
10. 造纸和纸制品业	0.3	7.9
11. 印刷和记录媒介复制业	0.2	20.0
12. 文教、工美、体育和娱乐用品制造业	0.2	2.3
13. 石油加工、炼焦和核燃料加工业	2.2	0.3
14. 化学原料和化学制品制造业	1.1	−4.5
15. 医药制造业	0.5	23.1
16. 化学纤维制造业	0.0	−9.5
17. 橡胶和塑料制品业	0.4	8.7
18. 非金属矿物制品业	2.0	−10.7
19. 黑色金属冶炼和压延加工业	0.6	3.1
20. 有色金属冶炼和压延加工业	1.0	−4.6
21. 金属制品业	0.4	−12.9
22. 通用设备制造业	1.0	−4.9
23. 专用设备制造业	1.3	−9.0
24. 汽车制造业	1.3	1.9
25. 铁路、船舶、航空航天和其他运输设备制造业	0.3	6.8

续表

产业类型	规模占比	增长率
26. 电气机械和器材制造业	0.9	7.1
27. 计算机、通信和其他电子设备制造业	0.6	10.8
28. 仪表仪器制造业	0.1	0.6
29. 其他制造业	0.5	36.2
（三）电力、热力、燃气及水的生产和供应业	4.2	30.2
（四）建筑业	8.0	27.3
三　第三产业	53.8	24.8
（一）批发和零售业	13.3	21.7
（二）交通运输、仓储和邮政业	1.9	4.4
（三）住宿和餐饮业	0.8	-4.4
（四）信息传输、软件和信息技术服务业	1.4	-1.6
（五）金融业	7.1	15.0
（六）房地产业	20.0	34.2
（七）租赁和商务服务业	1.9	2.0
（八）科学研究和技术服务业	0.6	15.9
（九）居民服务、修理和其他服务业	2.1	55.0
（十）教育	0.1	5.2
（十一）卫生和社会工作	0.1	28.8
（十二）文化、体育和娱乐业	0.3	7.3
（十三）公共管理、社会保障和社会组织	0.2	121.8
（十四）其他行业	3.6	30.8
合　　计	100.0	14.1

政预算支出完成调整预算的 97.8%，为近年来最快，比 2012 年加快 0.6 个百分点，分月的财政支出进度近年来在全国一直排在前 5 位，预算支出执行均衡性不断提高，有效促进了财政支出的平稳增长。

（4）法定和重点支出保障较好。全省科学技术支出增长 15.3%，农林水事务支出增长 14.1%；教育支出在 2011 年和 2012 年连续两年大幅增长的基础上，继续保持适度增长，2013 年增长 6%，扣除高校债务化解政策执行期结束等因素后增长 10.8%；文化体育与传媒支出增长 15.3%，社会保障与就业支出增长 15.2%，医疗卫生支出增长 15.7%，交通运输支出增长 14.5%。

2. 其他三项预算

（1）政府性基金预算。2013 年全省政府性基金收入完成 1814.36 亿元，

比上年增长 42.4%，其中国有土地使用权出让收入 1431.03 亿元，比上年增长 47.7%。全省政府性基金支出 1740.62 亿元，比上年增长 35.7%。

（2）国有资本经营预算。2013 年省级与部分省辖市国有资本经营收入完成 6.5 亿元、支出 6.1 亿元。

（3）2013 年全省社会保险基金收入完成 1420 亿元，支出完成 1204 亿元，收支结余 216 亿元，滚存结余 1489 亿元。其中，企业职工基本养老保险基金收入 718.7 亿元，支出 644.7 亿元（省级统筹）；企业职工基本医疗保险基金收入 168.6 亿元，支出 145.7 亿元；失业保险基金收入 36 亿元，支出 16.8 亿元；工伤保险基金收入 19.3 亿元，支出 13.3 亿元；生育保险基金收入 9.6 亿元，支出 6.4 亿元；城乡居民养老保险基金收入 150.8 亿元，支出 96.3 亿元；城乡居民医疗保险基金收入 317.1 亿元，支出 280.8 亿元。

二 2013 年财政政策措施及存在的问题

2013 年，在复杂的经济形势下，发挥财政政策精准调控优势，促进经济回升向好，推动发展方式转变效应显现。

1. 推动经济平稳增长和转型升级

通过促进基础设施投资、完善融资促进机制、实施促进企业发展的财税优惠政策，推动经济平稳增长。通过支持科学发展载体建设、提升产业结构、推进新型城镇化、构建自主创新体系、提升开放型经济发展水平、促进节能环保，推动经济转型升级。

2. 支持农业农村经济稳定发展和农民持续增收

河南省通过重点支持高标准粮田"百千万"工程建设、现代农业产业化集群建设、农业生产经营体制创新、水利基础设施建设、改善农民生产生活条件等五个方面的措施，粮食直补、农资综合直补、良种补贴、农机购置补贴、农业保险保费补贴、水库移民后期扶持补贴等惠农补贴总额达到 201.3 亿元。对 111 个产粮大县奖励 42.3 亿元。争取财政部在河南省开展农民专业合作组织发展创新和农业生产全程社会化服务体系试点。启动美丽乡村建设试点。

3. 保障和改善民生

全省公共财政预算中的民生支出 4049 亿元，占支出的 72.6%，同比增长 11.9%。"十项重点民生工程"财政投入 959.8 亿元，使企业退休养老金水平、城乡低保对象月补助水平、五保对象年供养标准、优抚对象待遇、农村义务教育学校生均公用经费基准定额、基本公共卫生经费标准、新农合和城镇居民医保财政补助标准等进一步提高。

在充分发挥财政职能作用，促进经济社会健康发展的同时，财政管理创新取得新进展。依法加强收入征管，保证税收和非税收入质量，2013 年税收收入占公共财政预算收入比重的 73%，比上年提高 1 个百分点。《河南省政府非税收入管理条例》正式颁布，非税收入法制化、规范化建设迈上新台阶。把争取中央支持作为财政工作的重要任务，争取各类中央资金 3264 亿元，利用国际金融组织和外国政府贷（赠）款 4.3 亿美元。认真落实中央八项规定、国务院"约法三章"，严格预算约束，2013 年省级"三公经费"比上年压减 12.2%。按照"简政放权"要求，专项资金尽可能切块下达市县。推行竞争性分配方式改革，整合组建统一的项目评审专家库，提高资金分配科学性。省直部门年初预算安排的项目支出全面设置绩效目标，绩效评价试点范围进一步扩大。全省政府采购规模 850 亿元，同比增长 16%；纳入财政投资评审项目 3.5 万个，送审投资 2349 亿元，审减 331 亿元。以党政机关执法执勤用车和公务用车管理为重点，完善资产管理和预算管理深度融合工作机制。围绕贯彻落实重大决策部署，组织开展农村义务教育薄弱学校改造资金重大专项资金使用情况检查，促进财政资金安全规范高效使用。

当前，财政运行中的突出矛盾和问题主要是财政支出刚性增长，收支矛盾突出；人均财力在全国处于靠后位置，民生投入缺口较大，公共服务水平还比较低，群众反映强烈的一些问题还没有得到很好解决；预算管理制度的完整性、科学性、规范性和透明度有待进一步提高，全口径预算管理、绩效管理、政府采购管理有待进一步加强；违反财经秩序、财政纪律现象时有发生，特别是基层民生资金使用管理"跑冒滴漏"现象比较严重；个别地方政府性债务风险不容忽视，"融得来、控得住、还得上"的机制有待进一步健全；财政职能转变还不到位，现代财政制度体系还不完善；等等。

三　2014 年财政收支形势与政策措施

1. 财政收支形势

2014 年，全省面临的发展环境依然错综复杂，财政收支矛盾更加突出。

（1）在收入方面，财政收入中低速增长常态化趋势已经明朗，推进税制改革、实施支持小微企业发展的税收优惠政策、继续清理收费和政府性基金等，将减少一部分收入；部分行业产能过剩，传统支柱产业税收贡献下降，高成长性产业和战略新兴产业税收贡献还较低，将制约财政收入增长；中央财政收入增长缓慢，补助地方支出增幅下降，将对河南省争取中央资金产生较大影响。

（2）在支出方面，财政用于保障和改善民生、促进社会事业发展的支出刚性增长，支持全面深化改革需要增加投入；实施三大国家层面战略规划、推进"一个载体、三个体系"建设，需要强化财力保障；政府性债务增长较快，还款压力增加。

2. 总的政策取向

按照中央经济工作会议精神，2014 年继续实施积极的财政政策。这是2008 年由稳健的财政政策转为积极的财政政策以来，连续第 7 年实行积极的财政政策。从地方看，贯彻实施积极的财政政策，应重点把握三点。

（1）在债务方面，把握好政府性债务与经济总量、财政实力指标的适应关系，在此基础上积极扩大政府性融资规模，加快完善基础支撑条件，培育发展新优势。同时，加强政府性债务管理，加快完善"借得来、控得住、用得好、还得上"的机制。

（2）在支出方面，优化财政支出结构。牢固树立过"紧日子"的思想，严控"三公经费"等一般性支出。继续盘活财政存量，建立结转结余资金定期清理机制，加大资金统筹使用力度。

（3）在收入方面，按照国家统一部署，完善有利于结构调整的税收政策。

3. 主要财政政策措施

河南省委、省政府已经明确了 2014 年工作的总体要求，强调要坚持"总布局"，聚焦"三战略"，突出"五着力"，调中求进、变中取胜、转中促好、改中激活。全省财政应紧紧围绕上述重大部署，为打造"四个河南"、促进"两项建设"提供强有力的财力保障和制度保障。

（1）支持富强河南建设的政策措施。主要是五个方面：一是支持打造"一个龙头"，即郑州航空港经济综合实验区。对实验区基础设施和公共服务体系建设、客货运业务发展给予补助、贴息、奖励，对实验区重大招商项目按"一事一议"原则研究财政支持办法。二是支持打造"三个大省"。整合设立支持先进制造业专项引导资金，推动先进制造业大省建设；整合设立支持高成长性服务业专项引导资金，推动高成长性服务业大省建设；以高标准粮田"百千万"建设工程、现代农业产业化集群培育工程、都市生态农业发展工程、"三山一滩"群众脱贫工程等为抓手，推动现代农业大省建设。创新涉企资金使用方式，压缩"点对点"方式对单个项目的支持，重点向支持技术服务等公共服务平台和培育优势产业链倾斜，增强财政资金"四两拨千斤"的作用。三是支持新型城镇化。筹措专项资金，支持中原城市群重大基础设施项目。增加城镇化转移支付规模，按照农业转移人口市民化相关因素分配，引导市县加快推进城镇常住人口基本公共服务全覆盖。对新型城镇化试点市县给予一定的政策支持。四是支持完善基础支撑条件。重点是载体体系建设、信息化建设、重大基础设施建设、自主创新体系建设、人力资源开发与集聚体系建设、金融体系建设等方面。五是支持扩大开放。完善招商引资和承接产业转移奖励政策，做好重大招商引资活动经费保障工作，加大外经贸产业发展支持力度，推动优势产业"走出去"。

（2）支持文明河南建设的政策措施。支持开展重点文化惠民工程、重大公共文化设施建设和重要文化遗产保护。推动基层公共文化资源整合和统筹利用。开展基本公共文化服务体系示范创建工作。支持大型体育场馆免费或低收费开放。大力发展新型文化业态。探索建立新型文化资产管理体制。

（3）支持美丽河南建设的政策措施。加大对灰霾天气治理支持力度，对重点地区污染源治理、清洁能源替代、公共交通行业发展、黄标车淘汰、拆除锅炉等投入予以奖补，对秸秆焚烧治理项目予以支持。支持实施"碧水工程"、"乡村清洁工程"和林业生态省提升工程。加强环境管理和保护能力建

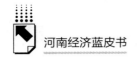

设。继续完善对重点生态功能区的转移支付政策。

（4）支持平安河南建设政策措施。把改善民生和创新社会治理作为广义的"平安河南"建设的重要内容，继续按照守住底线、突出重点、完善制度、引导舆论的思路，坚持雪中送炭，坚持加大投入与完善制度有机结合，统筹做好就业与社会保障、教育、医药卫生体制改革、住房保障、公共安全等各项民生保障工作。

四　2014年河南的财政改革

党的十八届三中全会《关于全面深化改革若干重大问题的决定》指出，"财政是国家治理的基础和重要支柱，科学的财税体制是优化资源配置、维护市场统一、促进社会公平、实现国家长治久安的制度保障"，把财税体制改革和全面深化改革的总目标联系在一起，与实现国家治理和现代化相对接，并对新的历史条件下财政职能作用做出了新的概括。2014年，按照国家统一部署，河南省财政工作应在预算管理制度改革、税收制度改革、支持全面深化改革方面迈出坚实步伐。

1. 推进预算管理制度改革

（1）切实增强财政的统筹调控能力。从行政管理和政府职能转变的角度，加快建立新型预算管理体制机制，消除预算安排"碎片化"现象，主要包括清理规范重点支出同财政收支或生产总值挂钩，清理整合专项转移支付，严控专项资金安排，减少财政资金配套，建立将部分政府性基金调入公共财政预算的机制，加大国有资本经营预算调入公共财政预算力度，等等。

（2）改进年度预算控制方式。收入预算从约束性转向预期性，弱化对收入预算的考核，促进税收和非税收入依法征管。规范超收收入使用，建立跨年度的预算收入弥补机制。

（3）实行中期财政规划管理。改变目前"年度预算"、"预算一年"的办法，进一步改进完善预算编制方法，建立三年财政规划与年度预算有机结合的预算编制新体系。

（4）推进政府购买公共服务改革。除了政府自身所需服务以外，重点是结合推进事业单位分类、行业协会商会脱钩等相关改革，开展政府购买公共服务，在有效增加公共服务供给的同时，实现"费随事转"。

（5）推进公私合作模式（PPP）。通过 PPP 模式，吸引民间资本、国外资本参与社会事业和基础设施建设和运营，在解决融资问题的同时，促进市场体系的完善和社会治理体系的创新。

（6）加强地方政府性债务管理。研究制定全省政府性债务管理办法，将政府性债务分门别类纳入全口径预算管理，规范举债行为，严格举债程序，限定资金用途，形成风险可控的规范化融资机制。

（7）推进政府和部门预决算公开。进一步细化预决算公开内容，扩大预决算公开范围。推动所有使用财政拨款的部门（除涉密部门外）公开部门预决算和"三公经费"预决算。

2. 推进税收制度改革

从 2014 年 1 月 1 日起将铁路运输和邮政业纳入"营改增"范围。实施鼓励企业年金和职业年金发展的个人所得税递延纳税优惠政策。做好煤炭资源税从价计征改革准备工作。扩大小型微利企业减半征税优惠政策范围。

3. 支持全面深化改革

围绕推进政府治理体系和治理能力现代化、使市场在资源配置中起决定性作用，积极支持、协同推进养老、医药卫生、教育、科技、住房、国有企业等相关领域的改革。

B.11

2013～2014年河南省金融业
形势分析与展望

赵波 帅洪 徐红芬*

摘　要：

2013年，河南省认真贯彻执行稳健的货币政策，全年金融保持平稳较快增长态势，存贷款、社会融资规模大量增加，信贷结构持续优化，较好地支持了地方经济发展。2014年，国家将继续实施稳健的货币政策，保持货币信贷和社会融资规模平稳适度增长。随着经济企稳回升，河南省有效信贷需求将增加，信贷投放和社会融资规模仍有望保持较快增长。

关键词：

河南省　金融业　形势分析

一　2013年河南省金融运行情况

2013年，河南省存贷款、社会融资规模大量增加。截至12月末，全省本外币各项存款余额达到37591.7亿元，同比增长17.6%，较上年同期回落1.8个百分点；较年初增加5652.3亿元，同比多增456.6亿元。本外币各项贷款余额达到23511.4亿元，同比增长15.8%，较上年同期提高0.8个百分点；较年初增加3144.2亿元，同比多增493.4亿元。考虑到2013年金融机构表外贷款增加1209.8亿元，以及全年核销剥离不良贷款、以物抵债金额共计91亿元，全年全口径本外币贷款实际新增4445亿元。截至2013年12月末，河南

---

*　赵波、帅洪、徐红芬，中国人民银行郑州中心支行。

省本外币各项存款余额和增量在全国分别列第 10 和第 7 位，在中部 6 省均列首位；本外币各项贷款余额和增量在全国分别列第 11 和第 10 位，在中部 6 省均列首位。2013 年，全省社会融资规模为 5691.1 亿元，比上年增加 848.8 亿元，占全国社会融资规模的 3.2%。

1. 存款大量增加，但增速持续回落

2013 年 12 月末，河南省金融机构人民币（下同）各项存款余额为 37049.5 亿元，较年初增加 5432.1 亿元，同比多增 429.7 亿元。一季度受春节因素影响，外出务工农民工集中返乡带回了大量务工收入，各项存款增速达到年内较高水平，之后在储蓄存款和单位存款增长放缓的影响下，各项存款增速自下半年以来持续回落，12 月末增长 17.1%，较 3 月末的高位回落 6 个百分点，较上年同期回落 1.7 个百分点（见图 1）。

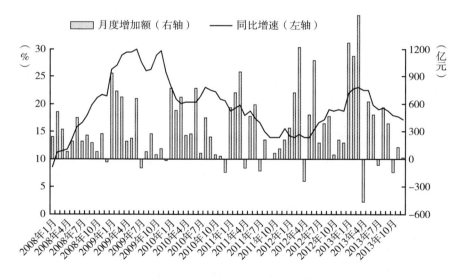

图 1　2008～2013 年河南省金融机构人民币各项存款月增量及同比增速变动情况

储蓄存款和单位存款均增加较多，增势有所放缓。2013 年 12 月末，金融机构储蓄存款余额为 20232.1 亿元，同比增长 15.8%，较上年同期回落 3.4 个百分点；较年初增加 2761.5 亿元，同比少增 59.2 亿元，占各项存款增量的 50.8%，较上年同期回落 5.6 个百分点。储蓄存款增速放缓的主要原因：一方面是城乡居民收入增长放缓，资金来源减少；另一方面受房地产市场回暖、银

行理财产品热销等影响，居民资金分流较多。

2013 年 12 月末，金融机构单位存款余额为 15066.5 亿元，同比增长 16.4%，较上年同期回落 2.4 个百分点；较年初增加 2154.8 亿元，同比多增 110.5 亿元，占各项存款增量的 39.7%，较上年同期回落 1 个百分点。分结构看，全年单位活期存款、定期存款和保证金存款分别新增 901.9 亿元、746.9 亿元和 232.4 亿元，同比分别多增 151.8 亿元、95.6 亿元和减少 65.8 亿元。

2. 贷款平稳增长较快，信贷结构不断优化

2013 年 12 月末，河南省金融机构人民币各项贷款余额为 23100.9 亿元，同比增长 15.3%，较上年同期提高 0.9 个百分点；较年初增加 3004 亿元，同比多增 480.8 亿元（见图 2）。2013 年由于小麦托市收购未全面启动，农业发展银行河南省分行全年贷款减少 59.3 亿元，同比少增 197.2 亿元，导致全省贷款增速下降 1 个百分点左右。

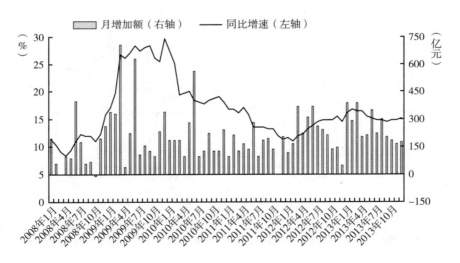

图 2　2008～2013 年河南省金融机构人民币各项贷款
月增量及同比增速变动情况

2013 年信贷投放重点突出，结构不断优化。

（1）中长期贷款增速回升，短期贷款继续较快增长。2013 年 12 月末，金融机构中长期贷款余额同比增长 14.9%，较上年同期提高 4.8 个百分点；较年初增加 1423.9 亿元，同比多增 545 亿元，占各项贷款增量的 47.4%，较上年同期大幅提高 12.6 个百分点。短期贷款余额同比增长 17.4%，高出中长期贷款增速 2.5 个百分点；较年初增加 1634.4 亿元，同比多增 142.9 亿元，占各项贷款增量的 54.4%，较上年同期回落 4.7 个百分点。

（2）个人贷款大量增加，增量为历史最高水平。2013 年 12 月末，金融机构个人贷款及透支余额同比增长 27.9%，较上年同期提高 10 个百分点；较年初增加 1405.8 亿元，同比多增 608.6 亿元，占各项贷款增量的 46.8%，这一增量为历史最高水平。其中，全年个人住房贷款新增 662.9 亿元，同比多增 207.1 亿元，占个人贷款及透支增量的 47.2%。2013 年个人贷款大量增加的主要原因，一是房地产市场销售快速增长，导致个人住房贷款大量增加。二是由于个人经营类贷款在资本管理新规中的风险权重降低，金融机构开办此类贷款的积极性提高，个人经营类贷款增加较多。

（3）小微企业贷款快速增长，占比大幅提高。2013 年 12 月末，金融机构小微企业贷款余额 4305.4 亿元，同比增长 27.9%，分别高出大型和中型企业贷款增速 22.7 个和 17.3 个百分点；全年新增 976.6 亿元，同比多增 333.3 亿元，占全部企业贷款增量的 61.1%，较上年同期大幅提高 14.7 个百分点，占各项贷款增量的 32.5%。

（4）涉农贷款增速持续回升，占比明显提高。2013 年 8 月以来，金融机构涉农贷款增速持续回升，12 月末同比增长 20%，为年内最高水平，较 7 月末的低位回升 7.3 个百分点；全年新增 1644 亿元，同比多增 481.9 亿元，占各项贷款增量的 54.7%，同比提高 8.6 个百分点。

（5）制造业和批发零售业新增贷款占比下降，房地产业等占比上升。2013 年，金融机构新增贷款前六大行业投向分别是制造业、批发零售业、房地产业、农林牧渔业、建筑业和水利环境公共设施管理业，全年这 6 个行业新增贷款（不含票据贴现）占比分别为 15.0%、9.4%、7.7%、6.3%、5.2%和 4.7%，合计占比为 48.3%。其中，制造业、批发零售业和建筑业新增贷款占比较上年同期分别回落 6.0 个、4.5 个和 1.6 个百分点，房地产业、水利环境公共设施管理业和农林牧渔业占比较上年同期分别提高 3.9 个、2.4 个和 2.2 个百分点。

3. 社会融资规模增加较多，直接融资占比提高

2013年，河南省社会融资规模为5691.1亿元，比上年规模增加848.8亿元，占全国社会融资规模的3.2%。在融资规模结构中，人民币加外币（折人民币）贷款新增3154.9亿元，占全省社会融资规模的55.4%，占比较上年提高0.6个百分点；委托贷款、信托贷款和未贴现的银行承兑汇票合计新增1358.2亿元，占全省社会融资规模的23.9%，占比较上年回落4.6个百分点；直接融资中的企业债券融资和非金融企业境内股票融资额合计为942.1亿元，占全省社会融资规模的16.6%，占比较上年提高3.3个百分点。

二　金融运行中需要关注的几个问题

1. 经济呈现弱增长格局，有效信贷需求持续下降

虽然2013年下半年以来河南省经济增速小幅回升，但主要靠有色、化工等基础性行业拉动，这些行业受宏观环境与调控政策的影响大，经济回升的基础不稳固。经济弱势增长造成实体经济有效信贷需求（即满足银行贷款条件的信贷需求）持续下降，人民银行郑州中心支行开展的河南省银行家问卷调查显示，2013年第三季度银行贷款需求景气指数较第二季度回落4.3个百分点，第四季度较第三季度进一步回落2.5个百分点至71.6%，农业、制造业、建筑业、房地产业贷款需求景气指数均出现不同程度回落。

2. 工业投资增长较慢，单位固定资产贷款增长乏力

2013年，河南省工业投资增长19.5%，较上年同期回落3.6个百分点，低于全省投资增速3.7个百分点，工业投资占全省投资比重达到五成以上，对投资增长的影响较大。由于多数企业扩大生产投资的意愿不强，再加上政府投融资平台受调控政策限制难以获取银行贷款，导致全省企事业单位固定资产贷款增长较慢。截至2013年12月末，河南省金融机构单位固定资产贷款余额同比增长9.4%，低于人民币各项贷款增速5.9个百分点；较年初新增365.9亿元，仅占各项贷款增量的12.2%。

3. 产能过剩行业和小微企业信贷资产质量下降压力加大

在人民银行郑州中心支行召开的第四季度金融形势座谈会上，多家金融机构反映当前信贷资产质量下降压力增大，主要表现在：一是产能过剩行业整体生产经营形势不容乐观，企业盈利状况不佳，造成这些行业银行信贷风险显现。如某全国性银行郑州分行反映，由于电解铝、光伏、煤炭、钢铁、造纸等行业产能过剩严重，企业经营形势低迷，该行在这些行业的贷款相继出现逾期、欠息等现象，为控制风险，2013年其总行已上收二级分行在钢铁、水泥、煤炭、光伏等15个产能过剩行业的全部授信权。二是受小微企业经营困难、联保互保、高息民间借贷等影响，小微企业不良贷款上升较快。如某全国性大型银行河南省分行反映，2013年前11个月，该行累计新发生不良贷款14.9亿元，其中法人客户贷款8.2亿元，主要为小微企业贷款。

4. 房地产市场走势存在较大不确定性，信贷潜在风险需引起重视

2013年以来，河南省房地产开发投资和销售在波动中保持快速增长，房地产信贷投放显著增加，全年金融机构房地产开发贷款新增248.1亿元，同比多增111.8亿元；个人购房贷款新增716.3亿元，同比多增215.3亿元。房地产领域贷款增势较为明显，反映出当前房地产行业盈利能力仍然强于其他经济领域，并吸引信贷资金从多种渠道流入。但随着房地产市场调控的持续推进，房地产业的快速发展和高利润率难以为继，后期市场走势存在较大不确定性，同时伴随国家对影子银行宏观审慎监管的进一步加强，银行表外业务及市场非正规融资行为将进一步规范，并促使房地产业非正规融资渠道进一步收窄，部分资金实力较弱的房地产企业资金链可能断裂，会对相关行业和金融机构产生较大冲击，故房地产潜在信贷风险需引起重视。

三　2014年河南省信贷投放形势展望

2014年，河南省经济发展面临的矛盾和问题仍较多，经济回升向好的基础不稳固，但在新型城镇化和三大战略规划加快建设的推动下，经济有望继续好转，这将带动全省有效信贷需求增加，信贷投放可能继续较快增长。

1. 2014年促进全省信贷增长的有利因素

（1）随着粮食生产核心区、中原经济区、郑州航空港经济综合实验区规划的先后获批，河南省战略规划基本完成，未来经济发展后劲足，同时，随着

新型城镇化建设的加快、招商引资力度的加大，宏观经济环境不断改善，信贷增长潜能将不断释放。

（2）今后一段时期河南省在工业化、城镇化、信息化方面的发展空间还很广阔，在承接东部地区向中西部地区的产业转移中具有较大优势，地方加快发展的意愿较强，地铁、机场、高速公路等基础设施建设步伐较快，将为信贷投放提供有力的支撑。

（3）省政府出台河南省工业稳增长调结构政策措施，有利于促进企业经营环境改善，随着工业经济形势继续好转，企业有效贷款需求将有所回升。

（4）小微企业贷款将持续较快增长。近几年大多数金融机构将小微企业作为重点支持对象，在小微企业信贷政策、信贷规模等方面有所倾斜，小微企业信贷支持力度将进一步加大。

（5）投资对贷款的拉动作用将增强。全省在建项目计划总投资继续快速扩大，大项目带动作用明显，全省亿元及以上大项目投资保持快速扩张势头，有利于助推河南省中长期贷款增速回升。

2. 2014 年制约信贷增长的因素

（1）河南省能源、原材料行业占比大，在经济不景气、需求疲软的情况下，煤炭、钢铁、水泥、有色等产能过剩行业受宏观调控的影响大，金融机构普遍反映对这些行业的信贷审批和投放趋于审慎，甚至逐步退出，对全省信贷投放的制约作用较大。

（2）在经济下行压力较大的背景下，部分小微企业和个体经营户资金链趋紧，加之受民间融资风险爆发、担保链断裂等影响，不良贷款有所上升。在2013 年第四季度金融形势座谈会上，某全国性中小型银行郑州分行反映，个别地区小微企业不良贷款沿着产业链、供应链，呈现从点到线、从线到面蔓延的趋势，这将在一定程度上影响金融机构对小微企业和个体户的信贷投放。

（3）企业融资渠道不断拓宽，通过发行债券、股票、信托、委托债权投资、私募等非信贷渠道融资量逐步增大，对信贷资金挤出效应明显。此外，部分金融机构反映，随着银行对大型国有企业、集团企业、上市公司等优质客户的竞争日趋激烈，银行贷款议价能力有所下降，在一定程度上影响银行信贷投放。

（4）政府融资平台贷款受调控政策影响，持续增长的难度较大。目前政府融资平台贷款陆续进入偿债期，由于大部分融资平台项目为基础设施和公益性建设项目，短期还款能力较弱，导致到期违约风险较大，金融机构受监管政策和自身风险防控要求，对政府融资平台新增贷款的控制较严。

总体预判，2014 年随着宏观经济趋稳向好发展，河南省促进信贷增长的有利因素将增多，预计贷款仍将保持平稳较快增长。通过计量模型预测，2014 年贷款增速可能为 15% 左右。

四　政策建议

1. 加快经济金融改革创新，力促转方式、调结构

认真贯彻落实党的十八届三中全会和中央经济工作会议精神，深入推动各领域各环节改革创新，加快经济发展方式转变和结构调整。加快推进新型城镇化建设和粮食生产核心区、中原经济区、郑州航空港经济综合实验区三大战略规划的实施，不断培育新的经济增长点，推动河南省经济平稳较快发展。充分利用目前市场需求不足形成的"倒逼机制"，不断发展壮大战略性新兴产业，积极改造提升传统产业，通过多种途径逐步化解过剩产能，实现产业结构升级。

2. 淡化对贷款的过度关注，强化对社会融资规模的认识

近年来，随着金融市场和金融工具的快速发展，金融对实体经济的支持方式日益多元化，金融机构表外业务对表内贷款的替代效应明显，新增贷款在实体经济融资规模中的占比逐步下降，已不能完整反映金融与实体经济的关系。正是在这一形势下，我国创新编制了社会融资规模指标，它主要包括本外币新增贷款、委托贷款、信托贷款、银行承兑汇票、企业债券、非金融企业境内股票融资、保险公司赔偿、投资性房地产和其他（主要是小额贷款公司贷款），这一指标可以更加全面衡量金融对经济的支持力度。"社会融资规模"一词已连续 4 年写进中央经济工作会议文件，连续 3 年写进《政府工作报告》中。所以，应增强对社会融资规模的认识和理解，改变对信贷的过度关注，更加注重从社会融资规模角度衡量金融对全省经济发展的支持力度。

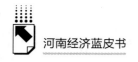

3. 探索小微企业信贷风险补偿机制，有效促进小微企业发展

（1）加大对金融机构小微企业贷款的财政补贴力度，提高对小微企业不良贷款的容忍度。

（2）进一步优化小微企业金融服务生态环境，拓宽小微企业多元化融资渠道。

（3）进一步减轻小微企业税费负担，增强小微企业生产经营活力。

4. 改进和完善信贷政策实施方式，积极发展民生金融

人民银行将积极推动全国范围内普惠金融发展，河南省应抓住机遇，创造条件大力促进民生金融发展。

（1）探索支持农业规模化经营的有效途径，切实保障国家粮食安全，加强农业基础设施建设，加快农业科技进步，加大农业贷款投入。

（2）在坚持自主自愿、公平公正原则的基础上，积极稳妥推动农村土地承包经营权抵押贷款试点。

（3）大力做好扶贫开发金融服务，让金融改革与发展成果惠及更多人群。

5. 深化房地产市场化改革，促进房地产业平稳健康发展

因地制宜，合理调节房地产市场供求状况，尽可能采用市场化而非行政化手段去调控房价，促进各项房地产政策相互配套。金融机构要继续严格实行差别化住房信贷政策，积极支持保障型住房、中小型普通商品住房建设和居民首套自住房信贷需求，坚决抑制投机投资性购房需求。

6. 拓宽城市建设融资渠道，积极支持符合条件的省辖市发行市政债

加强与人民银行总行、交易商协会的沟通协调，积极支持省内市政建设融资需求大、综合财政实力强、债务可控的市政府，以城建类企业为发行人、以项目未来收益为主要还款来源，在银行间市场注册发行市政项目建设票据，为基础设施建设等市政项目融资。

2013～2014年河南省房地产
开发业形势分析与判断

罗勤礼 赵一放 秦洪娟 朱丽玲*

摘　要：

在国家和河南省出台一系列房地产宏观调控政策情况下，2013年河南省房地产开发投资保持较快速度增长。本文详细阐述了房地产开发市场运行的基本情况，在此基础上分析了当前房地产业结构性矛盾依然存在、商品房销售趋缓、区域差别较大等主要问题，并对2014年河南省房地产开发市场走势做出基本判断，就如何促进全省房地产开发市场健康发展提出建议。

关键词：

房地产开发业　形势分析

2013年，"宏观稳、微观活"成为房地产政策的关键词，全国整体调控基调贯彻始终，不同地方政策导向出现分化。河南省认真贯彻落实国家一系列房地产宏观调控政策，继续坚持房地产调控不动摇。全年全省房地产开发投资保持快速增长，房屋施工面积、新开工面积增速加快，当年土地购置面积降幅收窄，资金保障形势较好，商品房销售增速受上年基数影响持续回落。2013年12月"豫房景气"指数在适度区间上行。房地产开发市场总体在波动中运行，后期走势仍存在诸多不确定性因素，需要密切关注。

＊ 罗勤礼、赵一放、秦洪娟、朱丽玲，河南省统计局。

一　2013 年河南省房地产开发市场运行基本情况

1. 房地产开发投资保持快速增长

2013 年，全省房地产开发投资月度累计增速呈现第一季度回落、第二季度回升、第三季度波动、第四季度增长的态势。全年全省累计完成房地产开发投资 3843.76 亿元，同比增长 26.6%，比上年同期加快 11 个百分点，分别比第一季度、上半年、前三季度加快 1.9 个、1.0 个和 2.3 个百分点。全年全省房地产开发投资保持快速增长（见图 1）。①

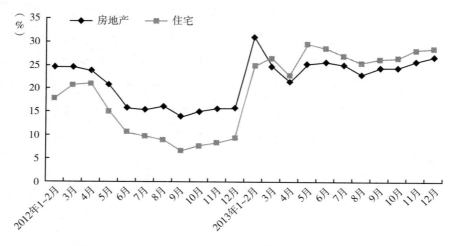

图 1　2012～2013 年河南省房地产开发投资增长速度走势

从房屋用途看，2013 年全省住宅投资 2827.09 亿元，同比增长 28.3%，增速高于房地产开发投资增速 1.7 个百分点。非住宅类投资 1016.70 亿元，同比增长 22.2%，低于房地产开发投资增速 4.4 个百分点。在非住宅类投资中，办公楼投资 175.4 亿元，同比增长 28.6%；商业营业用房投资 442.1 亿元，同比增长 38.4%；其他投资 399.17 亿元，同比增长 6.0%。

2. 房屋施工面积、新开工面积增速加快，竣工面积低速增长

2013 年全省房屋施工面积月度累计增速呈现出第一季度增长、第二季度和第

---

①　本文引用的房地产统计月度、季度数据均为年内截至当期的累计数。

三季度在波动中回落、第四季度增长的态势。全年房屋施工面积 35979.33 万平方米，同比增长 21.7%，比上年同期增加 5.1 个百分点，增速分别比一季度、上半年、前三季度加快 2.5 个、3.5 个和 3.9 个百分点；其中，住宅施工面积 28113.59 万平方米，同比增长 19.8%，增速分别比一季度、上半年和前三季度加快 2.0 个、3.2 个和 4.4 个百分点，占房屋施工面积的比重为 78.1%，同比降低 1.3 个百分点。

2013 年，受第四季度以来新开工项目增多影响，全省房屋新开工面积增速加快。全年全省房屋新开工面积 12465.09 万平方米，同比增长 18.5%，增速分别比一季度、上半年和前三季度加快 30.4 个、18.5 个和 14.5 个百分点。其中，住宅新开工面积 10055.31 万平方米，同比增长 19.4%，增速分别比一季度、上半年和前三季度加快 31.4 个、19.5 个和 14.9 个百分点，住宅新开工面积增速低于房屋新开工面积增速 0.4 个百分点，占房屋新开工面积的比重为 80.7%，同比增加 0.6 个百分点。全年房屋新开工面积增速呈现一季度大幅回落、二季度持平、三季度回升、四季度增长的态势。

2013 年，全省房屋竣工面积增速持续大幅回落。全年房屋竣工面积 5965.87 万平方米，同比增长 1.6%，增速比一季度、上半年、前三季度分别回落 32.5 个、10.3 个和 5.8 个百分点。其中，住宅竣工面积 4916.31 万平方米，同比增长 0.6%，增速比一季度、上半年、前三季度分别回落 27.6 个、3.9 个和 2.2 个百分点。住宅竣工面积增速低于房屋竣工面积增速 1.0 个百分点，占房屋竣工面积的比重为 82.4%，同比降低 0.9 个百分点。

3. 商品房销售增速受上年基数影响在恢复性快速增长中持续回落

2013 年，全省商品房销售面积增速持续回落，全年全省商品房销售面积为 7310.21 万平方米，同比增长 22.5%，增幅分别比一季度、上半年、前三季度回落 11.2 个、8.4 个和 5.3 个百分点（见图 2）。其中，商品住宅销售面积为 6561.41 万平方米，同比增长 20.3%，分别比一季度、上半年、前三季度回落 9.5 个、8.0 个和 4.3 个百分点。非住宅类商品房销售面积中，办公楼 205.44 万平方米，同比增长 62.4%；商业营业用房 444.99 万平方米，同比增长 49.3%；其他房屋 98.37 万平方米，增长 11.1%。

2013 年，全省商品房销售额 3074.14 亿元，同比增长 34.4%，增速分别比一季度、上半年、前三季度回落 39.4 个、15.7 个和 7.6 个百分点。其中，

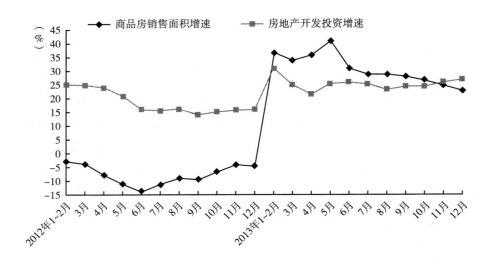

图2　2012～2013年房地产开发投资与商品房销售面积增速走势

商品住宅销售额2516.26亿元，同比增长31.4%，增速分别比一季度、上半年、前三季度回落33.0个、14.1个和5.3个百分点。非住宅性商品房销售额中，办公楼187.16亿元，同比增长67.8%；商业营业用房334.53亿元，同比增长46.6%；其他房屋36.19亿元，同比增长15.3%。

4. 企业实际到位资金增速继续高于开发投资增速

2013年，全省房地产开发企业本年实际到位资金4402.70亿元，同比增长27.4%，增速比前三季度加快1.5个百分点，高于完成投资增速0.8个百分点（见图3）。受2013年以来商品房销售形势较好影响，企业回笼资金较快，资金保障形势总体较好。

在房地产开发企业资金来源中，自筹资金依然是主渠道，与销售关联紧密的个人按揭贷款和定金及预付款继续保持较快增长。2013年，企业自筹资金2472.67亿元，同比增长28.7%，占比为56.2%；国内贷款387.13亿元，同比增长20.6%，占比为8.8%；其他资金来源1537.51亿元，同比增长26.8%，占比为34.9%。其中定金及预付款835.96亿元，同比增长30.3%；个人按揭贷款418.48亿元，同比增长28.7%。

5. 本年土地购置面积降幅进一步收窄

2013年，全省房地产开发企业土地购置面积1501.56万平方米，同比下

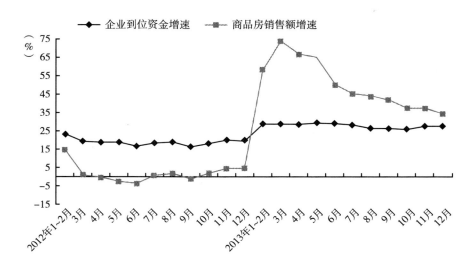

图 3　2012～2013 年企业到位资金和商品房销售额增速对比

降 13.8%，增速分别比一季度、上半年、前三季度加快 23.9 个、12.2 个和 10.6 个百分点。本年土地成交价款 262.44 亿元，同比增长 21.1%。截至 2013 年年底，全省房地产开发企业待开发土地面积 1309.60 万平方米，比上年底减少 9.12 万平方米，同比下降 0.7%。

6. "豫房景气"指数在适度区间上行

2013 年 12 月，"豫房景气"指数值为 95.76，比上月和上年同期分别上升 1.66 点和 4.23 点。"豫房景气"指数在适度区间上行。六大分类指数环比 3 升 3 降，同比 4 升 2 降。12 月，"豫房景气"指数比全国的"国房景气"指数 97.21 低 1.45 点。"国房景气"指数比 11 月上升 0.83 个百分点。房地产开发投资分类指数为 90.98，比上月和上年同期分别上升 1.01 点和 4.01 点。在"较冷"区间上行。资金来源分类指数为 95.41，比上月回落 0.20 点，比上年同期上升 6.28 点。在"适度"区间平行。土地购置面积分类指数为 71.72，比上月上升 0.89 点，比上年同期回落 2.30 点。在"过冷"区间上行。房屋施工面积分类指数为 96.99，比上月回落 1.00 点，比去年同期上升 3.74 点。在"适度"区间下行。商品房待售面积分类指数为 98.46，分别比上月和比上年同期上升 1.65 点和 4.68 点。在"适度"区间上行。商品房销售价格分类指数为 108.61，分别比上月和上年同期回落 0.86 点和 2.04 点。在"较热"区间下行。

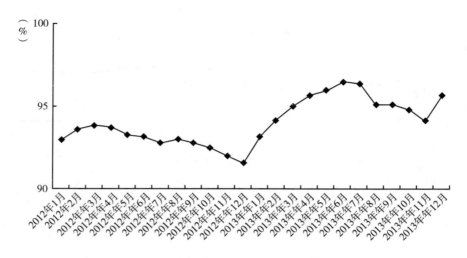

图4　2012 年 1 月至 2013 年 12 月"豫房景气"指数运行

7. 与全国和中部省份比较，房地产开发投资增速均高于全国和中部 6 省平均水平，商品房销售增速高于全国，低于中部 6 省平均水平

从总量看，2013 年全省房地产开发投资居全国第 8 位、中部 6 省第 2 位；全省商品房销售面积居全国第 6 位、中部 6 省第 1 位。从增速看，全省房地产开发投资增速高于全国平均水平 6.8 个百分点、高于中部 6 省平均水平 0.3 个百分点，居全国第 12 位、中部 6 省第 3 位；商品房销售面积增速高于全国平均水平 5.2 个百分点、低于中部 6 省平均水平 1.6 个百分点，居全国第 14 位、中部 6 省第 3 位。

二　河南省房地产市场存在的主要问题

1. 结构性矛盾依然存在

2013 年，河南省商品房开发结构得到较大调整，但结构性矛盾依然突出。

（1）90 平方米及以下商品住宅占比偏低。2013 年全省 90 平方米及以下商品住宅投资占商品住宅投资的比重为 22.3%，施工面积占商品住宅施工面积的 26.6%，新开工面积占商品住宅新开工面积的 24.4%，距 70% 的目标还有很大差距。

（2）商业地产投资增速快于住宅投资增速。全年住宅投资增长 28.3%，商业营业用房投资增长 38.4%，比住宅投资增速高 10.1 个百分点；住宅施工面积增长 19.8%，商业营业用房施工面积增长 26.1%，高于住宅 6.3 个百分点；住宅新开工面积增长 19.4%，商业营业用房增长 20.3%，高于住宅 0.9 个百分点。商业地产的过快发展，势必造成商铺供给过剩。另外，商业用房一般价位较高，一旦销售不畅，占用资金量大，将直接影响企业资金回笼。因此，要适时调整房地产投资结构，对防止非理性投资过热，促进全省房地产市场健康有序发展具有积极意义。

2. 商品房销售趋缓，先行指标走弱

2013 年，河南省商品房销售受上年基数影响呈回落态势。全年全省商品房销售面积 7310.21 万平方米，同比增长 22.5%。第一季度增长 33.7%、第二季度增长 30.9%、第三季度增长 27.8%，一直处于回落状态。根据房地产开发企业上半年问卷调查结果来看，在影响企业商品房销售面积减少的因素中，受到限购、贷款门槛提高、首付比例提高等各项政策影响的占 32.3%，投机投资前景不好的占 21.9%，刚性需求不足的占 19.4%，房价偏高的占 13.6%。从调查结果可以看出，国家的宏观调控政策对全省房地产开发企业产生的影响是深刻的，限购、贷款门槛及首付比例提高等各项政策效应明显，投资、投机性需求和房价上涨过快的势头都得到了初步抑制。但同时应注意到，刚性需求和改善性需求在一定程度上也受到了抑制，商品房销售不畅，将影响开发企业资金周转。2013 年全省房地产开发企业土地购置面积一直是负增长，至年底降幅有所收窄。一季度下降 37.7%，上半年下降 26.0%，前三季度下降 24.4%，全年下降 13.8%。从房地产开发企业上半年问卷调查结果来看，在 3473 家房地产开发企业中超过三成企业土地购置同比呈下降态势，增长企业不足一成。房地产先行指标的下行，将对企业开发新项目以及后期的发展，都会产生不利的影响。

3. 地区发展差异很大

2013 年，全省房地产开发投资 3843.76 亿元，同比增长 26.6%。郑州市完成投资 1445.33 亿元，占全省投资的 37.6%，同比增长 32.0%，高于全省增速 5.4 个百分点；洛阳市完成投资 301.97 亿元，占全省投资的 7.9%，同比增长 10.0%，低于全省增速 16.6 个百分点。增速最高的焦作市达到 64.6%，增速最低的驻马店市增长 7.8%。地区投资的差异性，影响全省房地产的平衡协调发展。

4. 融资渠道仍然制约房地产的发展

由于房地产行业的特殊性（投资周期长，占用资金大），在房地产开发投资中，开发资金一直是制约房地产发展的重要因素。近年来国家预算内资金、外资与债券的比例（原本很低）呈逐年下降趋势。由于受信贷政策趋紧的影响，房地产贷款比例逐年下降。2013 年，国内贷款 387.13 亿元，同比增长 20.6%，占到位资金的比重由上年的 9.3% 下降到 8.8%，而自筹资金的借入资金在逐年增加，2013 年借入资金 277.38 亿元，同比增长 13.8%，占到位资金的比重由上年的 5.5% 上升到 6.3%。银行资金的紧缺，房地产开发贷款比例下降，借入资金比例加大，增加了房地产开发融资成本，影响了开发投资速度、开发规模和市场的投放量。

三 2014 年河南省房地产开发市场走势的基本判断

2014 年，全省房地产开发市场仍将保持基本平稳的发展态势，商品房销售价格增幅将趋缓，房地产开发将迎来"均利"时代。国家将继续保持调控政策的连续性和稳定性，执行好既有调控措施，同时要推进房地产领域深化改革的工作，加强市场监管，政策不松、坚持调控。这对全省房地产市场来讲既是挑战，也是机遇。

1. 有利因素

2014 年是贯彻落实党的十八届三中全会精神、全面深化改革的第一年，改革任务重大而艰巨；2014 年也是"十二五"规划的第四年，对全面完成"十二五"规划至关重要。

（1）城镇化的发展，为全省房地产市场带来了机遇。2013 年 12 月 15 日，中央经济工作会议明确指出要推进城镇化建设，要把有序推进农业转移人口市民化作为重要任务抓实抓好。随着城镇化步伐的加快，城镇人口的逐年增加，将会给房地产市场的发展带来巨大的潜力和发展机遇。

（2）从大的经济环境看，2014 年经济工作的重点是要坚持稳中求进、改革创新，统筹稳增长、调结构、促改革，保持经济增速在合理区间平稳运行，推动经济持续健康发展。国民经济稳定有序的发展，也为房地产市场的稳定健康发展奠定了良好的基础。

（3）货币环境的影响，2014 年央行将继续保持稳健的货币政策，短期内信贷和社会融资仍将平稳增长，但利率市场化、汇率改革等金融改革也将稳步推进，中长期货币信贷环境不再宽松。随着土地、财税制度改革和住房供应体系的稳步推进，以市场为决定作用的调控机制将逐步形成，行业中长期环境日趋明晰，将有助于社会经济和房地产市场的健康理性发展。

2. 制约因素

（1）宏观经济环境和房地产市场不确定因素的影响。新"国五条"的实施，进一步提高第二套住房贷款的首付款比例和贷款利率，并对出售自有住房按转让所得 20% 计征个人所得税。这样的政策会导致市场房屋购买能力下降，同时导致投机成本增加。尽管各地执行情况不同，但实际上也从根本上减弱了市场的购买力。

（2）货币政策的影响。2014 年中央货币政策已经从过度宽松，开始转变为既不宽松也不紧缩的中性政策，宣告中国过度宽松的货币政策已经结束。不仅二套房贷利率不能优惠，首套房的利率也大幅提高，银行对房贷的贷款政策更加严格。房地产是一个高投资的行业，银行资金紧张无疑会对房地产的发展带来重大的影响，加上河南的房地产开发企业规模偏小，自有资金少，抗风险能力差，这将对房地产的持续健康发展带来不利影响。

（3）投资对经济增长的贡献将有所下降。一是房地产投资增长将呈回落态势。房地产区域格局日益分化，三、四线城市供给已相对过剩。二是受 2013 年土地购置面积和房屋新开工面积增速较低、资金成本较高等影响，预计 2014 年房地产投资增速将会比 2013 年有所下降。

综合判断，2014 年在继续加强房地产市场调控的背景下，河南房地产开发市场仍具有许多支撑发展的有利条件，同时也面临诸多不确定、不稳定的制

约因素。2014年全国房地产市场将是"高位震荡、逐步降温"的态势。2014年上半年将延续2013年下半年的态势，多数供应指标继续增长，甚至增幅还将有所扩大，但成交类指标增幅继续回落；下半年行业整体温度有所降低，成交量和价格将趋弱。

四　促进全省房地产开发市场健康发展的建议

1. 继续贯彻落实好房地产调控政策

房地产调控的政策思路必须进行全面的重新定位。建立稳定、有效的市场型供给体系依然是改革的核心，而房地产调控的目标必须从需求抑制转向供给扩张和制度改革，而制度改革必须着眼于破除官商之间的制度性利益输送机制和改革土地财政。近期住建部副部长仇保兴表示，房地产政策如今有一个鲜明转变，就是房地产要回归"居者有其屋"的基本需求，回归到城市空间的公平分配和使用上来，绝不能成为过度投资的渠道。房地产调控模式应该化整为零，也就是地方的问题地方解决。所以要结合河南人口多、地域广的实际，重视房地产市场的区域分化态势，加强分类指导，减少一刀切政策，提高调控政策的针对性和有效性。省会及大中城市要加大土地供应，调整土地供应结构，提高中小户型住宅用地比重，通过限价房和共有产权房等形式增加低价商品房供应数量。如2013年9月，省会城市郑州出台了史上"最严厉"的房地产调控政策，从执行情况看，收到了良好的效果。郑州市住房保障和房地产管理局公布的数据显示，2013年12月，郑州市区商品住房销售均价为每平方米7228元，每平方米环比下跌67元，出现了连续5个月下跌的情形，为2011年7月以来第一次。

2. 调整住房结构，切实增加有效供给

要继续加大住房结构调整力度，以满足不同层次的住房需求，增加中低价位、中小户型商品住房建设，要形成"高端有市场、中端有支持、低端有保障"的格局。在继续加强楼市宏观调控的同时，应根据市场需求和城镇化进程的需求，合理分配土地出让和项目审批工作，兼顾低收入人群保障性住房和中高收入者消费性住房需求，有计划分配市场份额，保障不同阶层消费者住房

需求。要继续加快保障性安居工程建设。积极推进项目建设，加大督查力度，保证土地、资金等要素供给，确保保障性住房按既定时间节点开工、竣工，不断完善保障性住房建设、分配管理等制度，力争保障性住房发展速度不低于商品房发展速度。要有序推进拆迁改造。结合各地实际，科学制定规划，依法有序推进产业集聚区迁村并居、城中村改造、城郊村改造和新型农村社区建设。

3. 推动房地产转型升级

近年来，在消费升级政策支持下，更多企业转向传统领域之外的旅游地产、文化地产等，构建多元化的房地产产品体系，品牌房企拓展力度尤其突出。以住宅产业现代化为支撑，完善推进机制，转变住房供应、建造和消费模式，实现标准化设计、工业化生产、装配化施工以及一体化管理。依托商务中心区、特色商业区和航空港区，理性发展商业地产、工业地产、文化地产、物流地产、旅游地产和养生养老地产等项目，注重向小型、多功能化趋势发展。

4. 优化产业布局

要充分发挥郑州、洛阳等中心城市集聚产业和人口的优势，加快推进郑东新区、航空港区和周边城市组团房地产的发展，引导人口从密集区向外有序疏散。积极培育和发展县域房地产市场。

5. 控制风险、促进房地产市场健康发展

中央经济工作会议指出，要稳扎稳打，步步为营，统筹稳增长、调结构、促改革，巩固稳中向好的发展态势，促进经济社会稳定，为全面深化改革创造条件。其间突出一个"稳"字。今后一个时期，应继续坚持宏观政策稳定、微观政策放活、社会政策托底的总体思路，稳中求进和以稳促进相结合，在维持总需求基本稳定的前提下，着力深化体制改革，进一步激活、释放市场潜力与活力，积极引导、改善市场预期，有效防范和化解房地产泡沫、地方投融资平台债务等风险，切实降低企业运营成本，推动经济转型有序平稳进行，保持全省房地产平稳健康发展。

B.13

2013～2014年河南省交通运输业形势分析与展望

赵德友　刘文太　陈 琛*

摘　要：

2013年，河南省交通运输业保持了稳定增长态势，但总体规模、结构、管理体制、信息化等方面有待提升。本文提出，加强综合规划、强化行业管理、大力推进绿色交通、加快信息化建设是河南省交通运输业进一步发展的有效途径。

关键词：

河南省　交通运输　形势分析

2013年，河南交通运输围绕中原经济区和郑州航空港经济综合实验区建设目标，坚持交通运输适度先行原则，强化现代综合交通体系建设，加大基础设施建设力度，切实转变发展方式，提升行业服务水平，在促进全省经济发展、改善民生出行条件方面发挥了应有作用。

一　2013年河南省交通运输业稳定增长，客货运输呈现不同趋势

2013年，在需求严重不足、经济运行形势复杂多变的情况下，全省共完成货物运输量30.44亿吨，同比增长11.8%；完成旅客运输量22.57亿人次，同比增长8.4%；完成货物周转量10357.41亿吨公里，同比增长9.7%；完成

---

* 赵德友、刘文太、陈琛，河南省统计局。

旅客周转量 2328.12 亿人公里，同比增长 8.3%，全省交通运输业总体保持了稳定增长态势。

1. 铁路客运能力增强，货运量与上年持平

2012 年第四季度郑武、郑石铁路高速客运专线先后开通运营后，打通了全国南北铁路高速客运专线大通道，河南铁路旅客运输能力和效率明显提升。2013 年，全省铁路旅客累计发送量 1.12 亿人次，同比增长 15.9%，增幅高于2012 年 8.3 个百分点，其中一季度高出 18.0 个百分点，上半年高出 14.0 个百分点，前三季度高出 11.5 个百分点。完成铁路旅客周转量 853.38 亿人公里，同比增长 9.5%，增幅高于 2012 年 6.8 个百分点，其中一季度高出 20.7 个百分点，上半年高出 10.0 个百分点，前三季度高出 8.8 个百分点。

铁路货运对象主要是大宗基础原材料和农产品，与经济发展环境紧密相关。近年来，受国家宏观经济政策调整、市场需求不足、经济增速放缓等多种因素影响，铁路货物运输持续呈现下降态势，2012 年第四季度步入谷底，同比累计降幅达 10.0% 以上，2013 年前三季度，虽然呈现下降情况，但降幅逐步回落，到 10 月，增速首次由负转正，增速比一季度和上半年均提高了 6.1 个百分点，比前三季度增长 0.8 个百分点，全年完成货物运输量 1.28 亿吨，与 2012 年基本持平；全年完成货物周转 2096.81 亿吨公里，同比增长 0.4%，高于 2012 年 1.9 个百分点。特别需要关注的是，2013 年，郑州至汉堡铁路国际货运班列开通运行，将对河南商品方便快捷运往国际市场产生深远的影响。

2. 公路旅客运输稳步增长，货物运输增速回升

公路交通运输在河南交通运输业中居于支配地位，据多年数据观测，无论是在全省旅客运输总量结构中，还是在货物运输总量结构中，公路运输量占比都在 90% 以上，是服务河南经济发展和民生出行的主要载体。

2013 年，全省公路交通系统牢牢抓住发展这个第一要务，着力在项目带动、运输保障、规范管理、创新驱动和质量安全等方面整体推进，重点突破，有力推动了交通运输业的科学发展。年内全省交通运输基本建设完成投资476.4 亿元，其中高速公路完成投资 238.3 亿元，干线公路完成投资 139.2 亿元，农村公路完成投资 72.9 亿元。高速公路通车里程达到 5859 公里，继续保持全国第 1 位；运输服务保障工作不断加强，全年公路累计完成旅客运输量 21.4 亿人次，完成旅客周转量 1417.5 亿人公里，分别比 2012 年增长 8.1% 和 8.2%；全年公路累计完成货物运输量 28.3 亿吨，货物周转量 7702.9 亿吨公里，分别比 2012 年增长 12.4% 和 12.2%，较一季度增幅分别回升 3.4 个和 3.1 个百分点；城市公交发展成效明显，郑州地铁 1 号线一期工程投入运营、2 号线一期主体结构完工，标志着省会郑州市正式迈入地铁时代。

3. 机场旅客吞吐量增长稳定，货邮吞吐量增长较快

2013 年 3 月，国务院正式批复《郑州航空港经济综合实验区发展规划》。围绕这一国家战略，河南省采取一系列重大措施，强力推进民航业发展。

（1）继续加大力度引进航空公司，开辟航线航班，扩大航线网络。现已有 14 家货运航空公司在郑州机场运营，开通货运航线 24 条，基本形成连接东亚、东南亚和欧美主要枢纽机场的航线网络。

（2）加强民航基础设施建设。郑州机场二期工程稳步推进，征地拆迁工作基本完成，南阳机场改扩建工程已竣工投用，洛阳机场改扩建工程调整概算已获国家批复，信阳明港以及商丘、安阳、平顶山、鲁山 4 个新建的支线机场各项工作迅速推进。

（3）加快配套设施建设、完善支撑体系、提升国际航空物流中心优势。2013 年，郑州机场正式开通运营了航空油料保税仓库、快件监管中心，建成了保税区与机场之间的区港联动项目，加快推进跨境贸易电子商务试点工作、电子口岸建设等，为航空枢纽建设、航空物流业发展提供了有力支撑。

（4）加强与航空企业战略合作。中国南方航空河南航空有限公司已获国家民航局批准筹建。东航在实验区设立了东航物流中原分公司。厦航方面已承诺在郑州成立分公司，加大运力投放，扩大运输规模。与俄罗斯空桥、大韩、华信、长荣等国际航空公司的合作也得到了进一步加强。

2013 年，全省 3 个民用机场共完成旅客吞吐量 1412.86 万人次，同比增长 11.3%；货邮吞吐量 25.79 万吨，同比增长 68.5%。其中郑州机场共完成旅客吞吐量 1314 万人次，同比增长 12.6%；货邮吞吐量 25.57 万吨，同比增长 69.1%，增速位居全国大型机场首位。民航运输生产继续保持快速发展的良好态势。

二 河南交通运输业发展仍无法满足
经济发展和居民出行需要

在肯定取得成绩的同时，也应看到河南交通运输业还存在诸多问题，与经济发展形势和居民出行要求还存在着较大的差距，需要在今后的工作中继续逐步解决。

1. 交通基础设施总体规模还不能满足经济发展需要

虽然经过 10 多年的快速发展，河南交通运输业发生了深刻的变化，但现有的交通基础设施总体规模仍然偏小，不能满足经济社会发展对交通运输不断增长的需求。河南按人口数量计算的运输网络密度不仅远远落后于欧美等经济发达国家，就是与全国平均水平相比，也存在较大差距。

2. 综合交通运输体系不尽完善，结构需要进一步优化

目前，随着省会郑州地铁 1 号线的开通，河南铁路、公路、水路、航空等综合交通运输体系基本形成，但发展的程度、发挥的作用仍相差悬殊，结构也需进一步优化。在交通运输业发展中过度依赖公路交通，其他交通运输方式诸如地方铁路、水路和航空业发展严重滞后。特别是公路运输能耗高、污染严重，不符合可持续发展的要求。可以说，在过去 10 多年发展中，公路交通运输的快速增长是以较严重的资源破坏和环境污染为代价的。今后若延续这种粗放型发展模式，势必对资源和环境造成更加严重的影响。

3. 行业管理体制机制有待进一步完善

多年来，交通运输领域更多的是在一定的协调之下各自为政，进行着相对独立的规划和建设，缺乏顶层设计，随着基础设施的不断完善，特别是各种交通运输工具出现了相对同质化的服务，交通运输领域即将面临综合效率和效益重大问题，需要在更高层面上进行统筹规划，合理安排。近两年交通运输领域大部制改革虽然实施，但行业综合管理体制机制远未形成，各种运输方式间的衔接不够顺畅，管理混乱、无序竞争现象还比较严重。

4. 交通运输信息化建设滞后

目前，全省尚缺乏高效的现代物流信息平台和公众出行信息发布系统，不

能有效地为物流需求用户和公众出行提供及时、准确、高效的信息服务。交通运输基础设施区域间、城乡间发展不平衡，交通一体化进程还需大力推进。

三 科学规划，加强管理，以项目 带动整体建设水平的提高

当前和今后一段时期，是河南经济转型的关键时期，交通运输业作为国民经济的基础产业和重要的服务行业，应紧紧围绕"三大国家战略"和"四个河南"建设目标，切实重视统筹规划和转变方式，切实重视创新驱动和规范管理，推动河南交通运输业科学发展。

1. 加强综合规划，加快综合交通运输体系建设

把河南建成"全国重要的现代综合交通枢纽"，是中原经济区建设五大战略定位之一，要加强综合规划，加快河南综合交通运输体系建设，进一步提升河南交通综合枢纽地位。要以通道网络化和枢纽集约化建设为重点，优化投资结构，加大航空、水运、城市地铁及城际轨道交通建设力度，稳步发展公路、铁路运输业，加快构建现代综合交通运输体系。

2. 强化行业管理，提高运输服务效率和质量

把完善管理体制机制、增强管理能力、提升运输效率、降低运输成本、改善服务质量作为交通运输业发展的重要任务；坚持以人为本，切实提高客运服务水平，以城际公交为典范，推进城乡公交一体化，努力满足人民更安全、更便捷、更舒适、更个性化的出行新要求；坚持以市场为导向，以企业为主体，按照集约化、规模化的发展方向，加强政策引导、完善管理手段，积极引导运力结构优化、组织方式创新，培育龙头企业，提高货物运输的组织化程度和专业化水平，切实促进现代物流发展，打造具有河南特色的交通物流品牌。

3. 倡导节能减排、资源节约、环境友好理念，推进绿色交通

充分依靠现代科技进步和理念创新，加大交通科技投入和成果转化，推动发展方式转变。以节约集约用地、实现节能减排、提高运输效率等为核心内容，以低投入、低消耗、低排放、高效率为主要特征，减少交通运输和交通设施带来的污染及对环境的其他负面影响，制定绿色交通和谐发展方案，实现经

济社会和交通运输的可持续发展。

4. 加强交通运输业信息化建设，以科技引领现代交通运输业发展

创新科研机制，加快新技术、新工艺、新材料的研究和推广应用，在提高科技成果转化率和科技贡献率上实现新突破。要充分发挥信息化在转方式、加快发展现代交通运输业中的重要作用，按照"统筹规划、稳步推进，资源整合、业务协同，示范引领、分类指导"的原则，加强交通运输信息资源整合，积极推进交通应急保障指挥体系等信息化工程，引领现代交通运输业的发展。

5. 扎实推进涉及全省交通运输重点项目工作，特别是郑州航空港综合实验区路网建设

强化以郑州为中心的向心布局、网状辐射的带动作用，突出抓好"一枢纽、一港、一区、两网"（郑州大型航空枢纽，郑州公路无水港，郑州航空港经济综合实验区，"米"字形快速铁路网、高速公路网）等战略性工程建设，加快区域重要枢纽建设，服务全省经济社会发展。

2014 年，河南省交通运输领域将稳步推进各项改革措施，行业基础设施建设力度将进一步加大，大部制改革继续推动，政府职能转变将取得重要进展。交通运输转型升级将迈出新步伐，运输服务保障能力和行业服务水平也将持续提升。预计全省客货运输量将继续保持稳步提高的发展态势，预计同比增长幅度将高于 2013 年。

B.14

2013～2014年河南省节能减排
形势分析与展望

常冬梅　陈向真　贾梁*

摘　要：

2013年，河南经济平稳增长，能源消费稳中有升，单位工业增加值能耗下降明显，节能降耗成效显著，超额完成单位GDP能耗下降2.5%的全年节能目标。为了确保实现"十二五"节能降耗目标，仍需进一步优化产业结构和能源消费结构，加强高耗能企业技术改造和节能管理，努力推进资源性产品价格改革，建立节能减排长效机制。

关键词：

河南省　节能减排　形势分析

2013年，在稳增长、调结构主基调下，河南省委、省政府高度重视节能技术改造和产业结构调整，在发展中优化资源配置，全省经济平稳增长，能源消费稳中有升，规模以上工业综合能源消费同比增速由负转正，单位GDP能耗和工业增加值能耗降低率保持较低水平，主要耗能产品单位GDP能耗进一步下降，全省节能降耗工作取得了较好成效，全年超额完成单位GDP能耗下降2.5%的目标，为"十二五"节能降耗目标顺利完成、中原经济区建设和美丽河南建设发挥了积极作用。

---

* 常冬梅、陈向真、贾梁，河南省统计局。

一 2013 年河南省能源消费状况及节能降耗形势

1. 能源消费概况

（1）全社会能源消费平稳增长。2013 年，河南省全社会能源消费总量平稳增长，第一季度、上半年和前三季度分别同比增长 2.7%、3.0% 和 4.2%，与 2012 年全年不断下降的走势相反，2013 年全社会能源消费量增速同比呈现逐步回升的态势（见图 1）。①

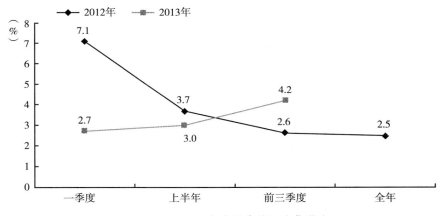

图 1　2012~2013 年全社会能源消费增速

（2）规模以上工业企业能源消费增速由负转正。2013 年，全省规模以上工业综合能源消费量稳步增长，第一季度、上半年和前三季度同比增速分别为 -2.0%、-0.5% 和 2.0%，自 8 月累计增速由负转正后逐步加快，前 11 个月，全省规模以上工业企业综合能源消费量同比增长 2.8%，增速较第一季度、上半年和前三季度分别加快 4.8 个、3.3 个和 0.8 个百分点，全年保持了增速持续加快的趋势（见图 2）。

（3）全省用电消费低位回升。2013 年，全省全社会用电量 2899.18 亿千瓦时，其中工业用电量 2100.16 亿千瓦时，用电量增速呈现逐月回升的态势，全社会用电量由一季度同比增长 0.6% 上升到全年同比增长 5.6%，其中工业

---

①　本文引用的能源统计月度、季度数据均为年内截至当期的累计数。

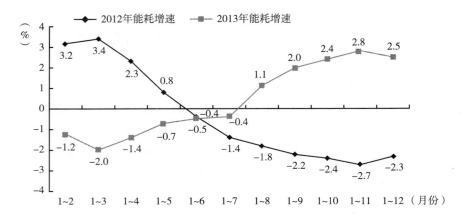

图2　2012～2013年河南省规模以上工业企业综合能源消费量同比增速

用电增速由一季度同比下降2.4%上升到同比增长3.0%。与全国平均水平相比，河南省用电增速始终在全国31个省份中排名靠后，前11个月全省综合能源消费量增速在全国居第24位，工业用电增速仅列第28位（见图3）。

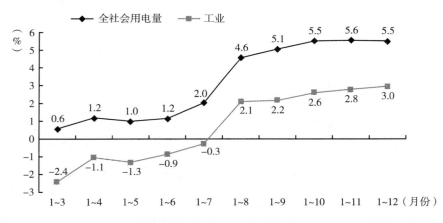

图3　2013年河南全社会与工业用电增速

（4）原煤消费增速逐步加快。作为最主要的能源消费品种，2013年以来原煤消费同比增速保持着持续加快的趋势，由一季度同比增长0.9%上升到全年同比增长3.7%，其中40.4%的原煤用于火力发电，37.7%用于原煤入洗，同时，用于火力发电、供热和制气的原煤消费同比增速自2013年以来呈现逐步加快的趋势（见表1）。

表1 2013 年河南省原煤消费情况

单位：%

时　　期		原煤消费量	用　　　途				
			火力发电	供热	原煤入洗	炼焦	制气
第一季度	增速	0.9	-0.7	2.2	7.2	39.7	-13.8
	比重	—	39.3	5.4	36.9	1	0.4
上半年	增速	1.1	-3.5	2.5	1.2	-1.9	17.2
	比重	—	38.9	4.2	38.6	1.1	0.5
前三季度	增速	3.1	6.5	4.7	3.4	-1.7	35.2
	比重	—	40.9	3.6	37.7	0.9	0.6
全年	增速	3.7	7.2	7.5	2.9	-24.4	62.4
	比重	—	40.4	3.8	37.7	0.7	0.6

2. 全省节能降耗成效显著

（1）规模以上工业企业单位工业增加值能耗降低率维持较低水平。2013年，全省规模以上工业企业单位工业增加值能耗逐月回落，上半年始终保持在两位数，全年全省规模以上工业企业单位工业增加值能耗下降到8.3%（见图4）。全省41个行业大类中，单位工业增加值能耗下降的有35个，下降面达85.4%，其中金属制品机械和设备修理业、燃气生产和供应业、其他制造业和废弃资源综合利用业下降幅度超过30%，共有28个行业下降幅度超过全省平均水平。

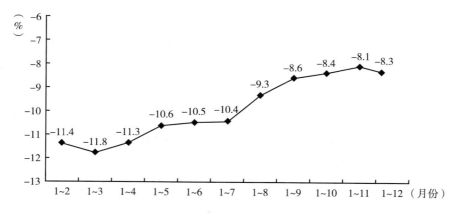

图4 2013 年各月规模以上单位工业增加值能耗降低率

（2）主要耗能产品单位能耗下降明显。2013 年，随着企业进一步加大节能技术改造和产品技术装备升级，全省半数以上耗能产品单位能耗较上年同期有所下降。其中，粘胶纤维、氧化铝、铅冶炼、铜、粗钢、水泥、乙烯、原煤等耗能产品分别较 2012 年下降 12.2%、9.8%、7.0%、6.7%、4.0%、3.0%、2.9% 和 2.0%，对全省节能降耗工作的顺利完成起到积极作用。

（3）超额完成单位 GDP 能耗下降 2.5% 的全年目标。2013 年前三季度，全省 GDP 能耗下降 4.1%，较第一季度和上半年分别减少 1.1 个和 0.9 百分点，较 2012 年全年的 7.1% 减少 3.0 个百分点，虽然能耗逐步减少，但预计全省仍能够超额完成全年 GDP 能耗下降 2.5% 的目标。

（4）2014～2015 年节能降耗压力减轻。根据"十二五"规划节能减排综合性工作方案，到 2015 年全省生产总值能耗比 2010 年下降 16%。2011 年和 2012年已完成目标的 63.3%，预计"十二五"前三年能够完成节能降耗任务的 85%左右，"十二五"后两年平均每年生产总值能耗下降 1.5% 左右就能完成五年目标，就目前全省经济形势和能耗发展趋势来看，完成任务压力不大。如果 2014年经济形势好转，高耗能企业生产向好，可能会对节能降耗工作产生一定压力，但我们对完成"十二五"生产总值能耗下降 16% 的目标依然有信心。

二　节能降耗制约因素及政策建议

目前，河南省正处于全面实施中原经济区建设、加快中原崛起和河南振兴的关键时期，随着工业化、城镇化加速推进，全省能源需求将刚性增长，供需矛盾将更加凸显，能源发展将面临控总量、调结构、保安全的全新挑战。2013年，全省能耗低速增长是由于全省高耗能行业生产依然不景气，一旦高耗能行业强力反弹，仍会影响全省"十二五"节能降耗目标的顺利实现，从长期来看，河南省产业结构偏重工业、能源消费结构不优以及企业节能意识薄弱等情况仍然存在，节能降耗依然存在隐忧。

1. 产业结构偏重工业，需进一步调整优化，有效推进节能降耗

产业结构偏重工业，是影响河南省节能减排的重要因素。目前，全省三次产业结构比重为 13.9∶58.4∶28.0，用能结构为 2.2∶73.2∶9.8。2013 年前 11

个月，重工业能耗占全部规模以上企业能耗比重的 90.5%，但产生的工业增加值仅占工业增加值比重的 66.7%，其中六大高耗能行业能源消费占全部规模以上工业能耗的 82.5%；用电比重占全部工业用电比重的 78.3%，而产生的工业增加值仅占全部规模以上工业增加值的 35.5%，经济发展呈现出典型的"粗、重、低"的产业结构特征，这种高耗能产业结构造成了经济快速发展消耗大量能源，能耗水平居高不下，单位 GDP 能耗下降阻力加大。

为了改变全省产业结构偏重工业、能源结构单一的粗放型经济发展方式，改善生态环境，有必要将化解产能过剩与产业结构调整紧密结合起来，在化解产能过剩中推动产业转型升级，在产业结构调整中化解产能过剩，综合考虑资源、环境因素，对现有能源资源延长产业链和发展循环经济，提高能源的利用效率，积极发展现代产业体系，鼓励发展第三产业和战略性新兴产业，运用高新技术改造传统产业，推动能源生产和利用方式变革，构建安全、稳定、经济、清洁的现代能源产业体系。

2. 部分高耗能产品单位能耗上升，能源加工转换效率下降，应加强节能技术改造和管理工作

2013 年，部分高耗能产品单位能耗出现上升，其中涤纶、硅铁、粗钢、电石、铁矿和合成氨单位能耗同比分别上升 15.8%、7.7%、6.2%、5.5%、4.2% 和 2.3%。全省能源加工转换效率整体呈现逐渐下滑的态势，由一季度的 73.3% 下降到全年的 72.8%；火力发电、供热和热电联产的加工转换效率出现下降，其中热电联产的加工转换效率下滑幅度较大，由第一季度的 44.7% 下滑到全年的 43.0%。

抓好高耗能行业的节能降耗工作，深入开展万家企业节能低碳行动是降低全省能耗水平和万元 GDP 耗能水平的关键。对重点耗能企业要尽快参照各行业、企业的国家标准甚至国际标准，提出节能降耗目标、要求和相应措施，加强严格的管理与指导，做好能源消费统计和效率分析，切实加强节能技术改造和节能管理工作，推动全省各个行业全面提高能源使用效率和使用效益。

3. 煤炭在全省能源消费中占比较高，逐步优化能源消费结构是防治大气污染的有效途径之一

近年来，特别是 2013 年以来，我国中东部地区迎来了大范围雾霾天气，

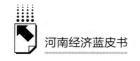

相继出现 PM2.5 爆表情况，灰霾问题已经成为人民群众反映强烈的问题之一。灰霾的产生主要源自煤炭消费量较大。

长期以来，河南省初级能源消耗比重大，利用效率低，能源消费主要以煤炭、石油、天然气、电力为主，煤炭消费比重约为 80%，高出全国平均水平 13 个百分点左右。据有关资料显示，石油、天然气的总体利用效率分别为 53% 和 60%，而煤炭的利用率仅为 30% 左右，但其燃烧排放的氮氧化物却为石油的 1.4 倍、天然气的 3.3 倍。这种以初级能源为主的能源消费构成不仅降低了能源综合利用率，使得经济发展消耗了大量能源，而且对改善生态环境也会带来诸多不利影响，造成经济发展与保护环境的矛盾越发突出。逐步优化能源消费结构，加大清洁能源消费比重，减少污染物排放是防治大气污染和维护生态环境的有效途径。

4. 发展节能环保产业，推进资源性产品价格改革，建立节能减排长效机制

加快发展节能环保产业是调整经济结构、转变经济发展方式的内在要求，是推动节能减排、发展绿色经济和循环经济、建设资源节约型环境友好型社会、积极应对气候变化、抢占未来竞争制高点的战略选择。要严把节能环保准入门槛，引领社会资金投入节能环保工程建设，推广节能环保产品，加强技术创新，提高资源循环利用效率，提高节能环保产业市场竞争力。

建立节能减排长效机制。必须加快促进油、电、水的等资源性产品价格改革，加快建立反映市场供求关系、资源稀缺程度、环境损害成本的生产要素和资源价格形成机制，逐步改变以往以行政措施为主的调控手段，激发企业和市场内生动力，综合考虑节能减排体系内各构成要素间的相互关系、协调方式和运行体系，建立科学有效的节能减排长效机制。

2013～2014年河南省就业
形势分析与展望

刘晓峰　裴斐*

摘　要：

本文通过对2013年河南省就业形势的分析，阐述了2013年全省就业工作取得的新成效，实现了就业服务工作的新突破，同时提出在劳动力供大于求矛盾依然没有缓解的情况下，2014年就业形势仍将复杂，并就健全促进就业创业体制机制提出了建议。

关键词：

河南省　就业形势　分析

2013年，河南省委、省政府深入贯彻落实党中央国务院的方针政策，立足省情，推动实施就业优先战略和更加积极的就业政策，进一步稳定和扩大就业岗位，着力改善就业环境，强化各项就业服务，起到了积极效果，全省就业形势稳中向好。

一　2013年河南省就业形势保持总体平稳

1. 城镇新增就业人员继续增加

2013年河南省城镇新增就业143.13万人，完成了年度目标143.1%，同比增长0.3%；城镇失业人员再就业46.82万人，完成了年度目标133.8%，同比增长0.6%；就业困难人员就业20.22万人，完成了年度目标168.5%，

---

* 刘晓峰、裴斐，河南省统计局。

同比增长 1.0%；新增发放扶持就业小额担保贷款 129 亿元，完成了目标任务
161.3%；公共就业训练机构职业培训 49.32 万人，完成了目标任务 167.4%；
应届高校毕业生就业率 86.9%，同比提高 0.2 个百分点；城镇登记失业率为
3.1%，低于 4.5% 的控制目标，与 2012 年持平。全省就业形势总体平稳。

2. 企业用工情况持续保持稳定

企业用工基本平稳，同比略有上升。全省企业用工调查数据显示，企业就
业人数保持基本稳定，2013 年 3 月底、6 月底、9 月底、12 月底企业就业人数
同比分别增长 1.8%、2.1%、2.5% 和 6.7%，增速比 2012 年同期分别提高
1.0 个、1.24 个、2.9 个和 8.3 个百分点，呈现稳中有增的态势。

据河南省企业用工调查数据显示，2013 年 12 月底制造业、建筑业、住宿
和餐饮业、批发和零售业、房地产业就业人数分别比 2012 年同期增长 4.0%、
5.6%、-11.3%、3.7% 和 9.3%，除住宿和餐饮业受政策影响明显，同比减
少以外，就业人数排名靠前的几个行业比 2012 年同期均出现不同程度的增长。

据国家企业用工调查数据显示，2013 年 12 月底企业就业人数比 6 月底增
长 2.8%，与河南省企业用工调查数据变动趋势基本一致。

3. 农民工就业人数稳中有增，比重小幅提高

为应对经济下行对就业带来的不利影响，稳定河南省就业局势，省委、省
政府加大了农民工就业工作推进力度。河南省人力资源和社会保障部门数据显
示，2013 年全省新增农村劳动力转移就业 90 万人，完成年度目标任务的
112.5%，其中 72 万人在河南省内就业。转移就业总量累计达到 2660 万人，
省内转移超过省外转移 386 万人。

全省企业用工调查数据显示，2013 年 3 月底、6 月底、9 月底和 12 月底
企业农民工就业人数同比分别增长 -5.2%、0.8%、4.3% 和 17.7%，比 2012
年同期分别提高 -4.7 个、-2.0 个、1.7 个和 17.4 个百分点，呈现逐步回升
态势；分别占全部就业人员比重的 47.3%、49.5%、49.7% 和 52.6%，与
2012 年同期相比分别提高 -0.6 个、0.4 个、2.5 个和 4.9 个百分点，呈现稳
步上升的态势。国家企业用工调查数据显示，2013 年 12 月底企业就业人员中
农村户口人数比 6 月底增长 36.2%，占比提高 10.5 个百分点，变动幅度较省
企业用工调查数据略大，但趋势保持一致。

企业预计增加用工人数占总人数比重和其中农民工比重均略有上升。省企业用工调查数据显示，2014 年 1 季度预计增加用工的企业占全部被调查企业的 37.4%，占 12 月底就业人员总数的 2.2%，比重比 2013 年同期上升 0.7 个百分点；其中农民工占预计增加用工总人数的 70.5%，同比上升 11.8 个百分点。国家企业用工调查数据显示，约 22.2% 的被调查企业预计 2014 年上半年增加用工规模，约 16.7% 的企业预计减少用工，约 61.1% 的企业预计维持现有水平，从侧面反映出经济的不景气并未对企业用工产生规模性影响。

4. 高校毕业生就业压力仍然较大

河南是高校毕业生大省，随着新成长劳动力就业高峰的到来，每年新进入求职年龄的劳动者人数仍然保持逐年增加的趋势，特别是实施高校扩招计划以来，每年进入就业市场的高校毕业生持续较大幅度增加。2013 年全省共有高校毕业生 51.4 万人（其中，研究生 1.1 万人，本科生 19.0 万人，专科生 31.3 万人），较 2012 年增加 2.9 万人，是 2003 年的 5 倍左右，位居全国第 3 位，约占全国高校毕业生总数的 1/14，再创历史新高。

企业用工调查数据显示，全省被调查企业 2014 年 1 季度预计增加用工人数中应届高校毕业生占预计增加用工总人数的 12.9%，比 2013 年同期下降 2.8 个百分点。整体看，全省高校毕业生就业压力仍然较大。

二 全省就业促进工作取得的积极进展

1. 就业服务工作实现新突破

（1）就业服务机制进一步完善。加强全省公共就业服务机构职能整合，健全了政府购买服务制度，对未按照法律和政策规定纳入财政预算的公共就业创业服务机构，通过政府购买服务成果的方式，支持其开展就业创业服务活动，调动社会服务机构提供专业化服务的积极性。

（2）就业服务手段进一步优化。一是专题活动成效明显。2013 年元旦、春节期间在全省范围内组织开展了河南省"2013 年就业援助月"活动，通过采取宣传发动、走访调查、岗位对接、重点安置等措施，帮助 1.94 万名就业困难人员和 1300 名"零就业家庭"成员实现就业。开展以"帮人才就业，促民企发展"为主题的大型民营企业招聘周活动，全省共有 1.3 万家企业参加，提供就业岗位 38.1 万个，7.1 万名求职者与用人单位达成求职意向。二是进一步健全就业援助制度。对各类就业困难人员尤其是"零就业"家庭成员、长期失业人员、大龄就业人员和残疾人实行"一对一"就业帮扶，全省形成了"随时出现、随时认定、及时帮扶"的长效机制，把就业援助工作与创建充分就业社区活动、基层平台建设结合起来，依托基层平台重点对"4050"人员、"零就业家庭"、残疾人、低保对象等开展就业援助。三是进一步加强公共就业服务体系建设，扎实推进重点项目。着力推进全省统一就业信息管理系统安装应用工作，着力构建覆盖城乡、信息共享的就业信息网络。新版就业管理信息系统软件在全省 17 个省辖市已经上线运行，建成了重要数据省级集中，以省辖市数据中心为基础，可以覆盖城乡，资源共享的就业管理信息系统。

（3）创业培训工作进一步推进。一是创业培训基础管理工作进一步规范。全省创业培训实现了"五统一"（统一机构管理、统一师资管理、统一教学要求、统一质量监控、统一资金申报），通过制度规范和保障培训质量。2013 年共计对 12.9 万人开展创业培训（其中创业意识培训 7 万人），完成目标任务的 107.5%，其中 3.7 万人成功创业，带动 11.7 万人实现就业。二是小额担保贷款工作持续规范发展。加快扶持就业小额担保贷款信息化水平，探索建立全省统一的操作规范。进一步简化程序、降低门槛，完善管理制度，严格贷款调查、审批和跟踪服务，提高风险防范能力。2013 年新增发放扶持就业小额担保贷款 129 亿元，完成全年目标任务的 161.3%，帮助 18 万人实现创业，带动 60 万人就业；2003～2013 年累计已发放扶持就业小额担保贷款 502 亿元。三是创业服务进一步强化，创业服务体系进一步健全。通过实施专项计划和重点项目带动，加快全省就业创业服务体系建设。进一步强化创业孵化服务，优化创业环境，强化高校毕业生创业服务。

（4）就业培训的"调蓄"作用进一步发挥。全省各级各类职业培训机构，结合自身优势，面向城乡有就业和培训愿望的劳动者，开展更有针对性、更符合培训对象需求的就业培训，充分发挥了调节劳动力供求"蓄水池"的作用，把尚未就业的高校毕业生、失业人员、失地农民等各类就业群体组织起来，大力开展长期、中期或短期技能培训,提高他们的就业能力,提高人力资本与劳动力市场的匹配效率,推动劳动力实现技能就业,减缓对就业市场的冲击。

2. 人才和人力资源开发工作取得新成绩

(1)全民技能振兴工程深入推进。全力推动全民技能振兴工程政策落实和项目实施,持续提升人力资源素质,各项工作平稳推进,取得明显成效。制定出台《2013 年劳动者职业技能培训专项行动方案》、《2013 年河南省残疾人就业培训工程实施方案》等加强就业培训的方法措施。

(2)产业集聚区人才和人力资源服务保障更加有力。为产业集聚区组织人才招聘和企业招工专场,开展人才招聘和职业介绍服务,开展职业技能培训,帮助引进人才智力。与高校签订合作协议,邀请高级专家团队为航空港区把脉问诊,每年培训航空经济专业人才。举办郑州航空港经济综合实验区专场招聘会,邀请驻航空港区用人单位参会。

(3)人才要素与市场要素结合更加紧密。创新"人才+项目"工作模式,积极组织创新团队与研发基地开展项目对接活动,充分发挥各类高层次人才群体的作用,推动"第一资源"和"第一生产力"有机结合,提升企业研发能力和竞争力。

3. 劳动关系总体稳定

加大劳动关系协调力度,劳动合同签订率进一步提高,劳动人事争议得到妥善处理,黑中介受到进一步打击,有效维护了用人单位和劳动者的合法权益。

三 2014 年就业形势依然复杂

1. 多重矛盾叠加,就业形势复杂

一方面在劳动力供大于求矛盾依然没有发生改变的情况下,就业结构性矛盾日益突出,造成"招工难"与"就业难"并存的局面;另一方面经济增速减缓、周期延长造成的周期性失业,经济结构调整造成的结构性失业,淘汰落后产能造成的转型性失业以及选择性机会增多造成的摩擦性失业等多种形式的失业现象交织并存。此外,受经济结构调整和去产能的影响,河南受到的冲击

更大、影响时间更长。尤其是以煤炭、钢铁、有色、煤化工等为代表的传统支柱产业受到的影响最大,而且电子、光伏多晶硅等新兴行业发展也受到抑制,这些行业稳定现有就业岗位的压力很大。几种因素的叠加,使得全省就业形势错综复杂,增加了解决就业问题的难度。

2. 高校毕业生就业问题突出

截至 2013 年 12 月底,2013 届高校毕业生尚未就业的达 7 万人,加上往年未就业的高校毕业生,高校毕业生就业总量压力仍然较大。从高校毕业生择业观看,大部分学生不愿意到小城市、中小企业和基层去就业。据郑州市人力资源市场调查,毕业生选择到大城市的占 52.5%,选择到大中型企业的占 49.8%。另外,受高校专业设置、就业管理制度等因素影响,进一步增加了做好高校毕业生就业工作的难度。

3. 公共就业创业服务体系建设滞后

全省各级公共就业服务机构名称和职能不统一,管理不顺畅,人员编制偏少,经费保障不足。全省现有公共就业服务机构中财政全额供给的占 69%,差额供给的占 12%,自收自支的占 19%。根据 2012 年人力资源社会保障部、财政部《关于进一步完善公共就业服务体系有关问题的通知》要求,从 2013 年开始,公共就业服务机构各项补助已经停止,部分公共就业服务机构自身生存难以为继,目前有的市、县部分免费公共就业服务项目处于停止状态,求职人员反映强烈。

4. 省内人力资源供求不平衡

从郑州、平顶山等 9 个省辖市就业市场看,省会和其他省辖市间的求人倍率不平衡,其中郑州市劳动力市场求人倍率为 1.96,全省最高,洛阳、新乡市求人倍率分别为 0.71、0.72。在一定程度上反映了各地经济发展和就业状况,也体现了当前河南省承接产业转移、城镇化进程加快、中小企业对人力资源需求增加和求职者求职方式日趋多样化的状况。同时,也反映出全省公共就业服务的能力和水平还较低,岗位和求职信息发布、匹配不够及时有效。

5. 创业活跃度不高

从整体上看,全省仍然存在创业意识不强,创业氛围不浓,创业活跃度不高,创业环境有待进一步优化等问题,与党和政府的要求仍有很大差距。与周边省市相比，全省每万人拥有企业的数量依然较低，创业活力不足。

（1）公共创业服务体系不健全。尽管全省都按照要求在现有公共就业服务机构的基础上加挂了创业服务指导中心牌子，但创业服务经费落实难，没有专门的编制、人员和场地，无法独立开展创业服务活动。创业服务活动专业化程度低，创业服务不能满足社会的需要。

（2）创业资金投入不足，省本级和大多数省辖市没有设立创业扶持资金。地方政府由于财力有限，能够用于促进创业的资金十分有限。

（3）小额担保贷款政策调整影响较大。财政部、人民银行和人社部印发的《关于加强小额担保贷款贴息资金管理的通知》缩小了小额担保贷款发放对象的范围，提高了放贷条件，增加了各省市负担的贴息资金比例，限定了担保基金的筹集渠道，严格了小额担保贷款的放大比例，对小额担保贷款工作造成了很大的影响，在一定程度上降低了小额担保贷款对创业的扶持作用和效果。

6. 农村转移就业劳动力职业技能培训难度加大

目前，全省已转移的农村劳动力中有近 1300 万没参加过相应的技能培训，部分转移就业人员仍处于流动就业和不稳定状态。同时，当前的农村劳动力技能培训补贴标准偏低、补贴资金兑付操作困难，再加上招用农民工的企业门槛不高，导致农民工参加培训和培训机构承担培训任务的积极性不强，培训效果不佳，技能培训工作面临的任务艰巨。

四　健全促进就业创业体制机制

党的十八届三中全会指出，就业始终是民生领域的重大问题，是人民群众改善生活的基本前提和基本途径。今后一个时期，全省就业形势依然严峻，就业任务依然艰巨。突出表现在：总量压力和结构性矛盾并存，结构性矛盾今后会更加突出；就业公平性得不到有效保障，就业歧视现象时有发生；以高校毕业生为重点的青年就业问题突出，高校教育制度和社会就业需求不相匹配；劳动者能力素质和就业技能较低，职业技能培训薄弱，进城务工人员职业技能偏低问题突出；公共就业服务体系不健全，人力资源市场管理制度不完善。应着

力采取以下措施促进就业和创业。

1. 建立经济发展和扩大就业的联动机制，健全政府促进就业的责任制度

要把解决好就业问题作为经济发展的优先目标，实施就业有限战略和更加积极的就业政策，通过稳定经济增长和调整经济结构增加就业岗位，建立经济增长与扩大就业联动机制。在制定经济发展规划、确定经济发展速度时，要优先考虑扩大就业规模的需要，使经济健康发展的过程成为就业持续扩大的过程。通过优化产业结构、提高服务业就业比重、稳定制造业就业比重、发展新兴产业和民营经济，创造就业岗位，在经济增速相对放缓的背景下继续增加就业规模。综合运用财政、税收、金融、产业等各项经济调节政策促进就业，通过税收优惠、社会保险补贴、小额担保贷款等扶持性政策，鼓励企业更多吸纳就业，鼓励劳动者多渠道、多形式就业。积极帮扶困难群体就业，通过政府投资开发公益性岗位和开展就业援助行动，帮助他们尽快实现再就业。健全政府促进就业目标责任制和就业工作协调机制，强化政府促进就业的责任。

2. 健全促进就业公平的体制机制

实现公平就业是广大劳动者的共同期待，是社会公平正义的重要体现。

（1）健全公平就业的法律体系和监督机制。进一步完善反对就业歧视的法规政策，针对社会反映比较多的就业歧视问题，逐项细化劳动法和就业促进法等法律的有关规定，制定相关配套法规政策，增强法律的可操作性，真正做到有法可依。加大人力资源市场监管力度和对违法行为惩处力度，严厉打击招聘过程中的歧视、限制以及欺诈等行为，消除城乡、行业、身份、性别等一切影响平等就业的制度障碍和就业歧视，营造公平公正的市场环境。

（2）规范招人用人制度。在公务员考录方面，要继续坚持实行"凡进必考"、公平竞争的机制，提高社会认可度；在事业单位招聘方面，要完善和落实事业单位公开招聘人员规定，严厉惩处违规违纪行为；在国有企业招聘人员方面，要全面推行分级分类的公开招聘，探索建立国有单位招聘信息统一公开发布制度，切实做到信息公开、过程公开、结果公开。

（3）创新劳动关系协调机制。全面推行劳动合同制度，重点是提高小微企业和农民工劳动合同签订率，严格依法规范劳务派遣用工。以工资集体协商为重点，积极扩大集体协商和集体合同覆盖面，推动建立职工工资正常增长机制和劳动条件改善机制。健全并落实劳动标准体系，适时修订完善工作时间、休息休假、女职工和未成年工特殊保护等劳动条件标准，健全工资支付保障制度，推进劳动定额标准化管理。健全劳动者权益保障机制，畅通职工表达合理诉求渠道。

3. 创新扶持创业的体制机制

创业是就业之源，具有带动就业的倍增效应。要完善政府扶持创业的优惠政策，通过税费减免为创业者减轻负担；对创业开业资金缺乏的，给予小额担保贷款扶持；鼓励各方发挥资源优势，为创业者提供场地便利、创业孵化和跟踪服务。要继续推进创业示范城市建设，健全评估机制，发挥创业引领作用。要转变就业观念，增强劳动者特别是青年人的创业意识，努力营造良好的创业氛围。要完善扶持创业的优惠政策，形成政府激励创业、社会支持创业、劳动者勇于创业新机制。

4. 增强失业保险制度预防失业、促进就业功能

失业保险制度是世界各国基本成熟、模式相对统一的一项社会保险制度，其基本功能主要包括预防失业、保障生活、促进就业 3 个方面。而且，为了减少失业人员对生活救助的过度依赖和避免养懒汉，各国都把失业保险基金的使用重点更多转向预防失业和促进就业，注重发挥失业保险的积极作用。国内的失业保险制度建立较晚，其基本功能重点定位在保障失业人员基本生活上，预防失业和促进就业的功能丧失，亟待从制度上加快推进改革。积极开展改革试点，扩大失业保险基金使用范围，使之更多用于预防失业和促进就业。

5. 完善城乡均等的公共就业创业服务体系

要加强基层公共就业创业服务平台建设，努力构建覆盖城乡的公共就业创业服务体系，为城乡劳动者提供均等化的就业创业服务。同时，要进一步完善人力资源市场管理制度，积极发展人力资源服务业，健全人力资源合理流动机制和市场监管机制，建立充满活力的人力资源市场，更好发挥市场配置人力资源的决定性作用。

6. 构建劳动者终身职业培训体系

要进一步健全面向全体劳动者的职业培训制度，完善就业技能培训、岗位

技能提升培训和创业培训工作机制，使每个劳动者都有机会接受相应的就业技能培训，使每个企业职工都能得到技能提升培训，使每个创业者都能参加创业培训。完善相关政策和措施，创新技能人才培养模式，搭建技能人才职业发展通道，构建适合劳动者职业生涯发展不同阶段需求的终身职业培训体系。健全政府职业培训补贴制度，提高补贴资金的使用效益，发挥政府补贴的激励和引导作用。

B.16

2013～2014年河南省居民消费价格走势分析

刘明宪　郑东涛　田少勇　王建国*

摘　要：

2013年，河南省居民消费价格总水平同比上涨2.9%；2014年支撑和抑制的因素并存，预计河南省居民消费价格将会平稳走高，呈现较温和的上涨态势。

关键词：

河南　居民消费价格　走势分析

2013年，在全国经济增速回落的大背景下，河南经济主要指标的增幅也出现回落，增长放缓。随着一系列稳增长政策措施的落实并取得成效，进入第二季度，全省经济呈现出趋稳回升、稳中有进、稳中向好的积极态势。作为经济"晴雨表"的居民消费价格指数（CPI）反应灵敏，2013年前三季度平稳上扬，第四季度小幅回落，全年呈现温和上涨态势，涨幅较2012年有所扩大。综合考虑经济发展前景和CPI运行趋势，2014年河南省居民消费价格将会平稳走高，呈现较为温和的上涨态势。

一　2013年河南省居民消费价格总体运行情况

2013年河南省居民消费价格总体温和上升，全年同比上涨2.9%，其中城市上涨2.9%，农村上涨2.9%。

---

* 刘明宪、郑东涛、田少勇、王建国，河南省地方经济社会调查队。

1. 价格总水平涨幅扩大

2013 年全省居民消费价格同比上涨 2.9%，较上年同期的 2.5% 高出 0.4 个百分点。分季度看，第一季度同比涨幅为 2.6%，第二季度为 2.7%，第三季度为 3.2%，第四季度小幅回落至 3.0%。

2013 年八大类商品和服务价格同比全部上涨，六类价格涨幅低于 2012 年。其中食品类上涨 5.6%，涨幅比 2012 年同期高 2.0 个百分点；烟酒类上涨 0.4%，涨幅比 2012 年同期低 3.0 个百分点；衣着类上涨 2.5%，涨幅比 2012 年同期低 0.7 个百分点；家庭设备用品及维修服务类上涨 1.5%，涨幅比 2012 年同期低 1.3 个百分点；医疗保健和个人用品类上涨 1.5%，涨幅比 2012 年同期低 0.4 个百分点；交通和通信类上涨 0.2%，涨幅比 2012 年同期低 0.5 个百分点；娱乐教育文化用品及服务类上涨 2.9%，涨幅比 2012 年同期高 1.7 个百分点；居住类上涨 1.9%，涨幅比 2012 年同期低 0.6 个百分点。

2. 河南 CPI 涨幅居中部第 2 位

2013 年全国 CPI 同比上涨 2.6%，河南上涨 2.9%，高于全国平均水平 0.3 个百分点，位居全国第 13 位，与吉林并列；在中部 6 省位居第 2 位。周边其他省份涨幅分别为：山西 3.1%、湖北 2.8%、江西 2.5%、湖南 2.5%、安徽 2.4%。

二　2013 年河南省居民消费价格运行主要特点

2013 年河南省居民消费价格运行过程主要呈现结构性、季节性波动特点。

1. CPI 各月同比走势

2013 年各月 CPI 同比分别上涨 1.8%、3.7%、2.1%、2.5%、2.4%、3.2%、3.2%、3.1%、3.4%、3.5%、3.2%、2.4%，前三季度呈逐波走高态势，四季度逐月回落。其中，1~2 月受春节错月影响，同比涨幅波动较大；3~10 月维持上涨态势，其中 6~10 月涨幅均在 3.0% 以上；11~12 月连续回落（见图 1）。

2. CPI 各月环比走势分析

2013 年各月 CPI 环比涨幅分别为 1.3%、1.3%、−1.2%、0、−0.8%、

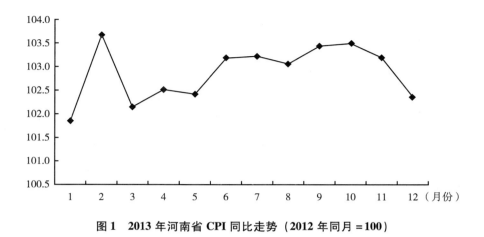

图1　2013年河南省CPI同比走势（2012年同月＝100）

0.1%、0.2%、0.4%、0.8%、－0.2%、0、0.3%。1～2月受低温雾霾天气、元旦春节等因素影响，环比上涨幅度较大，其中食品类分别上涨4%、3.1%，带动CPI上升较多，3～5月随着节日因素消退和天气转暖，食品价格的明显回落带动CPI下降。6～12月市场价格环比波动幅度不大，基本呈现正常的季节性波动（见图2）。

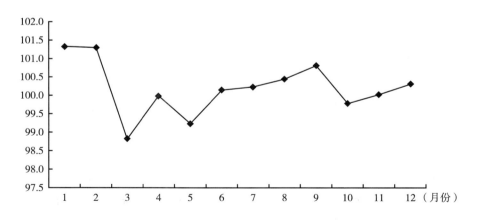

图2　2013年河南省CPI各月环比变化情况（上月＝100）

3. 翘尾因素影响较大

2013年全省居民消费价格同比2.9%的涨幅中，翘尾因素为1.3个百分点，占CPI涨幅的44.8%。其中5～8月翘尾因素对各月CPI同比的影响程度

分别为75%、75%、68.8%、51.6%，翘尾因素持续较高，是第二、第三季度CPI回升的重要因素。

4. 食品类价格涨幅首当其冲，结构性特征明显

2013年第一至四季度食品类价格同比分别上涨4.4%、5.0%、6.8%、6.1%，全年同比上涨5.6%，涨幅比2012年扩大2个百分点，带动CPI上升1.71个百分点，对CPI的影响程度为59%，其中，粮食、肉禽及其制品、鲜菜、在外用膳价格分别上涨6.6%、4.8%、10.3%、6.7%，带动CPI上升0.19个、0.34个、0.31个和0.47个百分点。

5. 服务项目价格上涨影响逐渐增强

2013年服务类价格同比上涨3.4%，涨幅较2012年扩大1个百分点，带动CPI上升0.95个百分点，对CPI的影响程度为32.8%。房租、家政服务、个人服务、教育服务、娱乐服务类上涨突出。2010~2013年，河南服务项目价格同比分别上涨1.86%、3.8%、2.4%和3.4%，对CPI的影响程度分别为13.3%、19.2%、26.4%和32.8%，对CPI的影响逐渐增强。

6. 鲜菜、鸡蛋价格的季节性波动对CPI环比影响较大

2013年1~3月，正值元旦、春节、元宵节等传统节假日，鲜菜受集中消费以及天气寒冷影响，前两个月全省鲜菜价格环比分别上涨20.4%、13.2%；3月环比下降19%，对当月CPI环比的影响程度分别为48.5%、36.9%、64.1%。5月随大量季节蔬菜的集中上市，鲜菜价格环比下降18.1%，对当月CPI环比的影响程度达到81.3%。6月CPI环比上涨0.1%，其中肉禽及其制品价格环比上涨5.1%，影响居民消费价格总水平上涨0.34个百分点；而鲜菜价格环比下降6.8%，影响居民消费价格总水平下降0.20个百分点。7月，由于雨水偏多，天气持续高温，鲜菜价格环比上涨5.5%，对CPI环比的影响程度达到75%。8月，天气持续高温干旱，导致蔬菜价格和肉蛋价格环比出现不同程度上涨，其中鲜蛋价格涨幅最高，环比上涨13.8%，影响居民消费价格总水平上涨0.13个百分点；鲜菜价格，环比上涨5.6%，影响居民消费价格总水平上涨约0.16个百分点，两项合计对CPI环比的影响达到72.5%。9月，由于中秋节和国庆节效应，导致蔬菜水果价格和肉蛋禽价格环比出现不同程度上涨，其中鲜菜上涨超过7%，鲜蛋上涨10.8%，两项合计对CPI环比的影响超过 37.5%。10 月 CPI 环比下降 0.2 个百分点，其中鲜蛋价格下降 13.5%，对总指数的影响程度达到 80%。

三 影响 2013 年河南省居民消费价格走势的主要因素

1. CPI 同比上涨的成因

（1）翘尾影响。2013 年居民消费价格同比涨幅 2.9% 中，来自 2012 年价格上涨的翘尾因素为 1.3 个百分点，占 CPI 涨幅的 44.8%，成为推升 CPI 的主导因素。

（2）宽松的货币环境。2013 年，美联储退出量化宽松政策（QE）无实质性进展，欧洲央行继续维持超低利率，日本推行"安培政策"，全球继续维持宽松的货币环境，流动性依旧泛滥，从而导致基础生活必需品的价格居高不下。

（3）经济回暖，需求平稳增长。初步预计，河南省 2013 年生产总值同比增长 9% 左右，较年初加快 0.6 个百分点左右。1～11 月，全省固定资产投资同比增长 23.3%，进出口总值同比增长 13.6%；前三季度，全省批发零售业商品销售额增长 15.5%，分别比上半年、一季度加快 0.6 个和 2.1 个百分点。

（4）成本不断上升。为落实居民"收入倍增"计划，河南省 2013 年 1 月 1 日起，执行新的最低工资标准，平均上调 150 元，劳动力成本上升成为中长期趋势。此外，养殖成本、种植成本、流通成本、土地成本的不断增加，推升了牛肉、蔬菜、粮食等部分农产品价格。

2. 抑制 CPI 升幅的主要因素

（1）国内生活和工业消费品的产能充足，而消费需求相对较弱。2013 年以来，国内主要生活和工业消费品供应充足，然而受相关政策影响，白酒、餐饮、住宿等行业消费增速明显放缓，加之汽车下乡、家电下乡、家电节能补贴等政策相继退出，使消费需求相对减弱。1～11 月，河南省社会消费品零售总额同比增速为 2006 年以来最低；前三季度，城镇居民人均消费支出增幅为 2005 年以来最低。

（2）工业生产者出厂价格指数（PPI）持续下跌。河南省工业生产者出厂

价格指数同比自 2012 年 6 月至 2013 年 12 月已连续下降 19 个月，2013 年下半年虽然开始回升，但仍在负值区间运行。上游产品价格的持续下跌，减轻了下游消费品价格上涨的动力。

（3）农业生产势头良好。2013 年，河南省粮食产量实现十连增，畜牧业生产平稳发展，农业生产总体形势良好，农产品价格虽受成本影响有所上涨，但涨幅有限。2013 年河南省农产品生产者价格同比上涨 2.6%，较 2012 年回落 0.3 个百分点。其中，第一季度同比上涨 2.4%，第二季度同比下降 0.2%，第三季度同比上涨 6.7%，第四季度同比上涨 2.6%。第四季度同比回落较大，对抑制 CPI 全年上涨幅度起到至关重要的作用。

四　2014 年河南省居民消费价格走势研判

展望 2014 年，在国际经济总体趋于好转，我国经济基本面依然向好的大环境下，虽然劳动力成本上升、资源价格改革等因素将推高物价涨幅，但受输入性通胀压力较轻、产能过剩、粮食丰收、翘尾因素减弱等因素的抑制，物价涨幅将较为温和。

1. 抑制物价上涨的因素

（1）输入性通胀压力较轻。作为大宗商品的主要需求方，新兴经济体将面临经济增长减缓和全球金融收紧的双重挑战，对大宗商品的需求增速将有所回落。随着国际局势缓和，地缘政治对大宗商品价格的冲击将减弱。综合来看，预计 2014 年大宗商品价格将呈现稳中有降的态势，输入性通胀压力不大。

（2）需求疲软，产能过剩。由于世界经济复苏缓慢，我国经济增长减速、房地产限购等多重因素，钢铁、水泥、煤炭等行业需求持续疲软，市场供给大于需求情况会持续存在，工业品出厂价格难以大幅回升，产能过剩局面仍将维持。

（3）粮食实现十连增。2013 年，全国及全省粮食产量实现十连增。粮价稳则百价稳，粮食供给的增加对保障供应和稳定物价将发挥基础性的作用。

（4）翘尾因素减弱。2014 年翘尾因素维持较低水平，经测算，2013 年

CPI 翘尾因素为 1.3 个百分点，2014 年 CPI 翘尾因素为 0.8 个百分点，比 2013 年低 0.5 个百分点。翘尾因素的回落在一定程度上将抑制 2014 年 CPI 的涨幅。

2. 推动物价上涨的因素

（1）国际经济大环境总体趋于好转。目前世界经济合作组织 34 个成员整体领先指标处于 2011 年 6 月以来的最高水平，显示欧美等发达经济体经济复苏明显。2013 年 11 月，摩根大通公司全球制造业采购经理人指数（PMI）达 53.2，创下自 2011 年 5 月以来的最高值，表明全球制造业仍处上升趋势。预计 2014 年发达经济体复苏态势总体好于 2013 年。

（2）经济基本面依然向好。我国经济长期向好的基本面没有发生根本改变，我国仍处在重要战略机遇期，经济仍具有保持平稳快速增长的条件和潜力，在全面深化改革的推动下，2014 年我国经济有望继续保持稳中有升的格局。随着粮食生产核心区、中原经济区、郑州航空港经济综合实验区三大战略规划的加快实施，河南在全国大局中的战略地位将更加突出，基础设施、发展载体、人力资源等支撑能力将不断增强，长期积蓄的发展潜力和发展后劲将进一步释放，有助于推动河南经济稳定回升。

（3）劳动力成本不断上升。2011 年劳动年龄人口正式进入负增长的历史拐点，从 2011 年的峰值 9.40 亿人下降到 2012 年的 9.39 亿人和 2013 年的 9.36 亿人，劳动力供给格局开始发生转变。截至 2013 年 12 月 31 日，共有北京、浙江、河南、贵州等 26 个省（自治区、直辖市）和深圳市调整了最低工资标准，最低工资平均调增幅度近 18%。为落实居民"收入倍增"计划，2014 年国家将连续第十次上调企业退休职工养老金。劳动力资源短缺，最低工资标准提高，将使 2014 年劳动力成本继续上升。不断上升的劳动力成本将在一定程度上拉升物价涨幅。

（4）资源性产品、公共产品价格改革。2014 年，我国将全面深化资源性产品和公共产品价格改革，推进水、石油、天然气、电力、交通等领域价格改革。随着改革推进，基本生活资源价格上涨将是大的趋势，这将在一定程度上推高物价涨幅。

（5）猪肉价格的周期性影响。始于 2012 年 12 月底的猪肉价格上涨周期，

经过 2013 年一年的平稳过渡，基本得到确认。根据历史经验，猪肉价格上行周期一旦确立，上涨阶段的涨幅将明显高于下降阶段的降幅，因此，2014 年猪肉价格面临较强的上涨预期，将对 CPI 产生较强的向上推动作用。

综合判断，2014 年物价涨幅较 2013 年有所扩大，政府对资源性产品、公共产品价格改革以及劳动力成本价格变动应予以重点关注，预计 2014 年 CPI 将会平稳走高，呈现较为温和的上涨态势。

专题研究篇

B.17

河南省工业结构调整升级的
重点产业选择

王世炎 朱启明 王学青 李 鑫*

摘　要：

为深入贯彻落实国家关于深化产业结构战略性调整的总体要求，研究确定今后一个时期河南产业结构战略性调整的总体思路、主攻方向、发展重点和政策措施，本文以产业生命周期理论为基础，并借鉴了日本学者金子京生在《战后日本的工业结构》中提出的"产业增长率和产业生命周期相结合进行产业成长性评价"的方法，对全省201个工业行业中类进行了比较分析，选择推进河南工业结构战略性调整升级的重点成长性产业与新兴产业。

关键词：

工业结构　调整升级　重点产业　选择

---

* 王世炎、朱启明、王学青、李鑫，河南省统计局。

金融危机以来，河南省着力推动工业转型升级，煤炭、有色、黑色、纺织服装产业链延伸、附加值提高，装备制造、食品加工、建材、汽车产业稳定发展，电子信息、生物医药等新兴产业快速发展，工业结构调整取得了显著成效。但到 2012 年，全省有色、钢铁、化工、非金属、煤炭、电力、石油加工及炼焦等周期性特征明显的能源原材料工业比重仍然高达 50.3%，而电子信息、生物医药等增长较快的产业总量过小。在当前市场需求不足、工业增速普遍回落的大环境下，能源原材料工业增速普遍较低，增速高的新兴产业又难以为工业增长提供有力支撑。顺应国际产业发展方向和演进规律，充分发挥区域比较优势，重点发展一批具有较高成长性、较强竞争力又在工业经济占一定比重的产业，将其尽快培育成保持工业稳定较快增长的支柱性产业，对进一步加快工业结构调整、打造河南工业"升级版"意义重大。

一 成长性与新兴性产业选择标准

成长性产业是指处于产业生命周期成长阶段的、伴随着技术创新、产业创新、企业创新、组织创新和市场需求不断扩大，在较长一段时期内具有较高增长率的产业，成长性产业具有成长性好、附加值高、竞争力强等特征。新兴产业是处于产业生命周期的萌芽阶段与成长阶段的、依托新技术的突破或既有的技术改进和创新而形成的产业，新兴产业具有成长性好、附加值高、资源消耗少等特征。因此，把成长性好、附加值高、竞争力强、资源消耗少作为成长性与新兴产业的选择标准。

1. 成长性好

本文参考日本学者金子京生在《战后日本的工业结构》中提出的将产业增长率和产业生命周期相结合的方法，选用增加值增速来衡量工业中各个行业的增长率，用平面坐标体系的纵轴表示第一个时期工业的各个行业的年均增速，用横轴表示其在第二个时期的年均增速，并用这两个时期全省工业的平均增速将坐标系划分为四个象限。其中，第一象限的行业在两个阶段的平均增速均高于全省平均增速，符合成长性产业定义中"在较长的一段时期内具有较高增长率"的要求，因此可将其初步认定为成长性产业；第四象限的行业在第一阶段的平均增速低于全省平均增速，第二阶段高于全省平均增速，可将其初步认定为新兴产业。

利用河南省十年来的工业各行业中类统计资料，可以计算出 2003～2008 年和 2009～2012 年这两个时期内河南工业及各行业中类的工业增加值平均增速。在 2003～2008 年，整个河南工业的增加值平均增速为 22.4%，而超过这一平均增速的行业有：塑料人造革及合成革制造业、稀有稀土金属冶炼业、蔬菜、水果和坚果加工业等 112 个行业中类。从 2009～2012 年的情况来看，整个河南工业的增加值平均增速为 16.9%，而超过这一平均增速的行业有通信设备制造业、体育用品制造业、专用仪器仪表制造业等 123 个行业中类。

据此，我们可以利用工业各行业中类在 2003～2008 年和 2009～2012 年的年均增速绘出一个坐标图（见图 1），其纵轴表示 2003～2008 年河南工业各行业中类的年均增速，横轴表示其在 2009～2012 年的年均增速，黑点表示具体的行业。

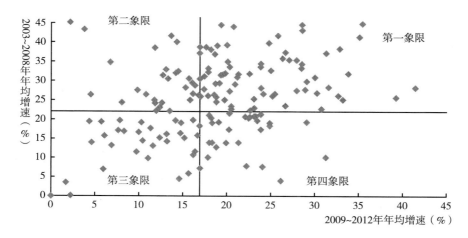

图 1　河南工业各行业中类增速

从图 1 可以看出，位于第一象限，即在 2003～2008 年以及 2009～2012 年这两个时期增加值平均增速均高于全省工业增速的有：稀有稀土金属冶炼业、工艺美术品制造业等 83 个行业中类，可初步认定为河南的成长性产业；位于第四象限，即在 2003～2008 年低于全省工业平均增速、而在 2009～2012 年高于全省工业平均增速的有：通信设备制造业、电子元件制造业等 41 个行业中

155

类，可初步认定为河南的新兴产业。

2. 附加值高

本文采用工业增加值率来衡量附加值。工业增加值率指的是工业增加值占工业总产出的比重。成长性产业由于市场前景良好，投资于此行业的厂商数量快速增加，产品也逐步从萌芽时期的单一、低质，向多样、优质方向发展，具有较高的产品附加值。新兴产业一般具有大量的核心技术和知识产权，具有较强的增值能力，更容易获得超额利润，增加值率也更高。利用河南省工业各行业中类统计资料可以计算出各行业的增加值率，并以是否大于 2012 年全省平均水平为标准，筛选出船舶及相关装置制造、有色金属铸造等 120 个行业中类。

3. 竞争力强

本文采用区位商来衡量行业竞争力。区位商是指一个地区特定部门的产值在地区工业总产值中所占的比重与全国该部门产值在全国工业总产值中所占比重之间的比值。以 Q 表示区位商，N_1 为研究区域某部门产值，A_1 为研究区域所有部门产值，N_0 为全国某部门产值，A_0 为全国所有部门产值，则区位商的一般表达式为：

$$Q = \frac{\frac{N_1}{A_1}}{\frac{N_0}{A_0}}$$

成长性产业具有较强的竞争能力，其区位商会比较高，我们规定区位商大于 1 的行业符合竞争力强的标准。利用河南省及国家工业各行业中类统计资料可以计算出各行业的区位商。以区位商大于 1 为标准，则可筛选出耐火材料制品制造业、石墨及其他非金属矿物制品制造业等 72 个行业中类。

4. 资源消耗少

本文利用万元增加值能耗来衡量资源消耗水平。万元增加值能耗是指一个国家或地区在一定时间内单位工业增加值消耗的能源量。新兴产业应具有较低的资源消耗水平和较小的环境影响。利用河南省工业各行业增加值及能源消费量可以计算出各行业的万元增加值能耗，并以是否低于全省平均水平为标准，筛选出竹、藤、棕、草等制品制造、通信设备制造等 163 个行业中类。

二 成长性与新兴性产业识别与选择结果

1. 成长性产业识别与选择结果

根据选择标准，将同时符合"成长性好"、"附加值高"和"竞争力强"标准的行业选择为河南工业成长性产业，包括食品、纺织服装、纸制品、工艺美术品、医药、新型建材、金属制品、成长性装备和汽车制造 9 大产业、22个行业（1 个行业大类、21 个行业中类）。具体选择结果见表 1。

表 1　河南省成长性产业选择结果

产业名称	行业名称及代码	主要涉及内容	代表性企业
食品类	饮料制造（152）	碳酸饮料、瓶（罐）装饮用水、果菜汁饮料、含乳饮料及植物蛋白饮料	乐天奥的利、郑州顶津食品、新乡娃哈哈昌盛饮料
纺织服装类	麻纺织及染整深加工（173）	麻纤维纺前加工和纺纱、麻织造加工、麻染整精加工	合昌纺织、通利黄麻精纺、裕鑫麻纺
	毛皮鞣制及制品加工（193）	毛皮鞣制、毛皮服装、其他毛皮制品	隆丰皮草、凯华皮革、信慧实业
纸制品类	纸制品制造（223）	纸和纸板容器、其他纸制品	舒莱用品、龙源纸业
工艺美术品类	工艺美术品制造（243）	花画工艺品、天然植物纤维编织工艺品、抽纱刺绣工艺品、珠宝首饰	华德永佳地毯、瑞贝卡控股恒源发制品、东方刺绣
医药类	化学药品原药制造（2710）	抗生素、激素类药、心血系统用药	刘庄农工商联合社、天方药业、开封制药
	兽用药品制造（2750）	兽用化学药品、兽用中草药、兽用疫苗	凯森植化、联美利华生物科技、宝树生物科技
新型建材类	石膏、水泥制品及类似制品制造（302）	砼结构构件、石棉水泥制品、轻质建筑材料	建喜建筑材料、双龙建材、华强现代建筑材料
	砖瓦、石材等建筑材料制造（303）	建筑陶瓷用品、防水建筑材料、隔热及隔音材料	钛强新型墙材、亚坤实业、宏基墙体建材
	玻璃制品制造（305）	技术玻璃制品、光学玻璃制品、玻璃仪器	积玉玻璃制品、华宝玻璃、泰华公司
	耐火材料制品制造（308）	石棉制品、云母制品、耐火陶瓷制品	耕生耐材、洛新耐火材料、中州耐材
	石墨及其他非金属矿物制品制造（309）	石墨及碳素制品、超硬材料制品、固结磨具	黄河实业、西保冶材、飞孟金刚石

续表

产业名称	行业名称及代码	主要涉及内容	代表性企业
金属制品类	稀有稀土金属冶炼（323）	钼钨冶炼、稀土金属冶炼、放射性金属冶炼	嵩山电热元件、河南威达金属、建业高温材料、嵩山钨钼材料
	有色金属合金制造（3240）	常用有色金属合金、硬质合金贵金属合金	中船重工七二五所、维多利工贸、格兰达镁业
	有色金属压延加工（326）	铜压延加工、铝压延加工、铅锌压延加工	金龙精密铜管、中铝洛阳铜业、万达铝业、明泰铝业
成长性装备类	物料搬运设备制造（343）	起重机、电梯、自动扶梯及升降机	卫华集团、豫飞重工
	黑色金属铸造（3130）	铸铁件 铸钢件	洛阳薪旺投资、禹州市新光铸造
	印刷、制药、日化及日用品生产专用设备制造（354）	制浆和造纸专用设备、印刷专用设备、日用化工专用设备、制药专用设备	大指造纸装备集成工程、崇义轻工机械、温县青峰机械、武陟县豫牛机械铸造
	医疗仪器设备及器械制造（358）	医疗诊断、监督及治疗设备、口腔科用设备及器具、医用消毒设备和器具、医疗、外科及兽医用器械	曙光健士医疗器械、宇安医用卫生材料、新乡市驼人器械、林氏化学新材料
	照明器具制造（387）	电光源制造、灯用电器附件	濮阳县家雄灯饰、河南新光灯饰、新光玻璃制品、濮阳华珍电子
	光学仪器及眼镜制造（404）	光学仪器制造、眼镜制造	河南中光学集团、南阳森霸光电、利达光电股份、河南平原光电
汽车制造类	汽车制造（36）	汽车整车制造、改装汽车制造、汽车车身、挂车制造、汽车零部件及配件制造	宇通客车、日产乘用车、日产汽车、中原内配

2. 新兴性产业识别与选择结果

根据选择标准，将同时符合"成长性好"、"附加值高"和"资源消耗少"标准的行业选择为河南工业新兴性产业，包括日用化工、生物医药、新兴性装备、航空航天、电子信息、循环经济六大产业、15 个行业（1 个行业大类、14 个行业中类）。具体选择结果见表2。

表2　河南省新兴性产业选择结果

产业名称	具体行业名称及代码	主要涉及内容	代表性企业
日用化工类	日用化学产品制造（268）	化妆品制造、香精香料制造、口腔清洁用品制造、肥皂及合成洗涤剂制造	新乡立白实业、百川汇宝香料、开封市威亮实业、维立特化工
生物医药类	生物药品制造（2760）	生物化学药品、氨基酸及蛋白质类药品、人用疫苗、血液制品、生物制剂	财鑫集团、华兰生物、嵩阳生物工程、拓新生化科技
新兴性装备类	金属工具制造（332）	切削工具制造、手工具制造、园林用金属工具制造	中金嵩县嵩原黄金冶炼、河南双鑫钢铁、郑州市钻石精密制造
	金属制日用品制造（338）	金属制厨房用器皿、金属制餐具和器皿、金属制卫生器具	河南华帮电器饮具、禹州市金特丽薄板、安阳红岩铁合金、崇泰五金工业
	其他金属制品制造（339）	交通及公共管理用金属标牌制造、锻件及粉末冶金制品制造	洛阳一拖东方实业、新乡中联集团、中原特钢
	化工、木材、非金属加工专用设备制造（352）	炼油、化工生产专用设备制造、橡胶加工专用设备制造、塑料加工专用设备制造、木材加工机械制造、模具制造	登封市蓝天石化光伏电力装备、六邦橡塑工业、曼联机械装备、华强深孔制造
	环保、社会公共服务及其他专用设备制造（359）	环境保护专用设备制造、地质勘查专用设备制造、邮政专用机械及器材制造	洛阳众通铝业、郑州越达自动化焊接设备
	其他电气机械及器材制造（389）	交通运输工具专用信号装置的制造、电解设备及装置制造、粒子加速器制造	鸿达机械设备、金宇通信器材、天正电器装配、千秋电气设备修造
航空航天类	航空、航天器及设备制造（374）	飞机制造、航天器制造、航空、航天相关设备制造	中航光电、郑飞公司、奥巴车辆、郑州航天电子
电子信息类	通信设备制造（392）	通信系统设备制造、通信终端设备制造	鸿富锦精密电子、东阳东磁磁材
	广播电视设备制造（393）	广电节目制作及发射设备制造、广电接收设备及器材制造	洛阳市诚顺电子、威科姆科技、河南森海电气、洛阳神马电缆、河南乐山电缆
	电子器件制造（396）	电子真空器件制造、半导体分立器件制造、集成电路制造、光电子器件制造	阿特斯光伏、尚德太阳能、天扬光电、金龙电器、国控宇飞电子玻璃
	电子元件制造（397）	电子元件及组件制造、印刷电路板制造	钧鼎电子科技、富泰华精密电子、泌阳县敏洲科技
	其他电子设备制造业（3990）	噪音与振动控制设备制造、电子加速器制造	生茂光电、河南辉煌科技、周口凯立美电子、新开普电子
循环经济类	废弃资源综合利用业（42）	金属废料和碎屑加工处理、非金属废料和碎屑加工处理	沁阳市锌茂化工、舞钢宝润实业

三 成长性与新兴性产业发展现状与前景预测

2009～2012 年，河南成长性与新兴性产业实现增加值年均分别增长 22.6%、43.7%，增幅高于同时期全省平均水平 5.7 个和 26.8 个百分点；2012 年，成长性与新兴性产业合计实现增加值仅占全省的 26.6%，但对全省工业增长的贡献率达到 34.8%（见表3），涌现了富士康、华兰生物、郑州日产、瑞贝卡、黄河集团等一大批发展潜力和带动效应较强的龙头骨干企业，逐步显现出强劲的国际国内竞争实力。

据测算，如果全省工业中成长性与新兴性产业在未来几年均保持着2009～2012 年的年均增速，到 2015 年，成长性与新兴性产业实现增加值将占全省工业的 33.2%；并将于 2020 年超过 50%，有望成为打造河南经济升级版、推动产业转型升级、构建产业发展新体系的核心所在。

表3 河南省成长性与新兴性产业发展情况

单位：%

行业类别	2008～2012 年年均增速	2012 年实现增加值占比	2012 年对全省工业增长的贡献率
成长性产业	22.6	22.4	22.6
食品类	20.1	0.9	0.9
纺织服装类	20.0	0.8	1.1
纸制品类	17.9	0.6	0.7
工艺美术品类	17.4	0.8	0.8
医药类	24.3	0.8	0.8
新型建材类	22.1	10.1	10.2
金属制品类	20.2	2.2	2.4
成长性装备类	27.8	3.4	3.3
汽车制造类	24.1	2.8	2.4
新兴性产业	43.7	4.2	12.2
日用化工类	24.1	0.3	0.4
生物医药类	18.8	0.1	-0.1
新兴装备类	25.0	1.3	1.3
航空航天类	24.8	0.1	0.1
电子信息类	89.2	2.2	10.3
循环经济类	44.0	0.2	0.2

B.18 BLUE BOOK

新时期河南省粮食不同规模
种植效益比较

刘明宪　郑东涛　杨冠军　刘露霞 *

摘　要：

2013 年 7 月专题调查了河南省 150 个不同规模种粮大户当年小麦投入产出情况。本次调查分析结果认为，在现有生产条件下，河南省粮食规模种植面积保持在 200 亩左右较为合理。

关键词：

河南粮食　规模种植　效益比较

据统计，目前全省规模种粮户已超过 1.1 万户，规模种粮已在稳定粮食生产，提高农业经营效益，保障粮食安全中发挥重要的作用。那么在当前生产力发展水平和土地家庭联产承包体制下，经营多大规模的面积，才能更加合理有效地配置各种资源，更好地发挥规模经营的优势，获得最佳的单位收益呢？2013 年 7 月，课题组为此对全省 150 个不同规模种粮大户当年小麦投入产出情况进行了专题调查。通过对小麦生产过程中的各种生产性投入和单位面积的产出收益情况全面分析后，得出了有价值的研究结果。

一　调查样本基本情况

本次调查的 150 个种粮大户，分布在全省 17 个省辖市，每个省辖市根据所辖县（市、区）多少抽选调查 1 ~ 3 个不等的县（市、区）。调查对象为独

---

* 刘明宪、郑东涛、杨冠军、刘露霞，河南省地方经济社会调查队。

立承包、独立耕种、独立管理、独立收获且种植面积在 50 亩以上的粮食规模种植户业主。调查采取由县级专业调查人员携带调查问卷与规模种粮户业主面对面交流。调查内容为 150 个规模种粮户 2013 年种植小麦的各种生产投入和收益情况。其中生产投入主要指生产过程中投入的各种物质费用、生产服务支出和人工费用，不包括土地成本。物质费用主要包括种子、肥料、农药等；生产服务支出主要包括机耕费、机播费、排灌费、机收费等（自购机械的使用费按当地租价计算）；人工费用包括标准用工天数（一个中等劳动力工作 8 小时为一个标准劳动日）和劳动日均工价（自己出工按当地雇工价计算）。为便于收益比较，计算各种规模种粮产值时所用小麦价格均为 2013 年国家最低保护收购价，同时核算亩均生产收益时也不包括种粮的各种补贴。

本次调查按照规模种粮面积的大小，将结果分为 50～100 亩、101～300 亩、301～500 亩、501～700 亩、701～1000 亩、1001 亩以上等 6 个组别。6 个组别户均人口分别为 4.9 人、4.9 人、4.5 人、5.5 人、5.1 人、4.6 人，家庭平均劳动力分别是 3.1 个、2.6 个、2.5 个、3.3 个、2.5 个、2.3 个，每个组别 2013 年平均种植小麦面积依次是 68 亩、171 亩、381 亩、598 亩、910 亩和 1162 亩。

二 不同规模种粮生产投入情况比较：500 亩以下规模，面积越大亩均投入越少；超过 500 亩后亩均投入不减反增

调查结果显示，6 个组别 2013 年种植每亩小麦投入的生产成本依次是 551.2 元、494.1 元、478.3 元、481.3 元、483.7 元、486.1 元。亩均投入最多的是 50～100 亩组为 551.2 元，亩均投入最少的是 301～500 亩组为 478.3 元。最多和最少之间相差 72.9 元，幅度达 15.2%。结果表明，随着规模的扩大亩均投入逐渐减少，但是当超过一定规模后，亩均投入不减反增。

1. 物质投入情况比较：规模越大亩均投入越少

6 个组别 2013 年种植小麦的亩均物质投入为，300 亩以下的平均投入

较多，亩均接近 250 元；规模较大组平均投入较少，1001 亩以上组亩均约 230 元，与 300 亩以下的相差约 20 元、幅度约 8%。其中，6 个组别亩均用种额显示，随着规模的扩大，亩均用种额逐渐减少，种植规模在 1001 亩以上组的亩均用种额比种植面积在 300 亩以下的种粮大户约少 5 元，低 9.6%。6 个组别亩均用肥的趋势和用种一样，也是随着种植规模的逐渐扩大，亩均费用逐渐减少，种植面积在 1001 亩以上的组亩均用肥比 100 亩以下的组少 15.7 元，低近 10%。6 个组别亩均用药的趋势虽然没有用种、用肥那么明显，但总体上也是随着种植规模的扩大亩均费用趋于减少（见表 1）。原因是在当前种植和管理水平以及种植习惯基本相当的情况下，各地亩均用种、用肥、农药的量基本没有大的差别，但是随着种植规模的扩大，所需种子、化肥、农药等物质的总量却差别明显，种植规模越大，所需种子、化肥、农药等农资的量就越多，购买的价格就越优惠，单位支出额相应就会减少。

表 1　不同组别亩均物质费用

单位：元

面积分组（亩）	50～100	101～300	301～500	501～700	701～1000	1001 以上
费用总计	249.5	247.2	235.5	234.7	229.3	229.8
其中:种子	51.3	49.7	48.5	47.4	46.8	46.4
化肥	172.5	169.5	165.0	161.7	158.2	156.8
农药	25.7	27.3	22.0	24.6	23.3	24.5

2. 生产服务支出情况比较：规模越大亩均支出越少

6 个组别亩均生产服务支出上，50～100 亩组的投入最多，1001 亩以上组的投入最少，两者相差 21 元之多，幅度超过 10%。其中 6 个组别亩均机耕费、机播费、排灌费、机收费显示：在生产服务支出的费用和物质投入支出的费用在趋势上表现基本一致，即随着种植规模的逐渐扩大，亩均投入逐渐减少。调查结果显示，由于 53.3% 的种粮大户在农业生产经营中是靠租用机械完成的，所以在生产服务支出上自然也和物质投入一样，机械作业面积越大租用单位价格越低，尤其在大型机械的使用费上表现更为明显。1001 亩以上组

的亩均机收费平均是 43.6 元，而 50～100 亩组的亩均机收费是 52.8 元，两者相差 9.2 元，亩均费用下降 17.4%（见表 2）。

表 2 不同组别生产服务支出

单位：元

面积分组（亩）	50～100	101～300	301～500	501～700	701～1000	1001 以上
费用总计	163.4	154.8	149.4	146.5	143.0	142.4
其中：机耕费	57.3	53.1	55.3	55.1	52.2	54.6
机播费	15.1	15.0	13.1	12.1	12.3	12.7
排灌费	38.2	40.0	36.3	33.4	34.6	31.5
机收费	52.8	46.7	44.7	45.9	43.9	43.6

3. 人工支出比较显示：种植面积在 301～500 亩的人工费用最低

本次调查结果显示，301～500 亩组的亩均人工支出，比前两组 50～100 亩组和 101～300 亩组都少，但是种植面积超过 500 亩后，人工支出费用就出现了不减反增的态势。原因是，土地家庭联产承包的经营体制和耕地自愿流转的特点，决定了绝大多数规模种粮户经营的耕地还不能连成片，而是分散为几片甚至几十片，因此在耕种土地还比较零碎的情况下，当规模超过一定程度时，管理难度自然加大，尤其是在气候异常或病虫害发生较重的时候，需要使用较多的人员加大对农作物生产情况的巡查和管理力度，用工数量自然就会增多。如 50～100 亩组，2013 年亩均标准用工天数是 2.6 天，101～300 亩组和 301～500 亩组的是 1.7 天，但是 701～1000 亩组和 1001 亩以上组的用工天数分别是 2.2 天和 2.3 天。所以尽管长期雇工日均工资相对低些，但从总费用来看，规模超过 500 亩后，人工费用仍呈上升态势（见表 3）。

表 3 不同组别人工费用支出

单位：元

面积分组（亩）	50～100	101～300	301～500	501～700	701～1000	1001 以上
劳动日均工价	52.0	52.7	52.6	51.2	49.7	49.2
标准用工天数	2.6	1.7	1.7	1.9	2.2	2.3
费用总计	135.2	89.6	89.4	97.3	109.3	113.2

三 不同规模种粮户的收益比较

1. 平均亩产方面：种植面积低于 200 亩时平均单产较高

6 个组别 2013 年种植小麦平均亩产量分别是 857.8 斤、838.4 斤、821.1 斤、815.4 斤、802.1 斤和 795.1 斤。从这组数据可以看出，平均经营耕地面积在 68 亩和 171 亩的前两组，平均单产较高，其他几组的平均单产都相对低些。这说明规模适度才有较好的收成，当经营耕地面积在 200 亩左右时，一般情况下靠自己家庭的 2~3 个劳动力就能完成种植管理，而且基本能做到精耕细作。但是当面积超过 200 亩时，仅靠一个家庭的劳动力管理是不够的，必须要雇工才能完成，过大规模的种粮并不能保证精耕细作，因此也很难有较高的单位产出水平。

2. 平均出售价格比较：整体较高，但差别不大

6 个组别 2013 年收获的小麦实际平均出售价格基本在每斤 1.13~1.16 元，即规模户种植的粮食实际出售价格虽然高于国家最低保护收购价，但之间的差距并不大。通过深入了解得知，本次调查的规模种粮户中有约 12% 的种粮户与粮食加工企业事先签了订单，在保证品质的前提下，出售价格普遍高于当地市场价或国家最低保护收购价。另有约 12% 的种粮户和种子公司签订了一定面积的育种合同，生产的多是良种，价格也比较高。除此之外，还有一部分规模户是农业专业合作社的成员，其粮食出售价格在小麦播种时就已与合作社签订了较高的收购价合同。因此，总体来说规模户的平均出售价格还比较高。

3. 亩均收益比较：种植面积在 101~300 亩时，单位收益较高

研究粮食适度规模种植的目的是为了研究在自然条件基本相同的生产区域内，当生产力水平和生产条件以及土地经营制度基本相同时，经营多大规模面积才能在资源有限的情况下使各种资源得到合理有效的配置，才能获得较高的单位效益。因此核算单位收益时为确保科学合理，本研究均采用国家统一制定的 2013 年小麦最低保护收购价格（国标三等小麦 1.12 元/斤）。6 个组别在 2013 年种植小麦的亩均产值分别是 960.7 元、939.0 元、919.6 元、913.2 元、898.4 元、890.5 元，扣除生产成本后，亩均生产收益分别是 409.5 元、444.9

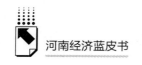

元、442.3 元、431.9 元、414.7 元和 403.4 元。从单位收益来看，50～100 亩组和 1001 亩以上组的单位收益较低，亩均不到 410 元，101～300 亩和 301～500 亩组单位收益较高，亩均超过了 440 元，101～300 亩组收益最高接近 445元。

4. 不同规模总体收益比较：种植规模越大，总收益越高

根据 6 个组别平均种植小麦的面积和亩均单位收益水平，可以计算出 2013 年各组别种植小麦的总收益，依次为 2.78 万元、7.61 万元、16.86 万元、25.86 万元、37.72 万元、44.11 万元。可见，一个家庭的劳动力专业种粮规模如果不足百亩，家庭全年种粮收入（秋季的纯收入基本扣抵了流转费）还不及全省农民家庭 2012 年户均纯收入 3.7 万元的水平。如果把农民家庭年纯收入作为规模经营的最低利润目标值，那么就现阶段发展水平来看，当粮食规模种植面积低于 100 亩时，可认为是不适度的。由于本次调查的种粮大户最大种植面积在 2000 亩，所以适度规模的最高上限无法确定。

结论：综合规模种粮单位收益和总收益的比较，本研究认为，在当前全省耕地资源比较紧张，农田基础设施比较薄弱，土地尚未完全连片，粮田管理主要依靠人工，耕作机械主要靠租用等现有生产条件下，河南省粮食规模种植面积保持在 200 亩左右是比较合理的，这种规模既能确保种粮有比较理想的收入，又能很好地控制风险。而要获得较高的总收入，还是规模更大些好。当然，随着全省经济社会的不断发展和农业生产力水平的进一步提高，未来河南粮食合理种植规模将会随之扩大，也许是 300 亩左右，也许是 500 亩甚至更多，总之粮食规模经营是发展必然选择。

四　制约粮食规模经营的因素

调查结果显示，目前规模经营还受到不少制约。

1. 规模经营资金紧张，贷款困难

在被调查的 150 个规模种粮户中，有 82% 的被调查者表示在生产经营中，资金比较紧张，同时贷款又很困难，这是他们发展规模经营的最大障碍。据了解，目前各地财政金融等部门在资金方面对规模种粮户的支持力度还很有限，农村金融机构存在办理贷款手续繁琐、门槛高、期限短、额度小等问题。因此，多数规模种粮户需要的资金都是向亲戚朋友借贷，或在耕种期间向当地农资经销商赊欠化肥、农药等农资。据调查显示，虽然有93%的规模种粮户愿意扩大种粮规模，但是由于资金紧张，贷款困难，愿望很难实现。

2. 种粮成本增长快，影响规模种粮效益

调查中，有71%的规模种粮户认为种粮成本持续不断的增长，影响了规模种粮的收益，也阻碍着规模种粮的发展。一是雇工费用增长快。由于96%的规模种粮户要靠雇工来完成生产经营，因此雇工价格的上涨，抑制着种粮收益的增加。如信阳市淮滨县某种粮大户反映，以前农忙时在当地雇一个劳动力一天的费用在50元左右，现在农忙时雇一个劳动力干一天活，除管吃喝外还要支付100元左右的工钱，即便如此，也很难及时雇到人员。二是农资价格持续上涨。统计资料显示，2005～2012年全省农资价格总体涨幅超过了50%。三是土地流转费用逐年升高。有资料表明，从2000年至今，河南土地平均流转价格由每亩100～200元，上升到400～1200元不等。

3. 农田基础设施薄弱，农机装备水平低

有54%的被调查规模种粮户认为，比较薄弱的农田基础设施和比较低的农机装备水平也是阻碍规模种粮的重要因素。150个被调查的规模种粮户2013年小麦平均亩产为822斤，仅为全省高标准粮田平均亩产1250斤的2/3，说明部分土地农田基础设施薄弱，抗灾减灾能力较低。

4. 政府对粮食规模经营支持力度不够

在被调查的规模种粮户中，有70%的被调查者觉得基层政府对他们的支持力度不够。调查中发现，一些地方政府对推进土地流转，发展规模经营不重视，没有深入基层了解规模种粮面临的主要困难和政策需要，更没有制定出切实可行的扶持措施，对于国家的扶持政策也没有很好地去落实。

5. 土地流转期限短对规模种粮的影响

从土地流转签订的合同看，70%以上都在6年以下，流转年限在5年以下的占42.5%，有些土地流转协议一年一签。一是因社会保障机制不健全，外出务工农民把土地流转出去有后顾之忧。二是国家各项惠农政策使农民粗放经营也有利可图，不少农户因此存在不愿流转的现象。三是承包的短期行为造成

不少规模种粮户不敢在农业基础设施、生产装备上进行大的投资，这在一定程度上制约着粮食规模经营的发展。

6. 农村社会化服务体系有待加强

土地流转是土地规模经营的必经之路，合理规范的流转过程需要法律法规的指导服务，然而有关这方面的服务体系目前在绝大多数农村还很欠缺。农村土地市场发育尚不完善，缺乏完整的土地估价、土地交易和土地合同管理等相关的服务体系。另外，规模经营有"鸡蛋放在同一个篮子里"的风险，需要保险业来帮助其防范风险，但这方面的服务在农村还很薄弱。调查结果显示，有25%的规模种粮户不知道如何参与保险，甚至没听说过农业保险。有的即使投了保险，但因灾情原因界定困难，程序繁琐，并且有时很难如愿获得保费。如社旗县一个经营2000亩小麦的规模种粮户，因气候原因2013年有800亩小麦减产超过五成，虽然投了保，但赔偿金迟迟不能拿到手。

五　推进粮食规模发展的建议

发展粮食规模种植是推进现代农业的必然趋势。为促进规模种粮的健康快速地发展，针对当前规模种粮过程中存在的问题，提出如下建议。

1. 加大信贷支持力度，解决规模种粮的资金难题

金融部门尤其是农字号金融部门要开动脑筋、积极创新，为规模种粮发展生产开展多种形式的服务，提供强有力的资金支持。在信贷投放上，应适当优先安排，允许租地承包合同或机械设备作为抵押或担保物。同时，还可考虑成立农业担保公司，专门对规模种粮户提供担保，对具备一定规模、信誉良好的规模种粮户在提出贷款申请后，经农业、财政部门认定，由农业担保公司提供担保向银行贷款，财政给予一定的利息补贴支持。

2. 稳步提高种粮收益，保护规模种粮户积极性

要保护规模种粮户的积极性，就必须稳步提高种粮收益，最直接的办法一是提高粮食价格。二是要控制农业生产资料价格上涨水平，避免农业生产资料无序上涨，确保规模种粮户的收益。

3. 加强农田基础设施建设，提高农机装备水平

要加大对规模种粮的井、电、渠、林、路等农业基础设施建设的支持力度，把农业综合开发、土地整理复垦、农田水利工程建设等农业项目、重点工程优先安排在规模种粮的耕地中实施，不断改善生产条件，切实增强抗御自然灾害的能力。要完善农机购置补贴政策，提高对农机具的补贴标准，对新增农机购置补贴重点向规模经营大户倾斜。

4. 建立和完善农村社会化服务体系，提升综合服务能力

一是要加快完善农村社会保障制度建设。降低土地对农民的社会保障功能，让农民有条件、有保障地流出承包土地。二是建立健全土地流转服务组织。县、乡、村要建立农村土地流转服务组织，负责土地流转的政策咨询、信息发布、指导流转合同的签订、调处土地流转纠纷等，规范土地流转行为。三是要制定土地长期流转的鼓励和支持政策，引导农民与规模经营者签订长期流转合同，为规模种粮户增加长期投入创造条件。

5. 因地制宜，积极引导发展粮食适度规模经营

粮食生产并不是规模越大越好，而是要根据劳动者素质、农业生产条件、农业技术水平、耕地质量等多方面因素来综合考虑，因地制宜、因户制宜发展适度规模经营，适度的结果既能确保各种生产资源得到合理配置，又能够降低粮食生产成本，同时还有利于农业新技术的推广和农业基础设施的投入。

B.19

河南省消费热点探析

陆 洁 方国根 张亚珂 李 伟*

摘 要:

> 推动经济持续健康发展,加快转变经济发展方式已成为关系发
> 展全局的战略抉择,着力扩大消费是转变发展方式的一项重要
> 举措。本文从探讨河南消费和消费热点的发展入手,寻找消费
> 热点的变动趋势,旨在通过消费热点来促进和引导消费需求,
> 推动河南消费规模的持续扩大。

关键词:

> 河南省 消费热点 引导 培育

党的十八大报告提出要牢牢把握扩大内需这一战略基点,加快建立扩大消
费需求长效机制,释放居民消费潜力,保持投资合理增长,扩大国内市场规
模。河南省消费规模呈持续扩大之势,社会消费品零售总额增速从 2003 ~
2012 年持续保持了 15% 以上的增长,消费规模居全国第 5 位。尽管如此,居
民消费水平与其他地区仍有差距。积极探讨消费热点的引导和培育,有利于扩
大消费需求。

一 河南消费及消费热点发展情况

随着经济社会的快速发展和居民收入水平的持续提升,河南城乡居民的消
费能力逐渐增强,消费规模不断扩大。在消费环境和设施日渐改善下,人们的

---

* 陆洁、方国根、张亚珂、李伟,河南省统计局。

消费观念在发展，消费结构和消费热点不断升级。

1. 消费规模持续扩大

社会消费品零售总额是反映社会商品购买能力的主要指标，2012年河南实现社会消费品零售总额10915.62亿元，比2000年提高了9045.82亿元，增长了4.8倍，零售额规模位居全国第5位，中部6省第1位。从消费支出情况看，河南最终消费支出和居民消费支出均有明显增长，2012年最终消费支出13338.44亿元，比2000年提高了10592.60亿元，按可比价格计算增长了2倍多；居民消费支出9754.41亿元，比2000年提高了7664.40亿元，按可比价格计算也增长了2倍多。河南消费规模和支出水平都明显提高。

分城乡结构看，居民消费规模明显扩大。从分城乡的零售额看，2012年城镇实现零售额9021.73亿元，比2000年提高了7707.81亿元，比2000年增长了5.9倍；乡村实现零售额1893.89亿元，比2000年提高了1338.01亿元，比2000年增长了2.4倍；城镇零售额增长速度明显高于乡村零售额增速，主要缘于城镇化的快速推进使城镇人口快速增加，这一点可以从城乡人均零售额对比情况看出。2012年城镇人均零售额22605元，比2000年增长了2.8倍；乡村人均零售额3497元，比2000年增长了3.6倍，城乡人均零售额的增长速度差距不大。从城乡居民人均消费支出情况看，2012年河南城镇居民家庭人均消费支出为13732.96元，比2000年增加了9906.25元，增长了2.6倍；农村居民家庭人均生活消费支出5032.14元，比2000年增加了3716.31元，增长了2.8倍，城乡居民消费支出均有明显提高。

2. 消费结构趋于合理

近年来，城乡居民消费支出在快速提升的同时，消费结构也更趋合理。从2012年城镇居民家庭人均消费支出情况看，食品类消费支出4607.47元，比2000年提高3220.71元，增长2.3倍。其中食品消费支出比重则从2000年的36.2%下降至2012年的33.6%；交通和通信消费支出1730.35元，比2000年提高1484.11元，增长6倍，消费支出比重比2000年提高6.2个百分点（见表1）。从农村居民家庭人均生活消费支出看，2012年食品类消费支出1701.75元，比2000年提高1047.62元，增长1.6倍。其中食品消费支出比重从2000年的49.7%下降至2012年的33.8%；交通和通信消费支出525.11

元，比 2000 年提高 468.73 元，增长 8.3 倍，消费支出比重比 2000 年提高 6.1 个百分点（见表 2）。从城乡居民消费支出结构看，城乡居民食品支出比重不断下降，衣着、医疗保健、交通和通信支出比重持续上升，恩格尔系数逐渐降低，城乡居民生活水平不断提高，消费结构更趋合理。

表 1 城镇居民家庭平均每人全年消费支出

单位：元，%

类　　别	消费支出		消费支出结构		消费支出增长	
	2000 年	2012 年	2000 年	2012 年	增长量	增速
消费性支出	3830.71	13732.96	100.0	100.0	9902.25	258.5
食　品	1386.76	4607.47	36.2	33.6	3220.71	232.2
衣　着	460.99	1885.99	12.0	13.7	1425.00	309.1
居　住	547.19	1190.81	14.3	8.7	643.62	117.6
家庭设备、用品及服务	312.97	1145.42	8.2	8.3	832.45	266.0
交通和通信	246.24	1730.35	6.4	12.6	1484.11	602.7
教育文化娱乐服务	407.26	1525.33	10.6	11.1	1118.07	274.5
医疗保健	280.78	1085.47	7.3	7.9	804.69	286.6
其他商品和服务	188.52	562.13	4.9	4.1	373.61	198.2

表 2 农村居民家庭平均每人全年生活消费支出

单位：元，%

类　　别	消费支出		消费支出结构		消费支出增长	
	2000 年	2012 年	2000 年	2012 年	增长量	增速
生活消费支出	1315.83	5032.1413	100.0	100.0	3716.31	282.4
食　品	654.13	1701.7462	49.7	33.8	1047.62	160.2
衣　着	86.88	424.11732	6.6	8.4	337.24	388.2
居　住	206.12	1060.6978	15.7	21.1	854.58	414.6
家庭设备、用品及服务	69.41	361.62503	5.3	7.2	292.22	421.0
交通和通信	56.38	525.10728	4.3	10.4	468.73	831.4
教育文化娱乐服务	133.08	343.82808	10.1	6.8	210.75	158.4
医疗保健	63.55	468.81407	4.8	9.3	405.26	637.7
其他商品和服务	46.29	146.20545	3.5	2.9	99.92	215.8

3. 消费热点逐渐升级

伴随着生活水平的提高、消费环境的改善，居民消费观念也逐渐改变，开始热衷于能够改善生活品质的商品消费。2012 年限额以上批发和零售业商品零售额比 2005 年增长 4.6 倍，其中粮油、食品饮料、烟酒类，服装鞋帽针织品类，日用品类，家用电器和音像器材类，中西药品类商品零售额分别增长 4.6 倍、4.6 倍、5.5 倍、3.9 倍和 5.2 倍；金银珠宝类、家具类、汽车类商品零售额分别增长 7.3 倍、12 倍和 7.3 倍；体育娱乐用品类、文化办公用品类、通信器材类仅分别增长 1.6 倍、1.8 倍和 2.1 倍；书报杂志类增长 52.3%，电子出版物则基本持平。可见，吃、穿、日用类商品零售额增速与商品合计零售额增速基本一致，金银珠宝、汽车等提升生活品质的商品增速明显较高，而文化娱乐类商品增速则较低。从 2005 年以来各类商品年度增长速度来看，吃、穿、日用品等商品的年度增速均在各类商品合计增速的上下浮动，基本与合计增速保持一致；金银珠宝类、家具类、汽车类三类增速较高的商品则分别从 2008 年、2007 年和 2009 年开始提速，这三类商品零售额的比重分别提升了 0.5 个、1.2 个和 9.5 个百分点，汽车类比重提升明显，金银珠宝类和家具类由于总量较小，比重提升幅度不及汽车类，但提升幅度在消费类商品中居于前列；文化娱乐类相关商品零售额的年度增速则呈现出上下波动的态势，仍未明显激发出消费者的消费热情。

从城镇居民家庭消费支出情况看，2012 年与 2000 年比较，增长最快的是交通和通信类消费支出，增长了 6 倍；衣着类、教育文化娱乐服务和医疗保健类消费支出也增长较快，分别增长了 3.1 倍、2.7 倍和 2.9 倍，增长幅度均高于城镇居民家庭人均消费支出水平 2.6 倍的增长幅度；居住类、其他商品和服务类消费支出增幅相对较低，分别增长了 1.2 倍和 2 倍。从 2000 年以来的年度增长情况看，交通和通信类消费支出除 2004 年和 2008 年增速相对不高外，其他年份都保持较快增长；衣着类消费支出则从 2005 年开始保持较快增长状态；医疗保健类消费支出于 2006～2009 年保持较高增速；教育文化娱乐类的消费支出增速在年度间有所反复，没有形成明显的消费趋势。

从农村居民家庭人均支出情况看，2012 年与 2000 年比较，增长最快的是交通和通信类支出，增长了 8.3 倍；其次是医疗保健类支出，增长了 6.4 倍；家庭设备用品及服务、衣着、居住等类别的支出增速也较快，分别增长了 4.2 倍、3.9 倍和 4.1 倍；教育文化娱乐类、食品类、其他商品和服务类增速较

低，分别增长了1.6倍、1.6倍和2.2倍。从2000年以来的年度增长情况看，交通和通信类消费支出除2005～2007年连续保持较高增速外，其他年份增速有所反复；医疗保健类消费支出则于2007年后保持较高增速；家庭设备用品及服务2005年以来均保持较快增长；居住类的快速增长期则集中于2005～2009年。

从商品分类销售以及城乡居民家庭人均支出情况看，2005年后一些类别的消费支出保持较快增长速度，说明随着经济社会发展和城乡居民生活水平的提高，城乡居民消费支出逐渐呈现出较为明显的消费侧重点。总的来看，食品类消费保持较为平稳的增长状态，消费支出比重持续下降；交通和通信类、衣着类、医疗保健等热度较高；农村居民对教育文化娱乐类商品的消费热情不及城镇居民。

二 河南消费与全国及各省比较

1. 河南消费水平仍然较低

河南消费总规模居于全国第5位，但由于是人口大省，人均消费水平位次并不高。2012年河南人均零售额11605元，居全国第19位，仅为全国平均水平的74.7%，是北京水平的三成；在中部6省，河南社会消费品零售总额居第1位，但人均零售额却居第4位，位于湖北、山西、湖南之后，仅高于安徽和江西，河南人均零售额仅相当于湖北省的70.1%。从城乡居民消费支出水平看，2012年河南城镇居民家庭人均消费支出13733元，居全国第18位，相当于全国平均水平的82.3%；在中部6省中仅居第4位，位于安徽（15012元）、湖南（14069元）、湖北（14496元）之后；农村居民家庭人均消费支出居全国第24位，仅相当于全国平均水平的85.2%；在中部6省中居第6位，仅相当于湖南的85.7%、湖北的87.9%、山西的90.4%、安徽的90.6%和江西的98.1%。和全国及各省份相比，河南居民的消费支出水平仍然较低，而且农村居民消费支出水平更低。

2. 消费结构仍需改善

随着城乡居民消费水平持续提高，消费结构不断改善，食品支出比重在逐步降低，衣着、医疗保健、交通和通信支出比重则不断上升。但与发达省份相比，河南城乡居民支出结构仍有较大改善空间。

从 2012 年全国各省城镇居民家庭人均消费支出结构比较看，河南城镇居民家庭设备及用品和衣着支出比重较大，分别居全国第 1 位和第 6 位，食品、居住、交通和通信、教育文化娱乐的支出比重相对较低，分别居全国第 26 位、18 位、20 位和 18 位。与东部地区的北京、上海、广东相比，河南城镇居民的衣着、医疗保健比重较大，但交通通信、教育文化娱乐的比重明显偏低；与中部 6 省比较，河南城镇居民的衣着、家庭设备及用品类支出比重相对较高，食品、居住、教育文化娱乐支出比重相对较低；与西部地区的重庆、四川、贵州和云南相比，河南城镇居民的衣着、家庭设备及用品和医疗保健类支出比重较高，食品支出比较低。

从农村居民家庭人均支出结构比较看，2012 年河南在全国排名中，家庭设备及用品、居住类支出比重较高，分别居全国第 2 位和第 6 位，食品、交通通信、教育文化娱乐的支出比重相对较低，分别居全国的第 27 位、19 位和 19 位。与东部地区的北京、上海、广东相比，河南农村居民的衣着、家庭设备比重较大，但医疗保健比重较低；与中部 6 省比较，河南农村居民的家庭设备及用品类支出比重相对较高，食品、教育文化娱乐支出比重相对较低，除食品比重明显低于中部其他地区外，其他支出比重差别不大；与西部地区的重庆、四川、贵州和云南相比，河南农村居民除食品支出比重明显较低外，其他支出比重均相对较高。

相比全国及其他各省份，河南城乡居民食品支出比重均不高，除比部分东部地区省份略高外，在中西部地区中属于比重较低的，说明河南城乡居民生活水平已达到一定程度，有能力将更多的消费支出投向其他方面；河南城乡居民用于家庭用品的消费比重较大，但对于教育文化娱乐和交通通信的投入相对较少。

三　未来河南消费热点分析

随着经济社会的快速发展，居民消费更趋于理性，而消费商品及服务的多

样化，使购买力流向相对分散，消费热点不可能像过去那样排浪式的增长，消费热点的集中度有可能下降，在时间上可能出现渐进呈现、交错出现的特点。

1. 交通和通信

近年来城乡居民交通和通信消费支出增长均较快，但与全国平均水平和东部发达地区相比，交通和通信消费支出比重仍然较低，还有较大提升空间。从汽车类商品销售情况看，随着社会生活节奏加快，城市空间扩大，客观上要求更多居民拥有自己的交通工具。而且，随着公共交通体系更加发达，以及生活水平的提升，居民在交通方面的消费支出也将增多。随着信息科技的快速发展和居民收入水平的提高，各种性能先进、价格低廉的电子产品进入平常百姓家庭，居民购买信息产品更新换代速度加快。由于信息消费具有结构层次高、无污染、带动作用强的特点，已成为近年来各国重点培育的新兴消费热点，也是中国有效扩大内需促进经济平稳较快发展的重要着力点。

2. 教育文化娱乐

2012 年河南城乡居民教育文化娱乐消费支出比重分别居全国的第 18 位和 19 位，河南居民在教育文化娱乐类方面的消费支出仍然较低。但在当前的知识经济时代，知识、智力已成为决定性因素，投入到教育文化中的消费支出比重增加，教育文化消费在消费结构中的比重将不断提高。而随着物质生产的发展，居民收入持续增长，文化娱乐设施和休闲时间的增加，人们在娱乐方面的支出也将快速增加。旅游作为一项重要活动，随着消费环境和交通环境的改善，以及职工带薪休假制度的实施，会呈现出更为广阔的发展前景，实现未来旅游消费的快速增长。

3. 居住方面

住房不仅是基本的生存资料，也是重要的享受资料和发展资料，住房消费仍将是未来一段时间内城镇居民消费的支出重点。与全国平均水平及发达地区相比，河南省城镇化水平仍然偏低，近年来河南城镇化率平均每年以 1.5 个百分点的幅度增加，住房需求的空间仍然较大。随着居民生活水平的提高，围绕住房消费的家庭设备、用品、室内装饰等也将成为消费热点。

4. 健康支出

近年来生活水平的提升、消费观念的转变，人们对健康的重视程度不断提高，由以往单一的医疗消费向医疗、保障和提高身体素质等多种形式并存的健康消费模式转变。随着收入水平的提高，居民自我保健意识日趋增强，越来越多的人愿意将钱花在保健方面，居民健康消费支出呈快速增长趋势。随着人们对生活品质追求的不断提高，对健康越发重视，健康消费需求将持续增加。

5. 养老消费

2012 年河南省 65 岁及以上人口占总人口比重为 8.8%，国际上通常把 60 岁以上的人口占总人口比例达到 10%，或 65 岁以上人口占总人口的比重达到 7% 作为进入老龄化社会的标准。按照这一标准，河南已进入老龄化社会。老年人口将成为社会庞大的消费人群，养老服务作为服务业的新领域，有着广阔的市场前景。另外，随着家庭规模小型化，"养老靠子孙"的格局正在被打破，传统家庭养老功能日益弱化，使得老人对养老服务有巨大的消费需求。

四 积极引导和培育消费热点的措施建议

在当前调整经济发展结构的阶段，积极引导消费热点不仅有助于扩大消费需求，还能带动热点商品及服务相关产业的发展，有利于促进经济结构调整。

1. 提升消费能力，优化消费环境

引导和培育消费热点，要在一定的消费水平、消费环境基础上进行。要采取有效措施增加城乡居民收入，努力扩大中等收入群体规模，逐步培育和扩大稳定中等收入阶层，使之逐渐成为市场消费的主体；要加快城镇化进程，将更多的农村居民吸纳到城镇，利用城镇居民消费的示范效应，扩大农村居民消费需求；要净化消费环境，严厉打击假冒伪劣商品，保护消费者合法权益，营造安全消费环境，让消费者放心，有利于消费热点的形成和持续，同时做好现代化物流体系谋划和建设，完善商业服务网络，创造便捷、舒适的消费环境。

2. 加强社会保障，解除后顾之忧

引导和培育消费热点，需要居民较高的消费倾向，有能力有意愿进行消费。而在一定的收入水平下，人们减少消费的主要原因就是对未来预期有较多的不确定性。减少居民预期风险，切实解除居民消费的后顾之忧，需要尽快完善社会保障制度，扩大各项社会保障覆盖面，养老保险、失业保险、医疗保

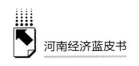

险、最低生活保障等应保尽保，消除居民特别是低收入居民对当前和今后生活的担心和顾虑，增强消费信心。

3. 大力发展经济，提供丰富产品

引导和培育消费热点，要求市场能够提供消费者愿意购买的商品和乐意接受的服务，这就需要各行业加快发展，为消费者提供更为丰富的商品和服务。行业要不断提高产品的科技含量，提升产品质量，认真研究消费者消费特点，有针对性地细分市场，细化同类产品的档次。针对当前社会老龄化的趋势以及人们对健康的重视，推出更贴心更细化的服务类别，提供多样化服务。

4. 制定优惠措施，积极引导消费

引导和培育消费热点，需要政府在消费政策、价格政策、产业政策等方面进行鼓励和指导。要积极引导和推行现代、文明的消费习惯和消费模式，促进居民消费行为走向成熟、理性，积极引导消费者形成健康的消费价值取向。鼓励人们改变传统消费观念，运用消费信贷手段来提高生活质量。要完善消费信用体系，加强个人消费金融服务，不断扩大信用消费。银行要尽可能开发消费信贷种类，简化办理消费信贷的手续，降低交易成本和利率，积极引导更多的居民参与信贷消费，促进居民提高即期消费水平，缩短消费升级周期。

B.20 工业结构调整对河南省 电耗水平的影响分析

王世炎 朱启明 王学青 杨森山*

摘 要:

铝冶炼行业的生产变化是影响河南省电耗水平的重要因素。河南电解铝产量占全国总产量的 20% 以上,铝冶炼行业用电量占到规模以上工业用电量近 1/4。在市场"倒逼机制"作用下,近年河南占比很大的高耗电产业增速骤减,扩大招商又新增了大批低耗能产业,这种结构上的调整形成产业总量快速扩张、用电总量急剧下降、电力弹性系数较低的局面,反映出发展方式的转变。本文对此给予分析。

关键词:

河南省 工业结构调整 电耗水平

通常情况下,工业增加值增长与工业用电量增长存在密切的正相关关系,但在工业结构快速调整期,这种关系会出现变化,特别是高耗电产业比重较大时甚至会出现两者关系的背离。国际金融危机以来,河南工业结构变化幅度较大,存量占比很大的高耗电产业在市场"倒逼机制"的作用下出现深度调整,增速放慢的现象。与此同时,扩大招商又新上了大批低耗能的产业,致使河南现阶段出现了产业总量快速扩张、工业用电总量不升反降、电力弹性系数较低的现象,通过产业结构和产品结构变动影响的分析看,这种现象恰恰反映出结构调整和发展方式的转变。

---

* 王世炎、朱启明、王学青、杨森山,河南省统计局。

一 工业结构大幅调整，电耗水平显著下降

近年来，随着河南产业结构的持续调整，全省黑色、有色、化学、电力、煤炭、非金属等六大高耗电行业增加值在规模以上工业增加值中比重不断降低，非高耗电行业增加值比重则不断上升，特别是近年来河南部分低耗电行业发展速度较快，增加值比重在快速上升，结构调整带来明显变化。

回顾 2008 年，全省六大高耗电行业占工业增加值比重为 44.5%，而到了 2013 年则下降至 37.8%，减少了 6.5 个百分点。再看 2008 年，计算机、通信和其他电子设备制造业等 13 个低耗电行业增加值比重为 31.9%，到 2013 年已上升至 35.7%，提高了 3.8 个百分点。和 2008 年相比，2013 年计算机、通信和其他电子设备制造业，通用设备制造业，文教、工美、体育和娱乐用品制造业，皮革、毛皮、羽毛及其制品和制鞋业，电气机械和器材制造业等 5 个行业增加值增速都在 150% 以上，比重由 10.1% 上升至 13.1%，提高 3.0 个百分点；家具制造业、有色金属矿采选业、印刷和记录媒介复制业、专用设备制造业等 4 个行业增加值增速都在 120% 以上，比重由 8.4% 上升至 8.7%，提高 0.3 个百分点；食品制造业、烟草制品业、农副食品加工业、纺织服装服饰业等 4 个行业增加值增速都在 100% 以上，比重由 13.4% 上升至 13.8%，提高 0.4 个百分点。

由于河南工业结构的变化，六大高耗电行业电耗水平远高于低耗电行业电耗水平，使得全省工业电耗水平大幅降低。2013 年，高耗电行业单位增加值电耗为 2993.7 千瓦时/万元，低耗电行业单位增加值电耗为 442.9 千瓦时/万元，低耗电行业电耗水平只有高耗电行业的 1/7。在这种变化的综合作用下，全省工业单位增加值电耗降低明显，单位增加值电耗由 2008 年的 2468.9 千瓦时/万元下降到 2013 年的 1515.9 千瓦时/万元，下降 38.6%。

二 高耗电行业产品结构调整，使行业电耗明显下降

"十一五"以来，河南节能降耗工作深入推进使高耗电行业产业链拉长，

精深加工和终端产品比重提高，产品结构调整明显，低耗电、高附加值产品比重不断上升，行业的平均耗电水平下降。六大高耗电行业单位增加值电耗从2008年的4143.3千瓦时/万元下降到2013年的2993.7千瓦时/万元，电耗水平下降27.7%。

有色行业是河南用电量占比最大的行业，在金融危机的"倒逼"下，行业为了生存，加大科技改造，不断更新生产线，调整产品结构，提高产品附加值。一方面采用不停电换槽工艺，用铝液直接生产铝材，节省了使用铝锭生产铝材再熔化所消耗的电力；另一方面压缩电耗水平较高的电解铝产量，大幅提高耗电较少的铝材产量，使得有色行业电耗水平大幅下降。电解铝产量自2008年以来增速逐步减缓，从2012年开始，河南电解铝产量逐步下降。继2012年电解铝产量下降5.2%，2013年产量又下降9.9%，但附加值较高、耗电较小的铝材产量却由2008年的271.1万吨，增加到2013年的839.9万吨，增长了2.1倍。由于铝行业采用新工艺，加之内部产品结构调整，一方面单位铝锭综合交流电耗和吨铝加工材电耗分别从2008年的14379.38千瓦时/吨、551.86千瓦时/吨减少到2013年的13905.42千瓦时/吨、469.11千瓦时/吨；另一方面由于铝材吨耗电只有铝锭吨耗电的1/30，铝材的快速发展也使得整个铝产业的耗电水平明显降低。

钢铁行业也是如此，2008年以来，全省耗电大的粗钢产量增速较慢；而耗电相对较少的钢压延产品大部分保持较高增长。到2013年，全省钢材产量较2008年增长65.5%，其中棒材、热轧薄板、冷轧薄板、热轧薄宽钢带、冷轧薄宽钢带、涂层板（带）、无缝钢管、焊接钢管、再加工钢材等产品产量增长均在100%以上；钢筋、线材、厚钢板等产量增速也在30%以上，远远高于粗钢产量27.3%的增长速度。黑色金属冶炼和压延加工业单位增加值电耗由2008年的2989.15千瓦时/万元下降到2013年的2079.95千瓦时/万元，下降了30.4%。

除了有色和钢铁行业以外，煤炭、化工、非金属等其他高耗电行业电耗水平均有不同程度下降。与2008年相比，2013年煤炭行业电耗水平下降了20.5%，化工行业电耗水平下降了19.8%，非金属行业电耗水平下降了24.3%。

三　新增企业多为高技术产业，
产值贡献大、电量需求小

在工业结构调整和节能降耗工作双重因素的影响下，2008 年以来河南高技术产业不断壮大。一方面高技术企业不断增多；另一方面高技术产业增加值比重持续上升，从 2008 年的 3.6% 上升到 2013 年的 6.4%，对工业经济拉动作用日益明显。高技术产业产品附加值较高，其企业具有产值高、耗电低的特点。以 2013 年为例，河南新增规模以上工业企业 491 家，其中 456 家企业分布在耗电较少、产值贡献较大的行业，占新增单位数的 92.8%，实现的增加值占全部新增单位增加值的 92.7%。2013 年，新增单位的用电量占工业用电量的 0.9%，拉动用电增速 0.8 个百分点；实现增加值占规模以上工业增加值的 2.1%，拉动增加值增速 2.2 个百分点。新增企业对用电量的拉动和对增加值的拉动不同步，对产值的贡献远大于对电量的需求。

从电耗方面比较看，2013 年，河南规模以上工业单位增加值电耗为 1515.9 千瓦时/万元，新增企业的单位增加值耗电量为 846 千瓦时/万元，新增企业的单位增加值耗电量仅只是规模以上单位的 55.8%，新增企业对增加值的贡献远大于对用电量的需求。

四　能源消费结构的变化，使电量需求减少

由于当前电价相对偏高，一些行业和企业，尤其是用电较多的行业和企业转而使用天然气等其他能源产品来取代电力，从河南主要能源品种消费量及增速变化统计情况看，天然气消费量从 2008 年的 34.5 亿立方米上升到 2013 年的 61.5 亿立方米，增长了 78.3%。2013 年以来，河南天然气消费量逐月增大，并且同比增速保持在 14% 以上的高速增长。能源消费结构出现变化，能源替代减少了对电力消费量的需求，从客观上形成了工业增加值与工业用电量增速的不同步。

五　结构调整电耗下降，使河南电力弹性系数较低

上述分析可见，行业结构和产品结构的调整，使河南工业电耗水平大幅降低，生产同样多的产品所用工业电量呈大幅下降之势，或者说用同样多的工业电量可以生产出更多的产品，这意味着工业增加值与工业用电量的关系发生了较大变化。

铝冶炼行业的生产变化是河南电耗水平大幅降低的重要因素。河南电解铝产量占全国总产量的20%以上，其铝冶炼行业用电量占规模以上工业用电量的近1/4，但铝冶炼行业增加值仅占规模以上工业增加值的不足2%，即铝冶炼行业用电量占比和增加值差异巨大。在经济上行期，电解铝生产扩张对工业用电量的需求远大于对增加值的贡献，因此造成电力弹性系数的快速升高；反之在经济下行期，电解铝生产出现收缩，对工业用电量的下拉作用大大超过对增加值的下拉作用，由此造成电力弹性系数的快速降低。

金融危机以来，河南铝冶炼行业呈收缩之势，电解铝产量增速逐年走低，尤其是从2012年开始，电解铝产量出现负增长，对电力弹性系数产生了较大影响，是导致河南电力弹性系数较低的最主要、最直接的原因。2013年，河南电解铝产量下降9.9%，导致铝冶炼行业用电量下降11.1%，铝冶炼用电量下降直接影响工业用电量4.5个百分点，但对工业增加值增速的影响只有不足0.1个百分点，基本可以忽略不计。由此看出，铝冶炼行业生产发生变化时，对工业用电量影响很大，但对增加值的影响却很小。如果剔除铝冶炼行业影响这一因素，全省工业用电量增长7.1%，增加值增长11.9%，电力弹性系数由0.22变化为0.60，工业增加值和工业用电量增速就会比较协调，电力弹性系数和也基本接近全国水平。

综上所述，尽管从常规角度观察，河南目前工业电力弹性系数似乎偏低，但经过分析就能看出，这种情况的存在源自河南特殊的产业结构，是这种结构导致了经济下行期对工业用电量增长的影响与对工业增加值的影响有较大差异，反映了河南近几年在市场机制的"倒逼"下，努力节能降耗、转型升级的成效。未来，在产业结构调整升级未得到根本性转变、高耗电行业尤其是铝冶炼行业尚未调整到位的过程中，河南电力弹性系数偏低的现象还将持续存在。

B.21

河南省工业电力消费弹性
系数变动趋势研究

冯文元　常冬梅　刘俊华　常伟杰　贾 梁　张 旭*

摘　要：

　　本文以河南工业电力消费弹性系数为切入点，从电力消费弹性系数变动情况来反映河南工业电力消费情况，再从电耗水平、产业结构、工业产品结构、数据棚架等因素分析河南工业生产电力消费弹性系数。分析表明：河南工业生产和电力消费增速波动总体上呈现出一致性，工业电力消费弹性系数除个别年份波动较大外正逐渐变小。研究所得结论和启示：电力消费与经济增长之间有较高的相关性，但并非完全相关的函数关系，电力消费与经济的增长一般呈同向，但不一定同步变化。

关键词：

　　河南省　工业　电力消费　弹性系数

　　电力是国民经济增长不可或缺的重要能源，是经济发展的动力和"晴雨表"。在当前经济波动时期，电力增速与国民经济增长的关系受到各方高度重视，尤其是工业电力消费与工业经济增长的关系，更加备受关注。本文通过研究两者之间的相互关系，分析影响电力弹性系数的主要因素，找出河南省经济发展与电力消费的趋势和规律，对今后的经济发展具有启示和参考意义。

---

* 冯文元、常冬梅、刘俊华、常伟杰、贾梁、张旭，河南省统计局。

一 工业电力消费弹性系数概念及内涵

工业电力消费弹性系数是反映工业电力消费与工业经济增长规律的重要指标，它是工业电力消费的年平均增速与工业增加值年平均增速的比值。电力消费弹性系数可以用下面的公式来表示：

$$\beta = Ay/Ax$$

式中：β 为电力消费弹性系数，Ay 为电力消费年平均增长率，Ax 为工业增加值年平均增长率。

它用以反映两个相关指标之间变化速率的敏感性。工业电力消费弹性系数受各地区、各时期的经济结构、管理体制、资源状况、技术水平等多种因素影响，因此它在一个地区的年度之间以及不同地区之间会有较大差异。

二 近年来河南工业电力消费弹性系数变动趋势

1. 工业生产和电力消费增速波动呈现一致性

2000～2012 年河南工业电力消费年均增长 11.6%，工业增加值年均增长 15.0%，工业增长增速比电力消费增速高 3.4 个百分点。河南工业电力消费和工业增加值增速呈现波动状态，大体分为两个阶段。2000～2007 年的上行阶段和 2008 年以来的下行阶段，且电力消费增速变动先于工业增加值变动。除个别年份外，两者走势基本一致，说明河南工业电力消费与工业增加值增长的相关程度较高（见图 1）。

2. 工业电力消费弹性系数总体下降，阶段性特征明显

2000 年以来河南电力消费的弹性系数多数年份小于 1，且波动很大，除去弹性系数为零的年份，最高为 1.27，最低仅为 -0.01。"十五"、"十一五"时期平均工业电力消费弹性系数分别为 0.96、0.71，整体呈下降态势（见图 2）。

2000 年以来河南电力消费弹性系数大致经历了四个阶段。

第一阶段：2000～2002 年，原铝产量增速高达 64.3%、47.8%，用电量

185

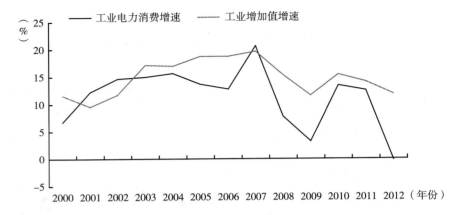

图1 2000～2012年河南省工业电力增速和增加值增速对比

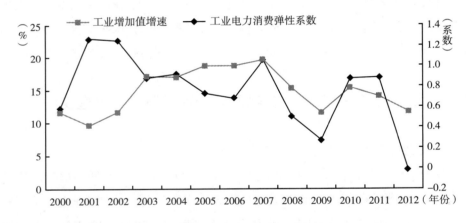

图2 2000～2012年河南工业电力消费弹性系数与工业增加值对比

大幅增加，受此影响，河南电力消费弹性系数逐年上升，2001增加到1.27，达到12年间的峰值。

第二阶段：2003～2006年，电解铝、有色金属等产品产量放缓，电力消费增速也相对较低，且随着产业结构调整效应逐渐显现，这一时期工业增加值高速增长，导致电力消费弹性系数处于波动下降阶段，2006年降到了0.68。

第三阶段：2007～2009年，受金融危机影响，原铝产量增速分别为3.7%、-3%，生铁产量增速分别为-10.9%、13.3%，主要耗能产品增速均为历年低值。电力消费弹性系数在2007年达到1.05之后，开始进入新一轮的下降阶段，2009 年降到 0.27。

第四阶段：2010 年以后，受新一轮经济危机影响，经济增速放缓，高耗能行业特别是有色行业生产不景气，2011 年电力消费弹性系数比 2010 年略升之后，重新进入下降阶段，特别是 2012 年电力消费负增长。

从 2000～2012 年工业电力消费弹性系数可以看出，电力消费弹性系数呈现明显的阶段性：在经济上行期，工业发展对电力消费的依赖程度较强，弹性系数较大；在经济下行期，工业发展对电力消费的依赖程度较弱，弹性系数较小。工业电力消费弹性系数的变化先于工业增加值变化，变动幅度大于工业增加值，特别是经济下行周期，河南电力消费弹性系数波动更为明显。

3. 河南电力消费弹性系数低于全国

（1）河南电力消费弹性系数绝大多数年份小于全国。2000～2012 年，除 2001 年和 2008 年以外，河南省电力消费弹性系数都小于国家的电力消费弹性系数。

（2）河南平均电力消费弹性系数小于全国。2000～2012 年河南电力消费弹性系数平均值为 0.77，全国为 1.06，河南比全国低 0.29。

（3）分时期河南电力消费弹性系数小于全国。"十五"、"十一五"时期河南电力消费弹性系数分别比全国低 0.32、0.21。与全国相比，"十五"时期为 0.752，"十一五"时期为 0.769，与全国的差距呈现逐步缩小态势。

三 影响河南工业电力消费弹性系数的因素分析

河南工业增长和电力消费增长的相关性较高，集中反映在工业电力消费弹性系数的变化上。影响工业电力消费弹性系数的因素很多，如生产力发展水平、产业结构、技术装备和生产工艺水平及能源管理水平等，都会影响到电力消费弹性系数的高低。

1. 电耗水平下降、节能政策实施，是电力消费弹性系数下降的主要因素

（1）工业单位增加值电耗呈下降趋势。单位工业增加值电耗由 2000 年的 2620.44 千瓦时/万元下降到 2012 年的 1328.43 千瓦时/万元，降低 49.3%，其中高耗能行业单位增加值能耗由 2000 年的 7770.87 千瓦时/万元下降到 2012

年的 3171.89 千瓦时/万元，降低 59.2%，高耗能行业单位增加值电耗水平下降幅度明显高于全部工业。单位增加值电耗的下降为全省经济增长、能耗下降起到了重要作用。

（2）主要耗能工业单位产品电耗水平总体呈下降趋势。2012 年，全省统计监测的 32 种主要耗能工业单位产品有 18 种工业单位产品电耗水平较 2007 年电耗水平存在着不同的下降幅度，其中六大高耗能行业的产品有 13 种。2012 年，单位电解铝综合能耗为 1657.77 千克标准煤/吨，比全国低 54.54 千克标准煤/吨，中铝等大型电解铝企业的设备在全国处于领先水平，电解铝单位综合能耗大大低于全国平均水平。全省主要高耗电产品电解铝、硅铁、电石、烧碱、合成氨、乙烯、水泥、钢、原油加工等单位电耗较 2007 年分别下降 4.9%、33.5%、7.5%、3.3%、9.8%、54.7%、29.6%、19.0% 和 9.6%，同时，大部分产品产量较 2007 年增长 10% 以上，这是电力消费弹性系数下降的主要原因之一。

2. 产业结构变化影响

从六大高耗能行业用电弹性系数变动趋势图来看，电力、热力的生产和供应业以及有色金属冶炼及压延业整体上呈现出震荡下降的趋势，其中有色行业弹性系数下降较为明显，由 1996 年的 2 下降到目前的 - 1.67。

对近年来分行业电力消费弹性系数进行相关分析，2002 年以来工业电力消费弹性系数与重工业电力消费弹性系数的相关系数为 0.9880，工业电力消费弹性系数与高耗能行业电力消费弹性系数的相关系数为 0.8873；高耗能工业电力消费弹性系数变动与黑色金属冶炼及压延加工业、有色金属冶炼及压延加工业和电力、热力的生产和供应业的相关系数分别为 0.8413、0.8086 和 0.8388。

由此可见，河南工业电力消费弹性系数变动与重工业、高耗能电力消费弹性系数变动密切相关，高耗能工业电力消费弹性系数变动与黑色金属冶炼及压延加工业、有色金属冶炼及压延加工业和电力、热力的生产和供应业密切相关。

（1）六大高耗能行业比重较高、影响较大。受历史及区位、资源禀赋等影响，河南煤炭、化工、水泥建材、黑色、有色、电力等六大高耗能行业发展较快，形成目前高耗能行业占比较高的产业结构。2000 年以来，河南高耗能行业占工业的比重高出全国 15 个百分点左右，有色行业占工业的比重高出全国 20 个百分点左右。

近年来，六大高耗能行业呈现用电量占工业比重高、增加值占工业比重低的特征，高耗能行业增加值和电力消费分别占工业的 45% 和 75%，有色行业增加值和电力消费分别占工业的 5% 和 30%。2001～2012 年，六大高耗能行业用电量平均比重为 77.1%，而增加值比重仅为 44.3%，用电比重高出增加值比重 32.8 个百分点。从历史数据看，高耗能行业电力消费弹性系数波动程度远高于非高耗能行业。2000～2012 年，六大高耗能行业中的电力、热力的生产和供应业与有色金属冶炼及压延加工业整体上呈现震荡下降趋势，尤其是有色行业弹性系数下降最为明显，由 2.02 下降到 -1.67（见图 3）。再加上 2002 年以来，重工业用电弹性系数呈现出下降的趋势，导致河南工业电力消费弹性系数波动较大。

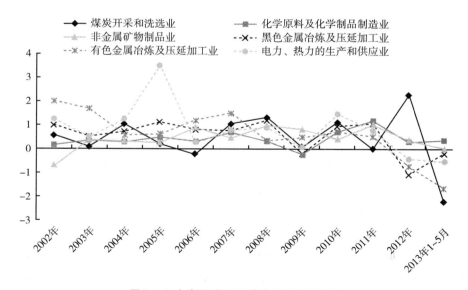

图3 六大高耗能行业弹性系数变动情况

（2）有色行业用电需求变化是电力消费弹性系数波动的主要因素。在六大高耗能行业中，有色金属冶炼及压延加工业对电力需求最大，占比最大。2012 年铝耗交流电达到 13882 千瓦时/吨，是绝对的耗电大户。2001～2012

年，有色行业电力消费和增加值占工业的比重差异最大，有色金属冶炼及压延加工业用电占工业的比重为25.2%，其增加值占工业增加值的比重仅为5.6%。

有色行业增加值增速对工业增加值增速影响有限，但其电力消费增速的上升与下降对工业电力消费增速影响极其显著，这也是近年来工业保持快速增长，电力消费由于受到有色行业影响而增速缓慢甚至出现负增长的一个重要原因。2012年，扣除有色行业后，工业增加值增长14.8%，有色行业影响工业增加值0.2个百分点；扣除有色行业后，工业电力消费增长3.2%，有色行业影响工业电力消费3.4个百分点。2013年1~11月，河南省有色冶炼和压延加工业用电量同比下降7.5%，对工业用电量下降的贡献率达74.6%，拉动高耗电行业用电量下降2.7个百分点，拉动全部工业用电量下降2.1个百分点；但有色行业实现增加值占规模以上工业的比重只有3.8%，对规模以上工业的贡献率为3.3%，仅拉动规模以上工业增加值增长0.4个百分点。

扣除有色金属冶炼和压延加工行业，2013年1~11月河南省工业用电量由增长2.8%提高到增长6.8%，规模以上工业增加值增速由增长11.1%提高到11.3%；高耗电行业用电量增速由增长0.2%提高到增长4.6%。扣除有色金属冶炼和压延加工行业后，全部工业的电力消费弹性系数为0.69，工业增加值和用电量增速的匹配程度明显增强。

以上分析可以看出，高耗能行业对工业电力消费增速和增加值增速影响较大，尤其是有色行业用电量的变动对河南省工业用电影响显著，对工业用电增速影响要远大于对工业增加值增速的影响，这也是造成1998年、2008年和2012年工业电力消费弹性系数急剧下降的主要原因。

3. 工业产品结构变化较大

工业产品结构也是影响工业电力消费、增加值增速的重要因素。近年来河南高耗电行业产业链拉长，精深加工和终端产品比重提高，产品结构调整明显，并且产品结构调整是在提高低耗电、高附加值产品比重情况下实现的，对用电影响是负拉动，而对增加值的影响是正拉动。

从黑色金属冶炼和压延加工业主要产品看，河南省耗电大的主要冶炼产品生铁和粗钢产量基本稳定，未出现大规模扩张，耗电相对较少的钢压延产品大部分保持较高增长。2012年，全省棒材、热轧薄板、冷轧薄板、热轧薄宽钢带、冷轧薄宽钢带、涂层板（带）、无缝钢管、焊接钢管、再加工钢材等产品产量增长均在100%以上，热轧薄板和冷轧薄板产量分别达2007年的8倍和7倍。钢筋、线材、厚钢板等产量较2007年增速也在25%以上，远远高于生铁和粗钢产量的增长速度。

从有色金属冶炼和压延加工行业看，2012年，10种有色金属产量较2007年增长29.6%，其中单位电耗高达13884.79千瓦时/吨的电解铝产量仅增长16.7%；而耗电相对较少的铝材产量较2007年增长181.4%，铝合金增长105.4%。2013年1~11月，10种有色金属增速同比下降3.6%，其中电解铝下降10.3%，而铝材产量同比增长17%，铝型材、铝板材、铝带材、铝箔材增速均在15%以上。

铝、铅、粗钢等产品处于产业链上游和价值链低端的初级产品，这些产品在冶炼过程中耗电较多，但延长产业链条后加工成适应市场需求的型材产品，这些产品产量保持了一定的增长，在锻压、延伸、拉长、成型工序阶段用电明显减少。耗电较低的产品产量增长迅速，强力拉动了工业增加值的增长，用电量增速相对较低，工业电力消费弹性系数相对较低。

4. 特殊年份电力消费弹性系数变动原因分析

从波动较大年份来看，电力消费弹性系数与国际国内经济运行环境密切相关，包括国家宏观调控政策、各阶段的发展战略，近年来受国际因素影响显著。"十五"时期是工业电力消费弹性系数最高的阶段，也是河南省能源、原材料工业发展最快的时期。而电力弹性系数相对较低甚至为负值的几个特殊年份，则是2008年全球金融危机及2012年经济下行期。

"十五"时期，河南煤、钢、有色金属、铝等产量大幅增长，2005年产量分别是2000年的2.5倍、3.3倍、4.2倍、4.7倍。2001年和2002年原铝产量增速高达64.3%、47.8%，为1999~2012年最高增速，这两年的电力消费弹性系数分别高达1.27、1.25，也为历年高点。

受2008年全球金融危机影响，2008年和2009年工业电力消费弹性系数由2007年的1.05降至2009年的0.27。这一时期原铝产量增速分别为3.7%、-3.0%，生铁产量增速分别为-10.9%、13.3%，主要耗能产品增速均为历年低值。

2012 年工业电力消费弹性系数为 - 0.01，主要原因是金融危机影响加深，经济增速放缓，市场需求不足，高耗能行业特别是有色行业生产不景气，部分企业处于停产半停产状态，生铁、粗钢、钢材、铁合金、10 种有色金属、铜材、原铝等高耗能产品产量下降，用电量大幅减少，工业电力消费弹性系数为负值。

2013 年以来，电力消费持续下降，世界经济下行明显，目前尚未出现回暖迹象，其中六大高耗能行业用电下降是电力消费下降的主要原因。

从特殊年份工业电力消费弹性系数可以看出，这些年份弹性系数变化主要是受河南产业结构影响。一般来讲，在金融危机来临时，首先受到冲击的是能源原材料等上游产业，越靠上游的产品，波动性就越大。在经济繁荣的时候，上游产业或者说重工业增长率较高；而在经济衰退期，轻工业增长速度相对较高。

四　结论及启示

从历史及目前情况看，出现电力消费与工业增加值数据背离的现象是客观和必然的，既有历史、区位及资源禀赋因素，也有产业结构、金融危机影响因素，是各种因素叠加、共同作用所致。

1. 工业电力消费与工业经济增长变动趋势一致，弹性系数总体呈现下降态势

2000 年以来，河南工业电力消费增长与工业增长的变动趋势基本一致。电力消费弹性系数一般在 1 上下波动，总体上是随着经济的发展和技术水平的提高呈现下降的趋势。在工业经济上行时期，电力消费弹性系数明显高于 1；在经济高涨过后增速回落时期，工业电力消费弹性系数小于 1；在经济运行相对稳定的年份，工业电力消费弹性系数小于 1。但是，具体到某一个地区、某一个年份或某一个时期具有一定的特殊性和随机性。

2. 河南工业电力消费弹性系数在特殊年份波动较大，主要是受产业结构、经济增速和高耗能行业尤其是有色行业增速波动多重影响所致

高耗能行业尤其是有色行业的变化对工业用电增速、电力消费弹性系数影响显著，是影响电力消费弹性系数的关键因素，这些行业电力消费量的增速直接决定了工业用电量的增速和电力消费弹性系数。同时，电力消费的变动幅度快于经济发展变化的幅度，在经济增长上行期，电力消费增速一般高于经济增长。在经济下行期，电力消费的下降幅度也会快于经济下降的幅度。

3. 河南电力消费弹性系数与全国趋势一致，扣除工业增加值数据棚架因素，河南与全国电力消费弹性系数基本吻合

电力消费弹性系数在同一时期、在不同地区由于产业结构、资源状况、技术水平等不同而有所不同。从历史数据看，河南工业电力消费弹性系数低于全国，并不是近年来才出现的现象。这主要是在新型工业化加速上升时期，随着河南不断优化产业结构，延长产业链条，加大产品结构调整，再加上大力淘汰落后产能、运用先进技能设备等节能降耗措施实施，河南电力消费弹性系数正逐步与全国接近。如果考虑全国与各省份工业增加值数据棚架因素，河南与全国电力消费弹性系数是基本吻合的。

总之，从长期的发展趋势看，不同的经济发展阶段对电力的需求程度会有所不同，因经济结构调整、能源结构变化、利用效率提高等都会对电力消费产生影响。在某些特殊年份，由于产业结构、技术装备和生产工艺水平等原因，也会出现工业经济增长而电力消费下降的情况。因此，电力消费与经济增长之间有较高的相关性，但并不是完全相关的函数关系，电力消费与经济的增长一般是同向的，但不一定同步变化。

B.22
河南省构建新型农业经营
体系的目标与思路

刘 云*

摘 要：

根据河南省农业规模化经营的一般约束条件，未来一个时期河
南农业经营的基础规模依然很小。在不同的新型农业经营主体
中，适度规模的家庭农场能够满足的条件较多，大规模公司化
经营农场能够满足的条件较少。新型农业经营体系建设的中期
目标，应该是建立以农户小规模分散经营为基础，以适度规模
的家庭农场为骨干，与农业规模化经营主体相适应的社会化服
务体系。

关键词：

家庭农场 新型农业经营体系 适度规模经营

对中国这种人多地少的国家而言，以什么样的经营方式把农业的潜在生产
能力有效释放出来，是保障国家粮食安全和重要农产品有效供给的关键。党的
十八大报告、十八届三中全会《中共中央关于全面深化改革若干重大问题的
决定》和刚刚闭幕的 2014 年中央农村工作会议都明确提出，要创新农业经营
方式，构建新型农业经营体系。新型农业经营体系的建设主要包括两大着力
点，一是培育规模化经营主体，提高农业规模化水平；二是发展多元服务主
体，完善农业社会化服务体系。其中，农业服务主体的生成和发展，依赖于规
模化经营主体的成长。因此，培育适度规模的经营主体在新型农业经营体系建

---

* 刘云，河南省政府发展研究中心农村经济研究处。

设中处于主导地位。

一个地区的农业经营规模大小，主要受人地关系、经济发展所处的阶段等多种因素的影响。河南省作为一个发展中的农业大省，农业经营规模首先受到人多地少、户均土地过小的影响。在这种资源约束下，农业规模化起点很低，土地流转成本高且不易连片，规模化主体自有土地少，易形成租地型家庭农场。其次，受到当前河南省农民非农化、市民化程度不高的影响，尤其是农业转移人口在城镇不落地，外出务工人员"一脚在城里，一脚在农村"，对土地的依赖还很大，不会轻易转包土地。再次，河南省是国家重要粮食生产基地，在保障国家粮食安全方面占有重要位置，扩大农业经营规模不能以牺牲粮食为代价，不能以降低土地产出率为代价。又次，粮食收益低。种粮农民收入低，与外出务工人员收入差距大，与城镇人均可支配收入差距更大，解决谁来种地问题，必须使种粮农民能够得到社会平均利润。最后，还受到小规模分散经营条件下农业社会化服务水平低，以及农业生产活动计量难、劳动监督难等农业自身特性的影响。

一 河南构建新型农业经营体系的
可能空间和需要空间探究

1. 基于人口因素、人口城乡比重的影响，到 2020 年，在农民非农化与市民化同步的条件下，农户户均土地规模将在目前的 5.7 亩基础上向 11.88 亩过渡

（1）未来人地规模。按照 5‰的人口增长率，河南省人口总量到 2020 年将增加到 1.07 亿人。考虑到中国一直实行"占补平衡"的耕地政策，况且从可能看，在现有的耕地和城市建设用地之间，存在一个 2000 多万亩的农村建设用地，这一政策的执行具有一定回旋余地，因此设定耕地面积保持在目前 1.18 亿亩地的水平。从现在起到 2020 年，人地比率会在现有基础上继续探底，直到人口数量达到峰值。

（2）未来城乡人口。2012 年，河南省总人口为 10543 万人，城镇化率为 42.4%，乡村人口为 6070 万人。按照新制定的《中共河南省委关于科学推进

新型城镇化的指导意见》，未来一个时期，河南城镇化率保持年均增加2个百分点、年均增加200万人口的速度，到2020年河南城镇化率将达到56%，届时，城镇人口将增加到6206万人，农村人口减少到4876万人。

（3）未来农村人均耕地、户均耕地。按照目前的耕地总量水平，在城镇化率达到58%的水平上，河南省2020年的农村人均耕地有望达到2.64亩，按每户4.5个人的规模，户均耕地面积为11.88亩。

但是以上测算有一个重要假设，就是农村转移人口完全市民化。按现有城镇人口计算方法，在城镇居住6个月以上的农民工计入城镇人口。而实际上无论是在省内还是省外，外出务工人口作为农村集体的成员，对集体土地都有成员权，一般都占有一份承包地。在半城镇化制度条件下，这些人与土地的关系依然没有割断。

同时，上述测算另一个前提条件是，农户随农民工市民化同步在城镇落户。实际上，在现行转移人口半城镇化模式下，河南省农村户数不减反增，进入21世纪以来，已经由2000年的1972万户，增加到2012年的2066万户。在耕地面积基本稳定的条件下，户均土地随着农户数量增加而减少。据台湾的经验，即使实行完全的人口城镇化，农户数量从增加到停滞再到减少，也需要经历一个漫长的过程。根据目前人口城镇化速度加快的趋势，假设到2020年河南省农户数量有一个从不断增加阶段再逐步过渡到停滞阶段，据此我们可以得出结论：农村人均占有耕地将在现有人均1.96亩的基础上逐步增加，并随着人口城镇化的加快，逐步向2.64亩过渡；户均耕地减少的趋势逐步终止，并在现有户均5.7亩的水平上逐步向11.88亩过渡。

2. 基于种粮农民收入达到务工收入、城镇人均可支配收入的水平，合理的农户经营规模分别为78亩和110亩

2012年河南省夏粮（小麦）亩均纯收益314元，秋粮（玉米）亩均纯收益517元，即一亩地一年纯收益831元；2012年河南省农民工月平均工资约2600元，以年工作时间10个月计算，平均年收入2.6万元。如果按照户均2.5个劳动力计算的话，为保证一个家庭农场的种粮收入和务工收入大体相当，一个家庭农场的最小规模应当在78亩。2012年河南省城镇人均可支配收入为20442元，仍按照农户户均4.5人计算，为保证一个家庭农场的种粮收入和城镇人均可支配收入大体相当，最小规模应当在 110 亩。

3. 基于不降低土地产出率且以家庭劳动力为主进行生产活动，合理的农户经营规模在 200 亩左右

根据河南省统计局对全省 150 个种粮大户的调查，将规模经营面积的大小分为 50～100 亩、101～300 亩、301～500 亩、501～700 亩、701～1000 亩、1001 亩及以上 6 个组别，从单产水平看，平均经营耕地面积低于 200 亩的规模户单产水平较高。主要原因是，当经营耕地面积在 200 亩及其以下时，一般情况下靠家庭自己劳动力就能完成生产管理，当面积超过 200 亩时，需要雇工才能完成。而粮食生产的特点又决定了用工需求非常集中，比如旱时浇水、病时喷药，基本都需要在短时间内集中作业，所以当自己的劳动力不够而临时又雇不到人时，生产一定会受到影响，有时还是无法弥补的。还有一种情况是劳动成果难以计量、劳动监督难的问题突出。种植大户反映，当雇工进行田间作业时，类似大集体时期"出工不出力，干活不经心"的问题普遍存在，使雇主十分苦恼，劳动成本难以有效降低。所以在当前生产力水平条件下，过大规模的农地经营，产出水平并不高。

4. 基于土地流转成本和社会化服务、农业生产条件，农户经营规模越大，土地负担越重，金融保险服务不到位、农机装备水平低等约束越紧

仍以河南省统计局对全省 150 个种粮大户的调查为依据，6 个组别 2013 年种植小麦的亩均生产收益分别是 409.5 元、444.9 元、442.3 元、431.9 元、414.7 元和 403.4 元。即 50～100 亩组和 1001 亩组的收益较低，301～500 亩组、501～700 亩组收益较高，最高的是 101～300 亩组。也就是说从单位投入产出效益来看，101～300 亩的规模收益是最好的。

但是上述结果有一个重要假设，就是种粮大户种植的土地都是自有土地。由于农户户均自有土地仅 5.7 亩，我们忽略掉这个因素，按照每年每亩1000～1200 元、单季 500～600 元的土地承包费，计入转包费后 6 个组别 2013 年种植小麦的亩均生产收益分别是 -140.5 元、-105.1 元、-107.7 元、-135.3 元和 -146.6 元，收益均为负数。这样我们就不难理解，150 个大户中 50% 的种粮大户除种粮之外还兼业从事农资经销、林果、药材等设施农业、管理农业专业合作社等工作。我们在实地调查中了解到，这些专业种粮户也都有转产经济

作物的打算，或者处于观望状态，看看惠农政策会不会对他们有所补偿。因此说，如果种粮收益过低，就可能会把经营者"逼"到非粮化、非农化的路子上。

实际上，不同规模农户负担的土地成本是不同的。一般来说，规模较小的、同一集体组织内部农户之间转包费用较低，而需要大规模连片经营的出租方式的转包费用较高，两者之间差距在 1/2 左右。如果按照这一比例将亩均 1000～1200 的亩均土地成本调低为 500～600 元，单季为 230～300 元，上述 6 个组别中 50～100 亩、101～300 亩规模户的收益，在计入土地成本后就变负为正，分别为 159.5 元、194.9 元。目前河南省乡（镇）均土地 6.45 万亩，行政村村均土地 2522 亩，按每村 10 个村民小组计，组均 252.2 亩。所以说，同一村民小组内 200 多亩以内规模的经营户的土地转包费较低，跨组、跨村、跨乡的千亩计、万亩计规模的土地租金更高，靠种粮很难赚钱。

此外，在 150 个种粮大户中，82% 的种粮大户都感到生产资金紧张，反映农村金融机构存在办理贷款手续繁琐、门槛高、期限短、额度小等，很难满足生产所需。54% 的种粮大户反映农机装备水平低，如晾晒、仓储设施不到位，影响粮食后期的品质和保存等。70% 的种粮大户都觉得政府对他们的支持力度不够。这说明金融服务不到位、农机装备水平低、政策支持不足等，已经成为制约农业规模化经营主体发展的重要条件。

据此，不难对河南省未来一个时期新型农业经营体系建设做出以下判断：一是农业基础规模依然很小。人口基数大，农民非农化、市民化对人地关系的改善十分有限。二是适度规模的家庭农场能满足的条件较多。现阶段，当农业经营规模在 101～300 亩时，能满足条件比较多，包括较高的土地产出率，合理的规模效益，依靠种植粮食作物得到相当于务工和城镇居民人均可支配收入的收益，以家庭自有劳动力为主，土地成本较小，对当前的农业社会化服务较为适应。三是大规模公司化经营农场发展满足的条件较少。大规模经营农场难以满足保持和提高粮食土地产出率的条件，尤其是劳动成本、管理成本较高，土地成本压力更大，对金融保险等农业社会化服务和农业生产条件的要求较高，因而也更容易在利润最大化目标的促使下走上非农化、非粮化道路。但是如果解除以种植粮食作物为主且持续提高土地产出率的约束，大规模公司化农场的优势就会增多。说明公司化农场虽然不适于粮食种植，但有可能适宜于非粮领域。

根据上述分析，河南省新型农业经营体系建设的中期目标，应该是建立以农户小规模分散经营为基础，以适度规模的家庭农场为骨干（包括农民合作社和公司化农场在内的多元化的经营系统），与农业规模化经营主体相适应的社会化服务体系。

二　河南省构建新型农业经营体系的思路

实现这一目标，必须在积极推进农民非农化、市民化的基础上，以家庭农场作为适度规模经营的主攻方向，以健全社会化服务体系作为助推家庭农场的着力点，以调适财政补贴政策作为稳定家庭农场的工作重点，积极探索和创新家庭农场经营模式，推动家庭承包制向家庭农场制转变。

1. 深化对新型农业经营体系建设的认识

河南省人多地少，土地资源稀缺，正处于工业化、城镇化中期阶段，农业规模化经营主体发育的空间有限，依然处于新型农业经营体系建设的量变阶段。应该主要通过加快工业化、城镇化进程，持续推进农民非农化、市民化，为新型农业经营主体的发育和成长创造条件。同时，应进一步破除城乡二元制度，提高城市对农业转移人口接纳程度，建立农民离开农村机制，健全农村土地承包经营权登记制度，强化对农村耕地、林地等各类土地承包经营权的物权保护，尽快完成农村土地承包经营权确权登记颁证工作，促进农地流转。

2. 把家庭农场作为适度规模经营的主攻方向

家庭农场是以农户为经营主体，主要利用家庭劳动力，生产经营规模适度，专业化、标准化、集约化、商品化水平较高，且以农业收入为主要收入来源的农业生产经营单位。在当前条件下，家庭农场能够兼顾粮食生产和农民增收、兼顾提高劳动生产率和土地产出率，符合河南省省情及发展方向。应尽快设立家庭农场标准、登记注册办法，明确准入门槛，为农业新型规模化主体培育提供有效的制度供给。在这一问题上，要通过对国情、省情及其农业发展规律的认识，纠正过分"贪大"和追求轰动效应、参观效应的大规模经营偏好，实事求是地根据自身发展条件,推动家庭承包制向家庭农场制过渡。公司制农业有其比较优势和发展空间,要鼓励和引导工商资本到农村发展适合企业化经营的种养业和加工服务业。推动农民合作社向规范化发展阶段转换,应适当提高合作社准入门槛,澄清农民合作社的家底,剥离那些有名无实的合作社和不符合合作社原则的合作社,使国家对合作社的扶持政策真正发挥应有效力,促进合作社在更高起点上健康发展。

3. 把健全社会化服务体系作为助推家庭农场的着力点

要逐步建立与农业规模化经营主体相适应的社会化服务体系。应把种粮大户和家庭农场在生成发展过程中遇到的问题和困难,作为构建新型服务机制的着力点,逐步由点到面,扩充、提高、完善适应现代农业发展的社会化服务体系。当前,在农业经营性服务有效需求不足的条件下,应通过强化农业公共服务,打破农户小规模经营与农业服务体系不健全之间的低水平均衡,逐步使农业规模化主体释放出新的服务需求,形成良性互动局面。

4. 把调适和完善财政补贴政策作为稳定家庭农场的工作重点

现行的各种惠农补农政策基本上是以分散农户为对象的,不是为家庭农场量身定做的。增强家庭农场的生命力,应以当前家庭农场反映最强烈的问题为导向,逐步构建以适度规模的家庭农场为指向的财政补贴制度。当前,帮助家庭农场化解土地成本是首要问题。中国与国外家庭农场一个很重要的区别是农场自有土地少,一个一二百亩的经营规模,自有土地基本上可以忽略不计,这样就涉及巨额的土地流转租金如何消化的问题。上海松江区帮助家庭农场化解土地成本负担的做法有3个,一是限制土地流转租金价格,二是对家庭农场租金进行补贴,三是对土地转出户进行补贴。短期来看,我们也可以通过干预土地流转价格和实行土地租金补贴等措施来消化部分土地流转费用,使家庭农场先成长起来。长期来看,需要对如何"买断"转移农民的承包经营权从而增加家庭农场的自有土地做出安排。

5. 积极探索和创新家庭农场经营模式

粮食收益水平低,要使家庭农场消化掉因规模化经营而凸显的土地成本、劳动监督成本等,达到目前农户小规模经营的亩均收益水平,还需要一个过程。上海松江区的做法是一方面加大对家庭农场的补贴力度;另一方面创新家庭农场经营模式，除单纯的粮食型家庭农场外，还创立了"粮机一体"家庭农场和"粮猪型家庭农场"，即家庭农场以种植粮食为主，兼营农机服务或养猪，增加了家庭农场的收入来源，提高了家庭农场的总收入，这一经验值得河南省借鉴。立足于生态农业和循环农业，研究和推广建立在专业化生产社会化分工基础上，以粮食为主、兼营其他的家庭农场发展模式，有利于提高家庭农场收益，促进家庭农场发展。

B.23
把郑州航空港区建成
中国中部新增长极

陈爱国*

摘　要：

继 2012 年国家批复《中原经济区规划（2012～2020 年)》之后，国务院于 2013 年 3 月 7 日又批复了《郑州航空港经济综合实验区发展规划（2013～2025 年)》。这是中国第一个以航空港为主题的实验区和航空港经济发展先行区，也是河南省又一个上升为国家战略的战略规划。规划的批复标志着郑州航空港区成为建设中原经济区的战略突破口，带动河南全省经济社会发展的核心增长极，也是国家推动中部地区经济社会发展的又一重大战略部署。本文对航空港发展规划五大定位做分析解读，对郑州航空港或成为中部地区新的增长极做出预见。

关键词：

郑州航空港区　增长极

2013 年，郑州航空港区成为我国首个航空港经济综合实验区。在刚刚过去的一年，郑州航空港区着力打造河南省对外开放平台，奋力加快郑州国际货运航空枢纽建设，积极推进河南电子口岸综合服务中心建设，加强与全球物流网络连接，成为河南参与国际经济循环的重要窗口，在国家构筑"丝绸之路经济带"中起到了纽带作用，已形成持续带动全省产业发展的发动机和核心

---

* 陈爱国，河南财政税务高等专科学校。

增长极。2013 年，郑州航空港区实现工业总产值 1836 亿元，与 2012 年同期相比增加 570 亿元，同比增长 45% ，领跑全省产业集聚区。

一 我国首个航空港经济综合实验区落户郑州的背景

2013 年 3 月 7 日，国务院批复了郑州航空港经济综合实验区发展规划。这是继 2012 年国家批复《中原经济区规划（2012～2020 年）》之后，中央对河南经济发展的又一重大支持，也是国家从全国一盘棋层面布局河南经济社会发展的重大战略举措。加上以前批复的中原经济区规划、国家粮食战略工程河南粮食生产核心区规划，国务院对河南已经先后批复了三大国家战略规划。这三大战略构成了一个完整的框架，各有侧重，各具特色，相辅相成，构成体系，成为在 21 世纪前期相当长一个阶段河南持续健康跨越发展的指导思想和规划体系。

历史上看，河南是华夏文明的核心区，华夏文明的薪火在这块土地上代代相传。之所以历朝历代重视中原、逐鹿中原、定鼎中原，中原成为国家长期的政治、经济和文化中心，既是因为河南这个地区土地气候、土壤等生产要素适合农耕文明，先民们休养生息在这块土地上，古代中原的先进技术带动了当时生产力的进步，促进了中原鼎盛，成为古代文明的璀璨之地；也是因为河南有"交通四面、辐辏八方、九州腹地、十省通衢"之称，国家需要依靠交通和通信来有效地管辖国土和人民，正是由于这样的地理区位优势，使中原，使河南长期处于华夏政治经济文化中心，形成了"兼容并蓄、生生不息、鼎新革故、刚柔相济"的中原精神。

随着现代生产力的发展，交通运输成为人类文明的生命线，是社会经济文化活动的纽带，是近现代文明直接作用并影响区域发展的重要因素。美国学者卡萨达教授提出的"第五冲击波"理论，将交通方式的变革表述为五个冲击波，即海运、内河水运、铁路、公路、航空，而目前发展迅猛的第五冲击波正是航空运输业，直接促进全球高效、快速及网络化发展，世界正形成速度经济，机场成为全球生产和商业活动的重要节点，也是地区经济发展引擎，它不断吸引着众多的与航空相关的行业集中到其周围，随着越来越多的商业、企业

河南经济蓝皮书

在机场周边及交通走廊周围聚集，从而出现了一种以航空为基础的新型城市——航空大都市。自 20 世纪 80 年代开始，新工业革命和产业转移的出现，国际间的产业结构调整带来产业布局上的变化，大量先进的制造业向中国转移也引起航空客货运输的一些增长。世界航空迅猛发展，客货运量增加幅度迅猛；中国航空航运也面临巨大发展空间，亟须调整民航业战略布局，北、上、广三大机场已成为专一的国际航空客运枢纽，而门户机场功能、中转功能由更加适合的中部地区担任，这无疑为河南航空经济带来了新机遇。

河南地处中原，交通区位优势明显，优先发展交通运输成为历届河南经济社会发展领航者的不懈追求，河南优先发展交通运输的实践也为郑州航空港的提出奠定了基础。在 20 世纪 90 年代，河南省委推出"一高一低"战略，强力发展交通，修高速公路，建商贸城并提出要把郑州建成"东方芝加哥"口号。当时有人讲：郑州就像德国的法兰克福，这个地方要是发展航空的话，有可能发展成法兰克福。进入 21 世纪之后，中原城市群、"三化协调"发展，高速公路构成网络，河南成为全国高速公路通车里程最多的省份；快速铁路开建，铁路网规划强化了河南的交通区位优势。2007 年，河南省委、省政府明确提出了民航优先发展战略。在民航优先发展战略指导下，修新机场，新建扩建候机楼，出台机场枢纽建设规划，在机场周边建设综合保税区，引进富士康，争取到总后空投基地落户郑州机场，提出了跨境贸易电子商务试点城市，"十一五"时期河南航空客货运吞吐量分别年均增长 24% 和 14%；货运大幅度提升，2012 年增长了 50%。河南航空经济带动全省经济全面发展，趋势、态势、气势都非常好。从而使河南在经济全球化的条件下，能够构建综合交通枢纽，构建自己的交通区位新优势，更好地参与国际产业分工，构建开放创新高地，充分发挥自己的比较优势，塑造自己的现代产业体系，在全国赢得了自己的优先位置。

二　河南建设航空港区的优势和现实基础

中国是一个大陆国家，郑州作为地处"九州通衢，国之中央"的中部省会城市，位于京津冀经济区、长三角经济区、珠三角经济区、成渝经济区之间的核心区域，连南贯北，承东启西，是全国重要的交通枢纽和物流中心。具有天然形成的不可替代的地理区位优势。以郑州机场为中心划半径，1.5 小时航程可涵盖全国 2/3 的主要城市，3/5 的人口，3/4 的 GDP。如果以 2 小时航程计算则可覆盖几乎全部国土面积，甚至更广阔的地区，具备成为大陆区域航空枢纽和中国乃至世界物流中心的区位条件。郑州航空港区地处我国内陆腹地，辐射半径大，空域条件好，处于航线网络中心的位置，绕航率及经停、中转率比较高，是全国最经济最有优势的航空枢纽，便于衔接东西南北各方航线，便捷开展联程联运。

河南现有交通优势使陆空衔接高效。在铁路方面，郑州作为中国铁路的"双十字"（高速铁路、铁路）枢纽地位，雏形已现，是中国铁路交通上的"双十字"交会之地。以郑州为中心，以 500 公里为半径画一个圆可以覆盖 3.5 亿人口，以 700 公里为半径画圆则可覆盖 7.2 亿人口。随着郑西高铁和郑武高铁的相继投运，河南已经形成以郑州为中心、南北 1 小时高速铁路交通圈和东西半小时高速铁路交通圈，城市轻轨发展也将加速中原城市群半小时经济圈的形成。在公路方面，目前河南高速公路通车里程为 5196 公里，连续 7 年保持全国第 1 位；干线公路 1.79 万公里，农村公路 22.3 万公里，已初步形成了以高速公路为主骨架、干线公路为支线、农村公路为脉络的公路交通网络。郑州公路港枢纽地位突出，具有全国第 1 位的高速公路优势，正强化与天津、青岛、连云港、阿拉山口、霍尔果斯等口岸的合作，以实现内陆口岸直接通关，打造东连西接的内陆"无水港"。在航空方面，郑州机场规划建设 4 条跑道，将成为国内大型航空枢纽。目前，郑州综合交通枢纽地位已经得到进一步提升，集航空、铁路和公路港三大交通枢纽建设于一身，适宜陆空对接、多式联运，建成内捷外畅的现代交通运输体系。

河南产业基础良好也是发展航空经济最大的资源禀赋之一。河南人口众多，自身有 1 亿人口，消费基数大，本身就是一个大市场。地处中原又有超强的辐射力，从而辐射周边形成了更大的市场。河南的人力资源优势也非常突出，在 1 亿人口中劳动人口多，仅农民工就有 2500 万人，河南物产丰富，生活成本低，这样的人力资源优势吸引了富士康一类的大企业把生产基地转移到郑州。河南依托区位优势建设交通大枢纽，自身承接产业转移的载体和基础设

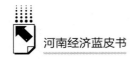

施趋向完备，具备了加快承接产业转移的物质基础。新型服务业和新型工业化强力推进，加速了河南内陆开放，河南得以抓住全球产业重新布局的机遇，建设郑州航空港，以航空经济发展驱动中原经济区腾飞。

国务院批复郑州航空港区规划后，郑州航空港区成为全国第一个以航空港经济发展为主题的实验区。这个规划的批复，在全国影响很大，尤其是对一些比较发达的省份震动很大。郑州航空港区建设，不仅是郑州的大事，也是河南乃至中原经济区的大事。建设郑州航空港，对优化航空货运布局、促进产业结构升级和发展方式转变、建设内陆开放高地、引领带动中原经济区加快发展都有益处。将第一个上升为国家战略的航空港经济综合实验区建在中原腹地，体现了中国政府促进中西部地区全方位扩大开放、转变发展方式的决心。处于内陆腹地的河南一下子成为内陆开放前沿，向建设内陆开放高地迈进了一大步，各界对中国首个航空港经济综合实验区前景看好。富士康科技集团目前在郑州从事智能手机的加工制造，今后则有条件把产品设计和其他配套程序包括整个供应链厂商陆续都带到这块土地上来。《航空大都市——我们未来的生活方式》一书的作者、美国北卡罗来纳大学教授卡萨达指出，随着综合保税区、航线拓展，跨国企业进驻，郑州空港"将从一个苹果变成一个大果园"。

应该看到，发展郑州航空港的同时也面临许多挑战。郑州作为中国的地理中心，虽然拥有全国最密的运输网络，但还没有达到国际网络的效应；同时，市场成熟度、规范性等都有待完善。当河南倾力打造三大交通枢纽之时，还应警惕交通机遇也会带来"虹吸效应"的挑战。比如，高铁把中原经济区与我国经济最活跃的环渤海地区、武汉城市圈、珠三角地区实现了两小时快速连接，实现人流、物流、资金流、信息流的加速流动，如此便捷的交通均衡了各城市的功能，使之具有更大的替代性。而这种替代性可以使人才、资金、信息等各种发展要素向中心城市和经济高地单向转移。而航空港的出现使这种"虹吸效应"更加突出，甚至会产生向国外经济高地转移生产要素的便利条件。因此，关键是在做好交通"硬件建设"的同时，要加强政府服务能力建设，做好投资环境改善等"软功课"，在吸引国外、外地生产要素的同时，也能留住本地精华，蓄养发展后劲。相信随着时间的推移，郑州航空港必将加快建设，逐渐成为中国大陆最具有竞争力的国际航空货运枢纽。

三　郑州航空港区规划的主要内容与发展方向

郑州航空港区的空间位置，指的是郑汴一体化的核心区域，包括郑州航空港、综合保税区和周边产业园区在内，涉及中牟、新郑、尉氏 3 县（市）415 平方公里面积。在今后一段时间内，郑州航空港区将利用自己的区位优势，寻求以航空港经济促进发展方式转变的新的发展模式。当前，郑州航空港区已聚集一批包括美国联合包裹、俄罗斯空桥、富士康等在内的电子信息、生物医药、航空运输企业。2012 年郑州航空港地区的企业生产手机近 7000 万部，已经成为全球最大的苹果手机生产基地。河南省计划将郑州航空港打造成世界最大的智能手机生产基地。根据郑州航空港区的规划，结合河南省实际，河南省将重点建设大型航空枢纽，大力发展航空货运与全国和世界的连接，以航空经济发展带动制造业和现代服务业聚集，进而推动产城融合、社会发展、中原经济区建设，建设大枢纽、培育大产业、塑造大都市，为河南、中原经济区、中西部发展提供强力支撑。

郑州航空港区建设将重点推进，分步实施。具体分两个时间节点。一是到 2017 年，力争初步形成基础设施、产业体系与公共服务主要功能区。二是到 2025 年，把郑州航空港区建成富有生机活力、彰显竞争优势、具有国际影响力的航空港区。郑州航空港区作为国家批准的首个以航空经济为主题的实验区，规划赋予郑州航空港实验区口岸通关、航线航权、财税金融、土地管理、服务外包等一系列优惠政策，争取形成中原航空大枢纽，基本建成全国重要的航空经济集聚区，成为生态、智慧、和谐宜居的现代航空都市和中西部地区对外开放的新高地，成为中原经济区的核心增长区域。具体在 2013～2025 年规划期间内，把郑州航空港区建设成为国际航空物流中心、以航空经济为引领的现代产业基地、内陆地区对外开放的重要门户、现代航空大都市、中原经济区的核心增长极，以此向全国提供示范效应。

郑州航空港经济综合实验区是河南省打造内陆开放高地的一个重要平台，打造这一实验区是河南扩大对外开放的一个非常重要的战略举措，为建设中原经济区提供了一个有力支撑，有利于河南发展，中原腾飞和中西部协调发展。

作为全国航空港经济发展先行区，郑州航空港区规划设定了航空港的五大定位，明确提出为河南省建设郑州航空港经济综合实验区这一带动中原经济区发展的综合性开放开发平台提供政策支持。一是建设郑州国际航空货运机场，逐步发展成为全国重要的国际航空物流中心。二是发挥航空运输综合带动作用，促进航空经济为引领的产业集群发展。三是推进综合保税区、保税物流中心发展和陆空口岸建设，构建开放型经济体系，建成内陆地区对外开放的重要门户。四是走集约、智能、绿色、低碳发展道路，坚持产城融合，集约发展。五是推动郑州航空港、郑汴新区与郑州中心区的联动发展，使之成为一个以航空业发展为基础的新型的现代化大都市。

从目前势头看，3~5年之后，郑州航空港建设将会大见成效；经过10年的建设，这块土地就会矗立起一座现代化的航空都市。郑州航空港的下一步发展方向应该是争取成为国家自由贸易港区。目前，河南省已启动自贸区申建工作，2014年将正式申报。上海自贸试验区作为我国首个自贸区，涉及金融、投资、贸易等方面的许多优惠政策已基本落实，各类政策红利逐步凸显。上海模式吸引了目前全国12个地区正在积极申报自贸区。河南省已成立自贸区申报办公室，具体申报方案正在起草当中。相信有郑州航空港建设的基础，河南自由贸易区的申请也会受益匪浅。未来自贸区将吸引众多外向型企业聚集驻扎，拉动河南经贸发展。对于广大消费者，伴随自贸区的发展，商品销售成本下降将带动商品价格下降，从而让消费者受益，也让消费者有更多选择。

对科学推进城镇化的认识

郭　军*

摘　要：

按照《中共河南省委关于科学推进新型城镇化的指导意见》，到
2015 年，河南省常住人口城镇化率力争达到 48%，城乡差距逐
步缩小；到 2020 年，全省常住人口城镇化率力争达到 56%，城
乡发展一体化格局基本形成。实现目标必须自觉地顺应城镇发
展规律、产业成长规律、人口流动规律。本文立足河南省实际，
提出城镇化发展要把握科学推进，谨防误入"拉美陷阱"。新型
城镇化是以人为本的城镇化，要"化"在人的生活质量、水平
和环境的改善上。

关键词：

科学　推进　城镇化

"科学推进城镇化"的提出，是对这些年城镇化发展的梳理、总结，是对
城镇化到底怎么"化"的进一步认识。事实上，从党的十五届四中全会通过
的《关于制定国民经济和社会发展第十个五年计划的建议》里，中央首次使
用"城镇化"这个概念开始，党政部门、学者和社会各界就已经开始了关于
城镇化之"化"的问题的研究探讨。

在河南进入国家粮食核心区、中原经济区、郑州航空港经济综合试验区三
大战略运作的新形势、新要求背景下，认真研究如何进一步科学推进城镇化的
问题，符合中央的战略部署和目标指向，有利于河南新型城镇化的理性发展。

---

* 郭军，河南财经政法大学。

本研究认为，所谓"科学推进城镇化"，重要的是从理论上深刻的、全面的认识怎样才算是科学推进城镇化。

一 遵循规律 顺势而为

城镇化是现代化的必由之路。同时，城镇化也是一个充满变数的过程。纵观国内外城镇化进程，既有成功经验，又有深刻教训。萧条的街道，空荡的大楼，失业和失望加速着人们的逃离……汽车之都底特律的破产令人扼腕叹息；人口膨胀、就业困难、贫民窟遍布……拉美"城镇化陷阱"让人触目惊心。新型城镇化是经济发展过程，也是社会发展过程。我们要充分认识其艰巨性、复杂性、重要性、紧迫性。推进新型城镇化，要牢牢把握积极稳妥基本要求，统筹协调，因势利导，用正确的方法做正确的事，不走错路、少走弯路，使之成为一个科学有序、水到渠成的过程。

1. 改革开放以来，我国城镇化进程明显加快，取得了显著进展

从 1978 年到 2012 年，我国城镇人口从 1.7 亿增加到 7.1 亿，城镇化率从 17.9% 上升到 52.6%，基本达到世界平均水平，被国际社会视之为中国发展奇迹之一。但是，快速发展的城镇化进程也积累了不少突出矛盾和问题。一是 2 亿多进城农民工和其他常住人口还没有完全融入城市，没有享受同城市居民完全平等的公共服务和市民权利。"玻璃门"现象较为普遍。二是许多城镇建设规模扩张过快、占地过多，盲目"摊大饼"问题突出，对耕地和粮食保障构成威胁。三是在城镇化刚刚起步进入中期阶段的时候，许多城市资源环境承载能力已经减弱，水土资源和能源不足，环境污染等问题凸显。四是相当一部分城市建设规模和速度超出财力，城市政府债务负担过重，财政和金融风险不断积累。五是城市社会治理体制和水平滞后于人口流动、社会结构变化，利益诉求呈多样化趋势，一些地方城市病兆头显露，社会稳定面临挑战。当前，我国城镇化发展面临巨大机遇和更多难题，尤其是在我们这样一个拥有 13 亿人口的发展中大国实现城镇化，史无先例。之前的粗放扩张、人地失衡、举债度日、破坏环境的老路走不通了。

2. 我国城镇化发展已经站在新的起点上

我国城镇化发展必须从促进新型工业化、信息化、城镇化和农业现代化同步发展的战略高度上做出全面部署。党的十八大，针对我国城市化进程中日趋严重的"城市大跃进"与城市空间失控问题、"半城市化"与户籍制度改革问题、"经济型城市化"模式及环境与资源不可持续问题，将新型城镇化的主体框架明确为三：一是"构建科学合理的城市格局"；二是"有序推进农业转移人口市民化"；三是"生态文明理念和原则全面融入城镇化全过程"。以此为抓手，大力推进城市化与工业化、信息化、农业现代化的协调发展，引领我国城镇化由"重规模"、"重速度"向"重内涵"、"重质量"转型发展，构成了我国新型城镇化道路的核心要求和基本特征。

3. 新型城镇化是一个涉及面极广的系统工程

新型城镇化建设要坚持统筹兼顾、协调推进。既要改革创新、锐意进取，又不能急于求成、拔苗助长，搞一刀切、齐步走；既要推动经济、社会建设，又要注入文化、生态文明元素；既要大力发展产业的"硬件"，又要提升无形的素质"软件"；既要完善城市基础设施，又要健全公共服务……河南省近年城镇化步伐加快，然而，农民工融入城市不够，城市发育水平不高，中心城市空气污染、交通拥堵等"城市病"，群众反映强烈。遵循规律、科学推进新型城镇化，尤为迫切，势在必行。按照《中共河南省委关于科学推进新型城镇化的指导意见》，到2015年，全省常住人口城镇化率力争达到48%，城乡差距逐步缩小；到2020年，全省常住人口城镇化率力争达到56%，城乡发展一体化格局基本形成。实现目标必须循序渐进。积极稳妥地推进新型城镇化，要坚持科学推进这一总体要求，把握新型城镇化这一正确方向，更加自觉地顺应城镇发展规律、产业成长规律、人口流动规律，坚持以人为本、优化布局、生态文明、传承文化、产城互动、科学有序的基本原则。

推进城镇化，必须实事求是，方向对头，路子走正。要以人的城镇化为核心，提高城镇人口素质和居民生活质量，把促进有能力在城镇稳定就业和生活的常住人口有序实现市民化作为首要任务，稳步推进城镇基本公共服务常住人口全覆盖。从科学发展的角度审视，城镇化是一个自然的历史进程，是发展必然要经过的经济社会发展过程。因此，就必须从我国社会主义初级阶段基本国

情出发，遵循规律，因势利导，使之成为一个顺势而为、水到渠成的发展过程。

二　科学推进城镇化的核心是以人为本

城市让生活更美好。人们来到城市，就是想过好日子，能过好日子。城镇化的主体是人，根本目的是为了人，最终检验尺度也是人。城镇化，不仅仅是产业的城镇化、土地的城镇化、房子的城镇化，更是人的城镇化，归根结底要体现在人的生活质量、水平和环境的改善上。我们的新型城镇化应当以人为本，为城乡居民带来更多福祉。河南省委第九届六次全会强调，我们必须切实肩负起历史使命和责任，遵循规律，因势利导，顺势而为，推动新型城镇化积极稳妥发展，加快中原崛起河南振兴，让人民群众过上更好的生活。说到底，城镇化的本位主体是人，城镇化的过程是实现人们生产方式、生活方式朝着现代社会经济转变的过程，所以必须要有一个科学的发展观，而科学推进必须要以人为本。

科学推进城镇化，首先要使城镇化符合基本经济规律。经济规律反映的是经济社会中的各种制约因素，是互为条件的。城镇化绝不是盖房子，让农民进城的简单理解，其涉及城市公共服务的提供，环境的承受，人们到底愿意住在城市还是愿意住在农村的价值取向。这些因素不仅影响着城镇化的进程，也影响着城镇化的规模。城镇化也不是越大越好。国际化大都市包括深刻的内涵，不是通过盖房子"建"出来的。

科学推进城镇化，就要遵循价值规律的内在要求，更多地发挥市场机制的作用。价值规律是商品生产、商品交换的一般法则，它要求生产要素的交换通行等价交换原则，并以价格为杠杆，实现对经济和社会资源的有效配置。实践证明，城市的活力与生机全在于"市"的"场"动性，即"市气"、"气场"，包括生产资料市场、生活资料市场、地产品市场、舶来品市场，以及由此带动的劳动力市场、技术市场、资本市场、土地市场等，市场不健全，或是有场无市，或是市场疲软，都很难使得"城"有所发展。城市，"城"与"市"不可分割，往往市场的力量决定了城市的能量和潜质。市场经济的运行要求遵循价值规律、等价交换的原则，所以城市也好、城镇也好，应该更多地发挥市场调节的基础性作用，变政府主导、政府推动，为政府注意运用市场的力量来建设城镇。城镇化的过程，既要有市场活力，更要有产业支撑。产业入市一定要坚持价值规律和市场法则，在当前既要依靠原有的国有经济，还要大力发展和引进非公有制经济，动员一切积极因素推进城镇化。

科学推进城镇化，还要贯彻生产关系适应生产力性质规律，即改革发展规律。城镇化率低，反映的是生产力水平低，城镇化发展的不平衡，反映的是生产力在部门和地区之间的不平衡，其症结是生产关系不适应生产力发展的性质要求，违背了生产关系适应生产力性质规律。也是这一状况，我们实施了改革开放，并在改革开放中不断完善社会主义生产关系，包括物质资料所有权关系、劳动力所有权关系、中央与地方关系、政府与企业关系等，极大促进了生产力的发展。但是受制于多重因素的制约，中国的生产力水平与世界发达国家之间还存在着较大差距，从而也使城镇化水平徘徊不前。这便告诫我们，城镇化的发展是与整个国家的生产力发展相联系着的，绝不可以认为城镇化的发展是一蹴而就的。但也不能因此而被动消极，一定要发挥自己的积极性、主动性、创造性，立足本地，发挥优势，扬长避短，加快城镇化的步伐，尤其是河南省优劣势明显，机会与挑战并存，推进城镇化还是有条件的，只要我们进一步解放思想，转变观念，深入实际，大胆实践，河南省的城镇化必将会有一个大的跨越。

三 科学推进城镇化，谨防误入"拉美陷阱"

城镇化是人们希望的，但是城镇化道路从来都不是平坦的。拉丁美洲的一些国家进入21世纪初，人均 GDP 达到 2000 美元，城镇化进程加快，但城镇化发展没有为整个国家经济社会增添多少活力，也没有使"三农"问题圆满得以解决，反而出现经济社会的停滞。人们在分析这一现象后，对城镇化提出了可资借鉴的经验。一是由于缺乏实体性经济能量，特别是不能形成二三产业的支撑，进城农民大多处于失业和半失业状态，没有可靠的收入来源，产生出新的、大规模的城市贫民，造成社会不稳定的新危机源。二是由于缺乏经济积累和人文脉络的积淀，工业化、城镇化、农业现代化"三化"的非协调性发展，加之自然环境保护、生态经济社会意识淡薄，新市民与老市民、城市生活与乡村生活，难以对接，矛盾重重，出现了许多新的城市病，城市化发展遇到尴尬局面。三是由于缺乏城市基础设施和社会公共产品供给，农业转移人口市民化以后，要么无力购买商住房、困居在新形成的"棚户区"，要么拉动房产市场需求，助推城市房产价格上扬，导致整个城市的投资、消费失衡，出现社会通胀。四是由于缺乏宏观规划，当大量农民涌进城市以后（拉美国家在加快城市化进程期间，农业转移人口占到城市人口的40%），城市的公共医疗、文化教育、失业救助，以及给排水、电力、燃气、交通等不堪重负，城市化进退维谷。

按照一般经济社会发展规律，当一个国家或地区的人均GDP达到3000美元（即世界中等收入国家水平）时，城市化便进入加速发展期。而在许多发展中国家却是一方面积极推进城市化，另一方面又遭遇着城市化的尴尬，最令人困惑的就是大量农民离开土地，渴望进城做市民，而城市产业经济的局限，又提供不了足够的就业机会，无法保证失地农民的就业，这就是所谓的"拉美陷阱"，也称"中等收入陷阱"。世界银行2006年的《东亚经济发展报告》把此概括为，鲜有中等收入的经济体能够成功地跻身于高收入国家，这些国家往往陷入了经济增长的停滞期，既无法在工资方面与低收入国家竞争，又无法在尖端技术研制方面与富裕国家竞争。有关资料显示，巴西在2002年时，人均GDP已经超过了3000美元，城镇化率达到82%，但贫困人口占到人口总量的34%。一些学者研究还发现，包括巴西、阿根廷、墨西哥、智利、马来西亚在内的许多国家，20世纪70年代即进入世界城市化发展和中等收入国家行列，人均GDP保持在3000~5000美元的高增长阶段，然而一直到2007年，他们的经济增速在事实上仍处于徘徊不前的境地，没有让人看出未来增长的动能与潜力。为什么这些国家历经十几年、几十年的城市化发展，怎么就进入不到10000美元的高收入国家行列呢？

拉美国家"经济有增长、社会无发展"的城市化及其经济社会发展的历史教训是深刻的，因素也是多方面的，有一点却是必须关注的，这就是它的城市化过程、它的经济社会运行，并没有真正地、彻底解决好"三农"问题。

"三农"问题的拖累并长期得不到有效解决，延缓和阻滞城市化的真正实现。这给中国的城镇化提供了警示，我们既不能期望城镇化一揽子解决所有问题，也不能消极悲观不作为，而是要汲取别国的经验教训，务实探索出一条实在的、中国的、河南的城镇化道路，在城镇化过程中实现中国梦，实现中原崛起，河南振兴。

四　科学推进城镇化应该遵循规律，顺势而为

科学推进城镇化的中心意义就是造就人们安居乐业的现代经济社会活动的美好空间，但是城镇化是一个过程，受制于多方面因素影响，所以要实事求是，顺势而为。实事求是，就是要从中国、河南实际情况出发，按照经济社会运行的客观规律，认真探索城镇化的形式、路径、机制；顺势而为，就是要把城市有没有产业支撑，市民有没有收入来源作为农业转移人口市民化、推进城镇化的基础前提，达成工业化、城镇化、农业现代化"三化"协调发展。

城镇化是一个过程，可以有多种形式和路径选择，只要有利于城镇化发展，都可以大胆尝试。有计划引导农民进入大中城市是一条路子；立于县、镇城区空间，实现人口、资源、经济要素的集聚，也是一条路子；由某些中心村辐射带动形成的新型农村社区、实现了乡村都市化，也是一条路子。关键在于城镇化不能绝对化、走极端。一说农民进城，就绝对的、极端的使农民"被进城"、"被上楼"、"被市民"；一说农民就地城镇化，就绝对的、极端的画地为牢，将农民"被城镇"、"被社区"、"被现代"。实践是检验真理的唯一标准，让实践说话。一种形式、一条路子，都是在探索，因此，政府和学者都不应急于评论，更不要干预实践探索，发挥地方基层人们的主观能动性，给地方基层人们经济运行、经济方式创新的自主权，生活空间、生活方式选择的自主权。

科学推进城镇化，说到底，就是强调以人为本，推进以人为核心的城镇化，提高城镇人口素质和居民生活质量；也是河南省委书记一直强调的城镇化发展中的产业支撑和产城融合问题，这是城镇化的魂、城镇化的根，关乎着城镇化能不能"化"起来、"化"下去，"化"得好的根本所在，也就是经济学

理论所揭示的城市的起源、城市的持续、城市人及其城市的经典生活，都是以人为本、以产业为基点的。

纵观人类城市的发展史，尤其是发达国家城市的变迁，无非具有一个核心，即以人为核心。有两个内容特征，一是城市因产业集聚而形成和发展，这是一个自然而然的城市的崛起；二是城市因产业发展定位不同，自然而然的区分为各具特色的城市。所以，城镇化的过程，也就是一个人的集群、人们从事各种产业劳动，并享受着劳动创造带来的城市生活，或者说就是一个人们与产业结合进行劳动创造的过程。如以农业自然资源、第一产业为依托，人们聚集在一起，形成了农业生产、农产品加工和商品贸易流通性城镇；以第二产业为主体，人们聚集在一起，从事国民经济装备业制造的工业城镇；以交通地理区位条件优势，人们聚集在一起，从事第三产业为主的商业服务业城镇；等等，并且城镇规模大小不同，特色定位亦不同，体现着现代经济社会在区域间的分工合作关系。再如北京，历史上到现在，一直都是以第三产业为主导的，它定位为"首都"、"京都"，事实上就是一座以文化产业为支撑的文化城；郑州，自古以来一直就是一座商贸城，这是由它的资源条件、地理区位、历史文脉决定的；巩义的回郭镇，是工业名镇，代代传承着该镇工业经济社会的史事；西辛庄村建"市"，是因为李连成为了让村里人过上和城里人一样的生活，大力发展了产业，即一、二、三产业综合发展，有了城市的经济社会气息与发展潜质。在当代中国，只要有产业支撑，城镇化就会是千姿百态的，大有希望的。

城镇化没有统一的模式和标准，城镇化率的高低因地区差别化、非均衡性发展，也无须都要与国家的水平相比较，更无须与发达国家看齐。所以，探讨走中国特色、科学发展的新型城镇化道路更有必要，更具现实意义。

B.25
以人口城镇化为核心的
新型城镇化途径探索

王 健 张曼平 孙花菊[*]

摘 要:

河南城镇化率偏低制约着发展大局。积极探索走出一条既符合
河南省情实际,又遵循城市化规律的城镇化道路,是农业大
省——河南面临的大课题。本研究利用人口普查、统计年鉴及
典型调查资料,分析了河南省人口城镇化过程中农村劳动力转
移进程。按照省委提出的"深刻认识和把握产业转移规律和城
镇化发展规律,坚持生产方式决定生活方式,坚持产业为基、
就业为本,坚持产城互动、融合发展"的思路,探索以人口城
镇化为核心的农业大省新型城镇化发展途径。

关键词:

农业大省 人口城镇化 发展途径

一 河南人口城镇化发展进入新格局

1. 人口城镇化进程加快,逐步缩小与全国的差距

2012 年河南省城镇人口达到 4473 万人,比 1978 年增长 3.6 倍。从 1949
年到 1978 年,改革开放前 29 年城镇化率仅提高 7.2 个百分点,年均提高 0.25
个百分点;以 1996 年为界,之前城镇人口增长率一般在 3% 以下,之后城镇
人口年均增长 6.5%,呈加速提升之势。2000 年以后河南人口城镇化进入加速

---

* 王健、张曼平、孙花菊,河南省统计局。

期，发展速度明显加快。从 2000 年到 2010 年的 10 年间城镇化率提高 15.30 个百分点，年均提高 1.53 个百分点，比全国年均 1.35% 的平均水平高出 0.18 个百分点，增幅排名在全国 31 个省（自治区、直辖市）第 7 位，排中部 6 省第 2 名（见表 1）。

表 1　全国和中部 6 省城镇人口比重

单位：%

地区别	2000 年	2010 年	2011 年	2012 年	2012 年比上年增长	2000~2010 年年均增加
河南	23.20	38.50	40.57	42.43	1.86	1.53
山西	34.91	48.05	49.68	51.26	1.58	1.31
湖北	40.22	49.70	51.83	53.50	1.73	0.95
湖南	29.75	43.30	45.10	46.65	1.55	1.36
安徽	27.81	43.01	44.80	46.50	1.70	1.52
江西	27.67	44.06	45.70	47.51	1.81	1.64
全国	36.22	49.68	51.27	52.60	1.33	1.35

注：全国及中部 6 省数据来源于《2010 年第六次全国人口普查主要数据》，2011 年和 2012 年数据来源于全国及各省统计公报。

2. 人口迁移模式和就业结构发生变化，农村劳动力转移由东部流向中部，转移到第三产业就业的比重超过了第二产业

随着区域经济结构的调整，河南人口迁移模式正在发生变化。首先是由省内向省外的流动开始放缓，出现了劳动力回流趋势。除了"富士康"这一用工大户外，河南全省 180 个产业集聚区在承接发达地区链式和集群式产业转移。发达地区企业的内迁正在改变现有的劳务输出格局。2010 年农村劳动力转移流向主要集中在东部和中部地区，转移到东部地区的占 28.6%，转移到中部地区的占 27.0%。和 2000 年相比，转移到东部地区的劳动力人口比重由 43.3% 下降到 28.6%，下降了 14.7 个百分点；转移到中部地区的由 9.2% 上升到 27.0%，上升了 17.8 个百分点。

2010 年农村劳动力转移到第二产业的 904 万人（主要为制造业、建筑业），占农村劳动力转移总量的 49.0%，转移到第三产业的 933 万人，占农村劳动力转移总量的 50.6%，转移到第一产业的仅 0.3%。和 2000 年相比，农村劳动力转移到第二产业的比重由 56.2% 下降到 49.0%，下降了 7.2 个百分点；转移到第三产业的比重由 31.8% 上升到 50.6%，上升了 18.8 个百分点。

3. 城市发展模式多元化，大中小城市发展并重，中小城市发展能力提升

近年来河南省采取的是多元化发展模式，大城市与中小城市并重的城镇化模式，并强调中小城市的城镇化发展。根据 2010 年第六次人口普查数据，河南省城市以中小城市为主，中小城市数目达到 16 个，占 18 个省辖市近 90%。

（1）中小城市发展能力提升，在全省经济社会中的地位和作用日益突出，产城联动发展态势基本形成，产业集聚区成为县城招商引资的重要平台和拉动经济增长的主要动力。小城市加快了城镇化的发展速度，2004～2011 年小城市城镇化水平提高了 11.2 个百分点，年均增加 1.6 个百分点；同期中等城市的城镇化水平提高了 9.8 个百分点，年均增加 1.4 个百分点，大城市的城镇化水平提高了 10.5 个百分点，年均增加 1.5 个百分点（见表2）。

表2   河南省不同类型城市城镇化水平

单位：%

年份	小城市	中等城市	大城市	特大城市
2004	29.4	29.8	35.6	57.9
2005	31.5	32.1	38.0	59.2
2006	33.3	33.9	39.6	60.3
2007	36.2	35.7	41.1	61.3
2008	38.0	37.4	42.6	62.3
2009	39.7	39.1	44.2	63.4
2010	38.8	37.8	44.3	63.6
2011	40.6	39.6	46.1	64.8

（2）中心镇发展势头良好。当前全省有小城镇 1728 个，其中中心镇 308 个，明港、水冶、龙湖镇等一批中心镇经过发展已初具小城市发展规模。且中心镇的特色产业得到了大力发展，城镇功能正在逐步完善。

（3）新型农村社区成为小城镇建设的增长点。新型农村社区（中心村）建设是统筹城乡发展、推进新型城镇化的可贵探索和实践，也是中原经济区建设需要解决的重大问题。2011 年，河南省实施了中心镇和中心村（社区）"百千"建设试点工程，以发展成为农村区域经济社会中心暨现代化特色城镇为目标，启动了 100 个中心镇建设试点；以发展成为新型城镇化和新农村建设的示范点为目标，启动了 1000 个中心村（社区）建设试点。2012 年，全省乡（镇）共有新型农村社区 3587 个，涵盖了 189.7 万户，惠及 727.8 万人。2012 年腾出耕地面积 12146.8 万平方米，是 2011 年的 1.84 倍。新型农村社区建设取得成就。

4. 城镇投资规模逐渐扩大、经济基础日益坚实

由于城镇投资环境的不断改善、招商引资力度加大和产业集聚区的迅速发展，河南省城镇投资规模快速增长。"十一五"期间城镇投资年均增长 33.5%，占全社会固定资产的比重分别达 82.0%、82.5%、83.1%、83.6% 和 84.0%。

住房保障和服务能力显著提升。截至 2011 年 11 月底，全省开工建设各类保障性住房 45.57 万套，完成国家下达目标的 109%，任务总量排全国第 4 位，基本解决了近万户城镇居民住房困难问题。

城镇化经济基础坚实。2012 年全省生产总值突破 3 万亿元，人均生产总值突破 5000 美元。全部工业增加值突破 1.5 万亿元，地方财政总收入突破 3000 亿元，金融机构各项存款余额突破 3 万亿元。粮食总产量超过 1000 亿斤。全省三次产业结构为 12.7∶56.3∶30.9，二三产业比重占 87.2%；其中工业增加值占生产总值的比重达到 50.74%，全省城市 GDP 占经济总量达 30.0%，财政收入占 52.8%。

5. 体制障碍逐步解除，城镇化发展动力不断增强

近年来，省委、省政府为加快推进城镇化提供了强有力的政策支持。大力实施中心城市带动战略，加快中心城市组团式发展，全面放开县（市）及小城镇户籍限制，进一步畅通投融资渠道，深化投融资体制改革，推动城建投资主体多元化、运营管理市场化，有效缓解建设资金不足，稳步推进行政区划调整等一系列政策措施相继出台。

二　河南人口城镇化发展问题

1. 人口城镇化低于全国平均水平，低于沿海及周边各省

2010 年第六次人口普查资料显示，河南城镇化率为 38.5%，低于全国平均水平 11.18 个百分点，在全国城镇化排名倒数第 5 位，中部地区城镇化率排名倒数第 1 位。从图 1 可以看出，河南城镇化发展无论是与周边省份相比，还是与沿海地区相比都有很大差距。

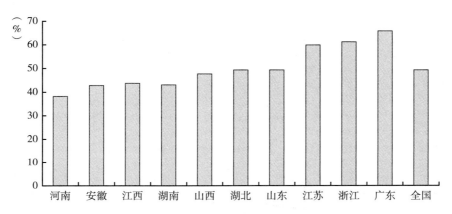

图 1　2010 年部分省份及全国平均人口城镇化水平

数据来源：中国统计出版社，2010 年第六次全国人口普查主要数据。

2. 河南人口城镇化发展不平衡，地区差距明显

河南省内各地区之间的城镇化水平相差较大，省会郑州市城镇化水平最高，达 63.6%，周口市的城镇化水平最低，为 29.7%，两者间相差 33.9 个百分点，郑州市的城镇化水平是周口市的两倍多。2010 年河南 18 个省辖市，城镇化水平在 50% 以上的城市只有郑州，在 40%～50% 的有 7 个城市，在 30%～40% 共有 7 个城市，30% 以下的有 3 个城市（见表 3）。从河南城镇数量看，2012 年河南共有各类城镇 1052 个，其中省辖市 18 个、县级市 21 个、建制镇 1014 个；分区域看，中原城市群的城镇化水平达到 48.9%，豫北地区为 42.9%，黄淮地区仅为 34.3%。总体上看，虽然河南城镇人口逐年增加，城市化率也不断提高，但城市化质量和水平较低仍较突出。

3. 人口城镇规模结构不合理，省会城市规模相对较小

在河南 38 个城市中，特大城市 1 个（郑州），大城市 1 个（洛阳），中等城市 19 个，小城市 17 个。从城市数量分布可以看出，河南城市规模结构分布不合理。省会城市郑州与同类省会城市相比规模较小，其辐射带动作用不明显。据 2010 年统计年鉴数据，郑州市的经济首位度在中部省会城市中居倒

表3   河南省省辖市人口城镇化水平

单位：%

省辖市	2012年	2010年	2000年	2000~2012年均增长	省辖市	2012年	2010年	2000年	2000~2012年均增长
郑 州 市	66.3	63.6	55.05	1.56	漯 河 市	42.8	39.2	23.59	5.09
开 封 市	39.7	36.0	19.21	6.24	三门峡市	47.6	44.3	32.92	3.12
洛 阳 市	47.9	44.3	30.03	3.97	南 阳 市	36.8	33.0	20.16	5.14
平顶山市	45.0	41.4	29.95	3.45	商 丘 市	33.5	29.8	13.2	8.07
安 阳 市	42.4	38.6	25.66	4.27	信 阳 市	38.2	34.4	18.25	6.35
鹤 壁 市	51.6	48.0	34.63	3.38	周 口 市	33.4	29.7	12.98	8.19
新 乡 市	44.7	41.1	23.57	5.48	驻马店市	33.4	29.8	12.11	8.82
焦 作 市	50.7	47.1	33.24	3.58	济 源 市	53.4	49.4	30.57	4.76
濮 阳 市	35.2	31.5	21.9	4.03	全　　省	42.2	38.8	23.44	5.02
许 昌 市	42.8	39.1	20.35	6.39					

注：数据来源于2013年《河南统计年鉴》

数第1位。中等城市的数量较少，带动辐射作用不明显，东部、西部、南部、北部城市不如中部城市，实力相对较弱，而豫东地区人口较多，是城市发展最弱地区。而且大部分小县城由于经济发展不协调，产业结构不合理，重点支撑产业发展不突出，城镇体系发展受到较大影响，制约着城镇人口的区域发展。

4. 人口城镇化水平滞后于经济发展

（1）河南省城镇化水平滞后人均收入水平。根据钱纳里定律，当人均国民收入达到1000美元时，常态城市化水平在63.4%。河南省人均GDP于2004年突破1000美元，而同期全省城镇化率仅28.9%，低于钱纳里发展模型理论值34.5个百分点，差距很大。

（2）河南省城镇化水平严重滞后于工业化水平，在河南，城镇化和工业化进程没能同步协调推进。在钱纳里发展模型中，工业化和城市化的初期，工业化的发展快于城市化，但当两者达到13%的水平后，城市化的进程将快于工业化，城市化水平将超过工业化水平，并将促进工业化的发展。当人均国民收入达到1000美元时，工业化水平理论值为34.7%，低于理论城市化水平28.7个百分点。河南省工业化水平2011年达到57.3%，而同期城镇化水平却落后16.7个百分点。

（3）经济结构与产业支撑不协调。2013 年河南统计年鉴显示：2012 年，河南省第一产业劳动力比重为 41.8%，与全国相比高 8 个百分点。2012 年第一、二、三产业产值比为：12.7:56.3:31.0，而全国第一、二、三产业产值比为：10.1:45.31:44.6，与全国相比，河南省三次产业构成表现为，第一产业比重偏高、第三产业比重严重偏低。河南省三次产业结构发展是不协调的，影响了城镇化的健康发展。

三　河南省推进新型城镇化面临的制约因素和挑战

1. 河南省推进新型城镇化面临的制约因素

（1）城市经济人口承载力超载，拉力小、辐射力弱，吸纳农村富余劳动力能力有限，转移空间小。经济承载力是衡量一个地区人口生存的首要条件，以人口、GDP 作为主要指标，计算人口经济压力指数（e）。e 小于 1，表明该地区经济承载力富足，e 大于 1，表明该地区经济承载力不足。根据 2012 年全国 31 个省、自治区、直辖市人口有关数据，求得各省份人口与经济承载力的有关量值，以分析河南经济人口承载力在全国的位次及类型。

第一，河南经济人口承载力在全国的位次及类型。从 2012 年全国各省份人口与经济匹配关系量值对比组合可以分为三种类型。

A 类：e<1，经济承载力相对富裕的有 11 个省份：天津、北京、上海、江苏、内蒙古、浙江、辽宁、广东、福建、山东、吉林，这 11 个省份人口占全国总人口的 39.26%，经济人口容量占全国的 55.35%，人口经济比较压力指数平均为 0.71。

B 类：e 在 1~1.5，经济承载力轻微超载的有 15 个省份：重庆、陕西、湖北、河北、宁夏、黑龙江、新疆、山西、湖南、青海、海南、河南、四川、江西、安徽。这 15 个省份人口占全国总人口的 49.09%，经济人口容量占全国的 38.31%，人口经济比较压力指数平均为 1.28。

C 类：e 在 1.51 以上，经济承载力严重超载的有 5 个省份：广西、西藏、云南、甘肃、贵州。这 5 省份人口占全国总人口的 11.66%，经济人口容量占全国 6.34%，人口经济比较压力指数平均达 1.84。

河南人口在全国人口与经济承载力的匹配模式类型中属于 B 类，属经济承载力轻微超载。2010 年人口经济压力指数为 1.34，在全国排第 20 位，2012 年人口经济压力指数为 1.36，在全国排第 23 位，这也是河南城镇化水平发展缓慢的原因之一。与 2000 年人口经济压力指数 1.26 相比继续上升，在全国的位次由 2000 年的第 18 位下降到 2010 年的第 20 位，再下降到 2012 年的第 23 位，这表明河南经济人口承载力正逐渐减弱，农村劳动力的转移空间在逐步缩小，由于转移空间有限，相当一部分劳动力还需向省外转移。

第二，河南省各省辖市经济人口承载力在全省的位次及类型。从 2012 年河南省各省辖市经济人口承载力看：18 个省辖市中，经济承载力（e 小于 1）相对富裕的有 7 个省辖市：郑州、洛阳、鹤壁、焦作、许昌、三门峡、济源；经济承载力（e 在 1~1.5）轻微超载的有 8 个省辖市：开封、平顶山、安阳、新乡、濮阳、漯河、南阳、信阳；经济承载力（e 在 1.5 以上）严重超载的有 3 个省辖市：周口、商丘、驻马店。

相比 2010 年，经济承载力相对富裕的省辖市减少 3 个，经济承载力轻微超载的省辖市增加了 3 个，严重超载的 3 个省辖市没有变化。总体看，2012 年全省经济人口承载力有所下降。经济承载力严重超载的周口、商丘、驻马店地区仍是农村劳动力转移的重点。

（2）省会城市经济首位度低，吸纳非农劳动力的能力弱。郑州同周边省会城市和全国先进省会相比，差距很大。石家庄经济首位度为 11.09%，比郑州高 3.49 个百分点；武汉和西安的经济首位度分别为 28.55% 和 27.29%，郑州市的经济首位度仅为 7.60%，在全国各省第一大城市经济首位度排序倒数第 2 位，对区域内的辐射力和带动力较弱。因此，提高省会郑州经济首位度，使之真正成为中原城市群的龙头和中部崛起的战略支点是当务之急。

（3）相关制度建设明显滞后，转移阻力多。随着城镇化的加速推进，劳动就业、社会保障、收入分配、教育卫生、居民住房、安全生产、司法和社会治安等将面临新挑战。从实际情况看，阻碍农村人口向城市转移的主要体制障碍是户籍制度、农地制度、就业制度、社会保障制度和城乡教育制度。

2. 农村人口向城镇转移面临的困局

第一，农村人口文化素质低，转移渠道窄。第二，农村迁移人口的年龄结构逐渐老化，集聚难度增大。第三，实现生产方式的稳定转变，潜在风险加大。第四，推动生活方式升级困难，农村劳动力在城镇生活压力大，生活负荷重，转移能力弱。第五，省外转移比重大，转移成本高。第六，农村人口向城镇转移，资金缺口大。

四　把握人口城镇化发展规律，探索农业大省新型城镇化的途径

针对上述河南人口城镇化发展现状存在的问题及制约因素，本文以中牟县新型城镇化为实证分析，探索河南农业大省人口城镇化的发展途径。

1. 城乡统筹发展

走城镇与乡村融合发展之路，在新型城镇化进程中统筹城乡，形成"三化"协调的可持续发展格局。

（1）以区域中心城市为支撑，增强与完善中心城市功能，辐射与带动区域整体发展，建立结构合理、功能强大的现代城镇体系。加强区域中心城市的人口的集聚功能；发挥大城市的辐射带动作用，吸引人口向中小城镇转移；提高大城市周边地区吸引力，发展卫星城。

（2）以农业富余劳动力转移为牵引，开辟县域中心城区，县域经济发展获得内涵动力。发展优势和特色产业是县域经济发展的生命，各地应根据自身的资源优势和地理位置选择产业发展战略，产业集聚区要成为县城招商引资的重要平台和拉动经济增长的主要动力，政府部门应加强产业调控，避免县（市）经济之间的恶性竞争。

以中牟县的县域经济为例。中牟县位于郑州开封之间，因地制宜，以打造千亿元产值的汽车产业集聚区为目标，主要承接郑州市区汽车产业的外迁转移；以打造千万人次的国家级文化产业集聚区和世界级旅游目的地城市为目标，发展时尚文化旅游产业；以打造"国内一流、国际知名"的都市型现代农业示范区为目标，主要发挥域内雁鸣湖生态文明示范区和国家农业公园的示

范效应；以打造全国知名的生物科技和电子信息产业基地为目标，打造全国知名的生物科技和电子信息产业基地，特色突出。

（3）推动农业现代化，建设新型农村社区，实现农村人口的就地转移。新型农村社区是城镇化的基层单位，人口迁移的距离和成本较低，特别有利于农村非劳动力人口的集中和迁移。新型农村社区建设应与产业集聚区、专业园区建设和产业发展紧密结合，大力发展特色农副产品生产、加工和销售、商贸物流、特色旅游、乡村文化等产业，加快农业生产规模化、集约化、标准化和高效化经营，促进农民就近转移就业，解决活力不足问题。

2. 产业集群发展，产城互动发展，产业与城镇整合发展，产业的带动功能与城镇的中心功能互动，形成产业兴旺、生态宜居的城镇发展状态

实现城镇化的快速健康发展离不开产业支撑，要提高集聚力，首先要有产业集聚和支撑。合理配置产业结构，既要改造传统产业，又要大力发展高新技术产业；既要提高广大中小企业整体素质，又要发展培育龙头企业，优势企业；既要形成与周边大城市产业的优势互补，又要注重发展特色产业。要注重把发展小城镇与发展产业、工业园区建设有机结合起来，大力发展第三产业和农业服务业，引导鼓励各类企业向中小城镇聚集，形成城乡统筹、产城互动的格局。

如中牟县的产业转移不失为成功的范例。中牟县作为全省的农业大县，以农业生产为主，工业方面仅有汽车产业。近年来，在新型城镇化的引领下，产业集群发展，积极构建现代产业体系，形成了汽车产业、都市型现代产业、时尚文化旅游产业三大主导产业，实现了单一产业向多元化产业的转变。

3. 坚持以人为本，创新保障制度，促进农村人口生产方式和生活方式的转变

有序推进农村富余劳动力的空间转移与就地转化，稳步提高城镇化水平。

（1）深化改革城乡管理体制，尤其是户籍制度改革。

（2）坚持以人为本，倡导和谐理念，切实保护城镇化进程中失地农民的合法利益，维护进城农民工的各种正当权益。

（3）集约利用土地，创新农业转移人口承包土地和宅基地流转机制，积极破解城乡二元结构和城镇内部二元结构。

（4）创新资金多元筹措机制，尽量满足农村转移人口市民化的资金需要。

（5）引导农业转移人口不断提高就业竞争力，真正靠产业发展和劳动致富逐步融入各类城市和小城镇。

（6）继续控制人口总量增长，提高人口文化素质，增强城市综合竞争力。

B.26
河南省居民收入倍增计划的可行性研究

田少勇　张乾林　刘凤玲 *

摘　要：

党的"十八大"报告提出：在发展平衡性、协调性、可持续性明显增强的基础上，到 2020 年，实现国内生产总值和城乡居民人均收入比 2010 年翻一番。河南既是人口大省又是农业大省，城镇化率低，经济发展方式粗放，产业结构不合理，城乡二元结构矛盾突出，实现"收入倍增目标"将比发达省份面临较大压力。本文结合改革开放三十多年来河南城乡居民收入增长的实际和现状，就实现"收入倍增目标"的可行性进行系统分析，提出建议。

关键词：

河南　居民收入　倍增　研究

一　居民收入倍增的含义及重大意义

1. 居民收入倍增的含义

（1）是民富优先的倍增。"倍增"是底线不是最终目标。在 GDP 翻番的情况下，按照现在的政策取向，居民收入应该不止翻一番；而"同步"也不是国民收入分配的理想状态，而是一个限制性要求。党的十八大报告对居民生活水平的描述，除了"收入倍增"外还包括：深化收入分配制度改革，提高居民收入在国民收入分配中的比重，提高劳动报酬在初次分配中的比重……总

---

* 田少勇、张乾林、刘凤玲，河南省地方经济社会调查队。

之，就是一定要让居民收入增长快起来，让老百姓早日富起来。

（2）是共同分享的倍增。党的十八大报告延续了党的十七大以来提出的"调低、扩中、限高"的收入分配改革走向，将提高低收入者收入，扩大中等收入阶层人群范围，限制过高收入作为工作重点。强调着力解决收入分配差距较大问题，使发展成果更多更公平地惠及全体人民，朝着共同富裕方向稳步前进。这也是全面建成小康社会的必要条件之一。实现共同富裕，意味着无论是城市居民还是乡村居民，无论是生活在东部沿海地区还是生活在西部内陆省份，无论是工人还是农民，都能过上相对富裕的生活，都能获得质量相对高的公共服务、公平分享发展成果。

2. 实现居民收入倍增的重大意义

（1）体现了科学发展观的基本要求。经济社会发展的根本目的是以人为本，民生优先，使全体人民生活更加美好和幸福。要达此目的，必须实现居民收入与经济增长同步、劳动收入与劳动生产率提高同步，从而实现居民收入倍增的目标。

（2）缩小收入差距，保持社会稳定，是促进经济增长和社会发展的根本保证。基尼系数是经济学中用于衡量居民收入差距的常用指标，基尼指数在0和1之间，数值越低，表明财富在社会成员之间的分配越均匀。国际上通常把0.4作为收入分配差距的"警戒线"。2012年，中国居民收入基尼系数达到0.474，超过警戒线，这会影响社会稳定，阻碍消费增长和内需扩大，不利于经济增长和社会发展，说明中国加快收入分配改革、缩小收入差距的紧迫性。

（3）是转变发展方式的需要。中国30多年的经济发展主要靠投资和出口拉动，这种发展方式受到环境、资源的限制，也受到世界经济的限制，难以为继。要把这种发展模式转变到主要依靠国内需求发展上来，必须实现居民收入倍增目标。

（4）有助于提高河南城镇化水平，推动全面建设小康社会。2011年，全国建设小康社会实现程度达到83.2%，河南为78.1%。就小康社会建设的整体进程来看，河南与全国平均水平的差距主要在经济发展类方面。小康实现程度如果分城乡考察，农村居民的小康水平与城镇居民差距明显，"小康不小康，关键看老乡"，河南居民实现小康的难点和关键在农村。

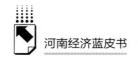

国家全面小康社会的标准要求城镇化率达到 60% 以上，要如期实现这一目标，就必须实现经济更大规模、更高水平的发展，加快城镇化和农业现代化进程，从根本上解决"三农"问题。在此基础上，逐渐缩小城乡收入差距，推动全面建设小康社会。

二 改革开放以来河南居民收入情况及对收入倍增的展望

1. 河南城乡居民收入状况分析

（1）城乡居民收入快速增长，但与全国平均水平的差距不断拉大。自改革开放以来，河南城乡居民收入经历了一段为时 34 年的快速增长期。2012年，全省城镇居民人均可支配收入 20443 元，与 1978 年相比，扣除价格因素实际增长 11.4 倍，年均实际增长 7.4%；农民人均纯收入 7525 元，实际增长17.3 倍，年均实际增长 8.7%。但从居民收入水平在全国各省份的位次来看，农民收入多年来在第 16~17 位徘徊，城镇居民收入则在第 16~20 位徘徊，近两年都排在第 20 位。

居民收入水平与全国平均水平的差距不断拉大。1980 年与全国平均水平的差距，城镇居民是 112.6 元，农民是 30.5 元，到 1990 年分别扩大到 242.5元和 159.4 元；2000 年这一差距扩大到 1513.7 元和 267.6 元；2012 年差距分别为 4122.4 元和 392.1 元。

（2）城镇居民收入增加额快于农民收入，城乡居民收入差距不断扩大。统计显示，由于城镇居民收入基数大，在增速相同的条件下，城镇居民收入的增加额明显快于农村居民。1980~2012 年，全国城镇居民收入每提高 1000 元平均需要 1.3 年，农村居民则需要 4.1 年；同期，河南城乡居民收入每增加1000 元，分别需要 1.6 年和 4.3 年。可见城乡居民收入差距之大。

1980 年以来，河南城乡居民收入差距的绝对额呈现出持续、加速拉大的态势。差额由百位数扩大到千位数用了 12 年时间（1981~1992 年），差额由1000 元扩大到 2000 元只用了 3 年时间（1993~1995 年），差额由 2000 元扩大到 3000 元用了 6 年时间（1996~2001 年），从 3000 元扩大到 5000 元仅用了 3

年时间（2002～2004年），从5000元扩大到8000元仅用了4年时间（2005～2008年）。2009年以来的4年间，河南城乡居民收入差额每年变动一个千元台阶，2010年差额已突破万元，达10407元，在此基础上，2011年和2012年的比上年的差额又分别上升了1184元和1327元（见表1）。

表1 1980年以来河南城乡居民收入差距及与全国差距情况

单位：元

年份	城镇居民可支配收入		农民人均纯收入		河南城乡居民收入差距	河南与全国差距		城乡收入比	
	河南	全国	河南	全国		城镇居民	农民	河南	全国
1980	365.0	477.6	160.8	191.3	204.2	112.6	30.5	2.27	2.50
1985	600.6	739.1	328.8	397.6	271.8	138.5	68.8	1.83	1.86
1990	1267.7	1510.2	527.0	686.3	740.7	242.5	159.4	2.41	2.20
1995	3299.5	4283.0	1232.0	1577.7	2067.5	983.5	345.7	2.68	2.71
2000	4766.3	6280.0	1985.8	2253.4	2780.5	1513.7	267.6	2.40	2.79
2005	8668.0	10493.0	2870.6	3254.9	5797.4	1825.0	384.3	3.02	3.22
2010	15930.3	19109.0	5523.7	5919.0	10406.6	3178.7	395.3	2.88	3.23
2011	18195.0	21810.0	6604.0	6977.0	11591.0	3615.0	373.0	2.76	3.13
2012	20443.0	24565.0	7525.0	7917.0	12918.0	4122.0	392.0	2.72	3.10

数据来源：《中国统计年鉴》；《河南统计年鉴》。

2. 对河南居民收入实现倍增的预期

改革开放以来，从1979～2010年河南城乡居民收入年平均实际增速分别为7.3%和8.5%；从2011～2012年居民收入的增长态势来看，城镇居民收入年均实际增长8.9%，农民收入年均实际增长12%，增速均达到了2010～2020年十年翻番所需要的7.2%～7.3%的平均增速，这既是实现居民收入倍增的基础，也开了好头。历史数据充分说明收入倍增目标经过努力是有条件实现的。

考虑到今后一个时期，中国经济将保持较快的发展速度，我们有理由相信，2020年河南城乡居民收入比2010年翻一番肯定能实现。到2020年河南实现城乡居民收入比2010年翻一番，在扣除物价因素的前提下，届时农民人均纯收入和城镇居民收入将分别达到11047元和31861元。实现这一目标，居民收入年均需要增长7.2%。由于2012年城镇居民可支配收入和农民人均纯

收入按 2010 年价格计算，已经分别达到 18909 元和 6929 元，今后 8 年城乡居民收入年均实际增长只要分别达到 6.7% 和 6%，即可实现收入翻番。

但如果按十年一个阶段计算（即 1981～1990 年和 2001～2010 年），两个阶段河南农民纯收入年均实际增长分别为 8.6% 和 7.5%，1991～2000 年年均增速较低，为 6.7%；城镇居民收入按此时间段计算的年均实际增长率不如农民，20 世纪 80 年代和 90 年代的年均实际增长率分别为 5.0% 和 6.7%，只有 21 世纪以来的 10 年，年均实际增长率达到 9.6%。这样的增长轨迹，不仅是 20 世纪 80 年代农村改革开放先于城市的直接反映，也映照了自 80 年代后期，随着经济改革的不断深化，城市居民收入大幅度提高的同时，农村经济持续增长缺乏后劲，特别是 90 年代后期全国农产品价格持续徘徊或下跌，农民收入增长缓慢。可见，城乡居民收入与国家的政策因素关系紧密。

正如国家统计局局长马建堂所言，实现这样一个目标也不是轻而易举的。"在未来的八年、十年要保持居民收入 7.2%～7.3% 的年均实际增长速度，需要付出艰苦的努力，也需要克服不少困难，更要继续坚持以人为本、改善民生的大政方针不动摇。"

三　实现居民收入倍增的建议

投资、出口和消费是拉动经济增长的三驾马车，2002～2012 年河南固定资产投资年均增长 28%，出口总额年均增长 26.7%，同期社会消费品零售总额年均增长 16.9%，其中乡村部分年均增长不足 11.0%。2012 年乡村社会消费品零售总额占比仅为 17.4%。这表明，河南经济增长长期以来主要依靠投资、出口拉动，消费尤其是农村有效消费不足问题突出，这与农民收入水平低、城乡居民收入差距大关系密切。

1. 要突出稳定增长、稳定就业的目标，确保民生之本

居民收入倍增的前提是经济增长方式转变和国家整体经济实力不断提高，只有先将蛋糕做大，才能使每个人的蛋糕份额增加。政府职能转变等一系列发展思路变革，是和国家整体经济优化与提升同步而行的。要改变以往粗放式经济发展模式、提高科技创新、提升广大劳动者的知识水平、技能水平，提高劳动生产率；加快发展第三产业和城镇化进程，将国民经济发展从依靠低劳动成本、资源消耗与污染环境、依赖外部市场的旧模式下转变到更加符合未来发展需要的方式上，要以扩大内需为战略基点，建立有效机制。在国家整体良性发展的基础上扩大居民收入，将有利于保持中国经济进一步增长的驱动力和可持续性。

虽然河南经济总量列全国第 5 位，但人均经济总量小。没有较高的经济增长速度，就业、民生、农业投入等一系列矛盾都将显现。从河南目前所处的发展阶段来看，正处于工业化、城镇化加速推进的中原经济区规划实施阶段，在制度安排有效、经济结构合理、政府再分配政策完善等条件下，实现持续的经济增长，努力使居民收入增长速度略高于经济发展速度。

2. 加快制度改革，统筹城乡发展

由于长期受城乡二元社会经济结构的影响，社会资源在城乡之间分配不均，人口众多地域辽阔的乡村，各种资源短缺，经济发展缓慢。

（1）统筹城乡规划建设和产业发展。统筹城乡产业发展规划，科学确定产业发展布局；统筹城乡用地规划；改革完善土地制度，改产值补偿为市场价值补偿；在保持用途管制的前提下，规范农村经营性集体建设用地的流转；推进集约节约用地。统筹城乡基础设施建设规划，促进城市基础设施向农村延伸，城市社会服务向农村覆盖。

（2）统筹城乡管理制度。要突破城乡二元经济结构，纠正体制和政策上的城市偏向，建立城乡一体的劳动力就业制度、户籍管理制度、教育制度、社会保障制度等，给农村居民平等的发展机会、完整的财产权利和自由发展空间，推动实现更高质量的就业，遵循市场经济和社会发展规律，促进城乡要素自由流动和资源优化配置。

3. 改善收入分配方式，缩小居民收入差距

合理的收入分配制度是社会公平的重要体现，是推动科学发展、促进社会和谐的重要保障。和国际通行水平相比，中国居民收入在 GDP 中的比重非常低。在某种程度上，中国经济快速增长的势头，是在一定程度上牺牲了居民个人收入而获得的。改革开放以后，中国经济发展速度加快，但是居民收入水平并没有相应地"水涨船高"，社会财富向政府和企业倾斜。2002～2012 年，不考虑通货膨胀等因素，河南公共财政预算内收入年均增长 21.3%，而同期城镇居民人均可支配收入年均增长 12.6%，农民人均纯收入年均增长 13.0%。当前国民收入分配的问题仍在于政府收入比重过高，居民收入比重过低。长此以往，不仅会挫伤劳动者的积极性，不利于扩大内需和发展方式转变，也会使中国经济发展缺乏持久的后劲；从社会层面来说，会使社会内部不同群体之间矛盾扩大，并越来越难以缓解。

人民群众是社会财富的创造者，他们理应成为社会财富的分享者。最直接的办法就是使他们的收入随着经济的发展而快速增长。让人民先富起来，让政府后富起来。要把提高城乡居民收入作为自己的责任和义务，而不是当成恩赐、施舍，国富民穷是不可持久的。"收入倍增计划"要求 GDP 总量与城乡居民人均收入同时翻番，这就隐含着居民收入占 GDP 的比重要有所提高。从对宏观总量的关注，逐步转向对微观个体的关怀，发展成果将更加公平地惠及每一个国民。由于人口每年要增长（假设今后 8 年人口自然增长率为 0.5%），这就需要进一步改革和完善政府管理体制、财税体制、金融体制和科技创新体制，较大力度地调整国家、企业与居民之间的收入分配关系。实现居民收入增长同经济发展同步、劳动报酬增长同劳动生产率提高同步，提高居民收入在国民收入分配中的比重，提高劳动报酬在初次分配中的比重，初次分配和再分配都要兼顾效率和公平，再分配更加注重公平。

4. 进一步完善各项社会保障制度

社会保障是政府通过法律和制度手段，筹集社会保障基金，对社会成员在年老、疾病、伤残、失业、生育、遭受灾害，面临生活困难时给予必要的救助和保护，以满足其基本需要的制度安排。它的基本功能是保障公民的生存权，进而为实现每个人的发展权提供基本条件。

从促进经济社会和谐发展的角度，把保障和改善民生作为工作的根本出发点和落脚点，加快社会保障和医保改革进程，合理确定和及时调整社会保障待遇标准，缩小不合理的社会保障待遇差距。高度重视公共设施建设和公用事业发展，加大教育、医疗及公共设施建设等方面的投入，促进公共服务均等化。在学有所教、劳有所得、病有所医、老有所养、住有所居等方面持续取得进展，使之能在更多领域和更大程度上惠及低收入群体，为全体人民提供社会福利保障。

5. 要特别重视促进农民收入的增长

国民收入倍增计划是社会发展成果让广大人民所共享的必然，实质就是农村居民收入倍增计划。将各种惠农政策落到实处，保障农民合法权益；采取多种措施和途径，拓宽农民增收渠道，特别是增加农民的非农业收入。

（1）制定有利于缩小城乡差距的政策。缩小城乡居民收入差距的核心，是围绕着调整国民收入的分配结构来调整政策。一是加强农村投资，改变投资向城市倾斜的倾向。二是调整财政政策，加大对农业和农村的财政支持力度，逐步形成财政支农资金稳定增长的机制。三是调整金融政策，改变现在农村信用社一家支农的状况。商业银行要进一步加大对农村的信贷支持，扩大支农信贷资金总量，使金融服务成为农民创业致富的助推器。四是调整价格政策，扭转工农产品价格"剪刀差"扩大的问题。探索和建立农产品价格形成机制，加大农资价格调控力度，降低农民生产成本。

（2）加大农村教育和对农民培训的投入，为发展现代农业提供后备力量。农村劳动力素质涉及很多方面，例如文化素质、科技素质、经营管理素质、思想素质、身体素质等。农村劳动力总体素质的高低，既代表一个国家或地区农村经济的发展水平，又体现其社会和文化教育事业的发展程度。世界各国都十分重视提高农民的文化素质，发达国家农业劳动生产率高、农业技术先进、农民生活富裕与农民具有较高的文化素质有很大的关系。美国大部分农场主都是农学院毕业生；日本农民中初中毕业者仅占 19.4%；荷兰农民大部分是高级或中等专业农校毕业生，且每年还有 20% 左右的从业农民进入各类职业学校接受继续教育。河南要特别重视培养新型农业从业人员，提高其职业技能，注重教育与培训对人力资本形成的重要作用，为发展现代农业提供后备力量。人力资本投资能够提高农民识别和解释市场信息的能力。农业教育与职业培训是农业劳动者能力建设的关键，拥有文化知识、技术创新能力的农业劳动者有利于农业经济价值的创造，也有利于促进农业经济可持续发展。

（3）有效转移农村劳动力，提高农业劳动生产率。相对于经济增长速度，农村劳动生产率低，提高速度慢，制约了农民收入增长。1990～2012 年，河南第一产业劳动生产率年均增长 12%，第二产业为 14%。2012 年河南生产总值中第一产业占 12.7%，而其从业人员占总数的比重达 41.8%，这意味着 41.8%的农业劳动力只创造了 12.7%的产值；第二产业从业人员占 30.5%，其创造的产值占生产总值的 56.3%，第二产业劳动生产率是第一产业的 6.2 倍，比 1990 年增加 2 倍。因此，要引导富余农业劳动力有序向城镇转移，为农民非农就业提供技能保障；提高农业集约经营和规模生产，把农村剩余劳动力转移出来，进而提高农业生产效率、增加农民收入；加大农民工社会保障水平，加大维权力度，保护农民工合法权益。

（4）进一步提高城镇化水平。城镇化水平每提高一个百分点，地方 GDP 就会提高两个百分点。相比农村，城镇可以创造更多的就业岗位，有着更高水平的教育、医疗卫生、社会保障，城镇生活便利并且丰富多彩。工业化和城镇化过程就是农业劳动力向非农产业、农村人口向城市转移的过程，简单地说就是农民转化为市民。农民市民化必须首先以就业为先导，解决了农民的就业问题，农民进入城镇后才有坚实的生存基础。其次，变为市民后，他们的经济收入能否承担起城镇住房以及住房管理的费用。最后，还要解决好农民的土地问题，进城不能以放弃土地权来换取，这样才能保障其收益范围的扩大。使城镇化水平更适应生产力发展。由此可见，城镇化是缩小城乡差距、实现居民收入倍增的重要途径。

河南省环境状况报告

常冬梅　陈向真　杨琳*

摘　要：

党的十八大把生态文明建设纳入中国特色社会主义事业的总体布局。河南省提出"要以实施'蓝天工程'、'碧水工程'、'乡村清洁工程'为重点改善环境质量，以加强生态系统建设为重点提升生态自然修复能力，以加强总量减排为重点强化环境容量控制，以节能降耗为重点提高资源节约集约利用水平"，建设美丽河南。本文从环境污染治理投资、主要污染物排放、水环境、生态环境和城乡环境方面，分析了河南省环境现状，提出当前要关注的苗头和环境治理与转型的关系。

关键词：

河南省　环境　报告

推进生态文明建设，是党中央的一项重大战略决策，党的十八大提出要大力推进生态文明建设，把生态文明建设放在事关全面建成小康社会更加突出的战略地位。河南省也适时出台了建设生态省规划纲要，并全面启动了生态省建设。近年来，全省在经济总量快速增长、城镇化不断加快、人民消费水平持续提高的情况下，坚持环保优先，狠抓节能减排。近两年，总体呈现出环境污染治理投资力度加大、主要污染物排放有所减少、水环境质量整体稳定、生态环境状况改善和城乡环境建设成效显著的良好局面。

---

* 常冬梅、陈向真、杨琳，河南省统计局。

一 河南省环境现状

1. 环境污染治理投资力度加大

（1）环境污染治理投资总额大幅上升。环境污染治理投资，包括城市环境基础设施投资、工业企业污染治理投资和完成环保验收项目环保投资三部分。2012 年，河南省环境污染治理投资总额 209.49 亿元，较 2011 年同期增长 51.9%。其中城市环境基础设施投资 139.82 亿元，较 2011 年同期增长89.6%；工业企业污染治理投资 14.83 亿元，较 2011 年同期减少 30.6%；完成环保验收项目环保投资 54.83 亿元，较 2011 年同期增加 28.2%。环境污染治理投资，占 GDP 的比重为 0.71%，较 2011 年同期提高 0.2 个百分点（见表1）。

表1　2012 年全省环境污染治理投资情况

单位：万元，%

项　目	2012 年投资额	增速	比重
环境污染治理投资总额	2094867	51.9	—
城市环境基础设施投资	1398175	89.6	66.7
燃气	186648	40.6	8.9
集中供热	118360	-33.6	5.6
排水	340346	117.4	16.2
园林绿化	675405	177.8	32.2
市容环境卫生	77416	191.4	3.7
工业企业污染治理投资	148347	-30.6	7.1
治理废水	30452	-40.1	1.5
治理废气	77995	-46.9	3.7
治理固体废物	3952	-26.5	0.2
治理噪声	425	-35.4	0.0
治理其他	35522	252.8	1.7
完成环保验收项目环保投资	548345	28.2	26.2

（2）林业投资完成额小幅增长。全省林业投资 2012 年完成额 97.64 亿元，较 2011 年同期上升 0.1%。其中生态建设与保护投资额 62.42 亿元，同比下降

6.5%；林业支撑与保障投资额 1.98 亿元，同比上升 26.8%；林业产业发展投资额 20.34 亿元，同比下降 25.2%。

2. 主要污染物排放有所减少

（1）废水中主要污染物不断削减。2012 年全省废水排放总量 40.37 亿吨，较 2011 年同期增加 2.49 亿吨。其中，工业废水排放量 13.74 亿吨，较 2011 年同期减排 0.13 亿吨，占全部废水排放量的 34.0%；生活废水排放量 26.62 亿吨，较 2011 年同期增加 2.62 亿吨，占全部废水排放量的 65.9%。化学需氧量（COD）排放量 139.36 万吨，较 2011 年同期减少 4.31 万吨；氨氮排放量 14.98 万吨，较 2011 年同期减少 0.40 万吨。

（2）大气污染物排放有所减少。2012 年纳入全省环境统计的大气污染物排放均有不同程度的减少。全省二氧化硫排放量 127.59 万吨，较 2011 年同期减少排放 9.46 万吨；氮氧化物排放量 162.59 万吨，较 2011 年同期减少排放 3.95 万吨；烟（粉）尘排放量 59.98 万吨，较 2011 年同期减少排放 6.84 万吨。

（3）固体废物综合利用率提高。2012 年全省一般工业固体废物产生量 15250.47 万吨，较 2011 年同期增加 676.64 万吨。其中，一般工业固体废物综合利用量 11597.47 万吨，较 2011 年同期增加 633.25 万吨；一般工业固体废物综合利用量为 75.5%，较 2011 年同期提高 0.7 个百分点。

3. 水环境质量总体稳定

（1）水资源总量有所减少。2012 年全省平均降水量 605.23 毫米，较 2011 年同期减少 131.00 毫米；水资源总量 265.54 亿立方米，较 2011 年同期减少 62.44 亿立方米；人均水资源量 282.58 立方米，较 2011 年同期减少 66.45 立方米（见表 2）。

（2）地表水质量略有好转。2012 年全省地表水水质级别为中度污染，与 2011 年相比没有明显变化。其中黄河流域水质仍为轻度污染，淮河流域水质由中度污染变为轻度污染，长江流域水质由轻度污染变为良好，海河流域水质仍为重度污染。与 2011 年相比，83 个省控河流监测断面中水质符合 Ⅰ～Ⅲ类标准的断面增加 4 个，提高 4.8 个百分点；符合Ⅳ类标准的断面增加 5 个，提高 6.0 个百分点；符合Ⅴ类标准的断面减少 3 个，降低 3.6 个百分点；水质为

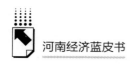

表 2　2012 年全省水资源总体情况

	2012 年	较 2011 年同期增减量
水资源总量(亿立方米)	265.54	−62.44
地表水资源量	172.65	−49.85
地下水资源量	161.82	−30.01
地表水与地下水资源重复量	68.94	−17.42
降水量(毫米)	605.23	−131.00
人均水资源量(立方米)	282.58	−66.45
供水总量(亿立方米)	238.61	9.57
地表水	100.47	3.61
地下水	137.22	5.92
其 他	0.92	0.04
用水总量(亿立方米)	238.60	9.56
农业用水	130.03	5.42
工业用水	60.51	3.70
生活用水	37.44	0.10
生态环境补水	10.62	0.34
人均用水量(立方米)	254.00	17.00

劣 V 类的断面减少 6 个，降低 7.2 个百分点。

（3）城市地下水质量良好。2012 年全省城市地下水水质级别为良好。与 2011 年相比，全省城市地下水水质基本稳定，污染程度基本不变，水质级别为良好。18 个省辖市地下水水质均无变化，开封、濮阳较差。

4. 生态环境状况基本稳定

（1）累计水土流失治理面积增加。2012 年全省累计水土流失治理面积为 451.09 万公顷，较 2011 年同期增加 8.83 万公顷。全省造林面积 22.83 万公顷，较 2011 年同期减少 0.94 万公顷。其中，人工造林 20.60 万公顷，较 2011 年同期增加 1.25 万公顷；无林地和疏林地新封山育林 2.23 万公顷，较 2011 年同期减少 2.19 万公顷。全省共有自然保护区 34 个，其中国家级自然保护区 11 个，自然保护区面积 73.50 万公顷。

（2）自然灾害减少。2012 年全省共发生地质灾害 50 次，地质灾害直接经济损失 898 万元，较 2011 年减少 13061 万元；发生森林火灾 328 次，较 2011 年同期减少 294 次，森林火灾受害面积 192 公顷，较 2011 年同期减少 698 公顷；突发环境事件14起，较2011年同期减少11起。

5. 城乡环境建设成效显著

（1）城市居住环境有所改善。2012年，全省城区人口1863.60万人，较2011年同期增加29.54万人；城区暂住人口433.83万人，较2011年同期增加108.86万人；城区面积4628.01平方公里，较2011年同期增加414.27平方公里。城市建成区绿化覆盖率为36.9%，较2011年提高0.3个百分点；城市建设用地面积2083.42平方公里，较2011年同期增加64.16平方公里；全省城市人均拥有公园绿地面积9.23平方米，较2011年同期增加0.33平方米。

（2）城市基础设施日趋完善。2012年全省城市供水总量为18.85亿立方米，较2011年同期增加0.40亿立方米；城市用水普及率为91.8%，比2011年同期降低0.8个百分点。城市燃气普及率为77.9%，较2011年同期提高1.7个百分点。城市集中供热面积1.30亿平方米，较2011年同期增加0.12亿平方米。城市拥有公共交通标准营运车辆19757标台，较2011年同期增加1011标台。

（3）生活废物处理能力加强。2012年全省城市污水排放量16.50亿立方米，较2011年同期增加1.23亿立方米；城市污水处理量14.49亿立方米，较2011年同期增加0.89亿立方米；城市污水处理率86.3%，较2011年同期降低1.3个百分点。全省生活垃圾清运量795.84万吨，较2011年同期增加66.30万吨，其中城市生活垃圾无害化处理量687.60万吨，较2011年同期增加71.74万吨；城市生活垃圾无害化处理率86.4%，较2011年同期提高2.0个百分点。

（4）农村环境持续改善。2012年，全省农村水改受益率95.2%，较2011年同期提高1.7个百分点；农村自来水普及率62.2%，较2011年同期提高2.3个百分点；农村卫生厕所普及率72.9%，较2011年同期提高1.8个百分点。全省农村沼气池产气总量13.91亿立方米，较2011年同期增加1.49亿立方米；农村太阳能热水器面积444.02万平方米，较2011年同期增加45.31万平方米。

二　需要关注的苗头问题

1. 工业企业污染治理有所放松

2012 年全省工业企业污染治理投资 14.83 亿元，较 2011 年同期下降 30.6%，占环境污染治理投资总额的比重也由 2011 年的 15.5% 下降到 7.1%。其中，治理废水投资 3.05 亿元，较 2011 年同期下降 40.1%；治理废气投资 7.80 亿元，较 2011 年同期下降 46.9%；治理固体废物投资 3952.35 万元，较 2011 年同期下降 26.5%；治理噪声投资 425.15 万元，较 2011 年同期下降 35.4%。工业企业污染治理投资步伐放缓。

工业企业在发展生产的时候，严格按照"三同时"原则，即建设项目中环境保护设施必须与主体工程同时设计、同时施工、同时投产使用，"三同时"制度是防止产生新的环境污染和生态破坏的重要制度。凡是通过环境影响评价确认可以开发建设的项目，必须按照"三同时"规定，把环境保护措施落到实处，防止建设项目建成投产使用后产生新的环境问题，在项目建设过程中也要防止环境污染和生态破坏。

2. 全省大气状况依然严峻

全省 18 个省辖市，2012 年雾霾天气数超过 90 天的有安阳、商丘、洛阳、濮阳、济源、新乡、三门峡、郑州、平顶山、漯河、开封和许昌等 12 市，其中安阳和商丘 2012 年全年雾霾天数更是高达 133 天和 131 天。雾霾天气对交通运输造成较大影响，也不利于空气中污染物扩散，对城市空气质量产生不良影响。各地要落实重污染天气条件下的应急预案，切实减轻污染影响。根据污染级别，建立响应机制，及时启动应急预案。鼓励企事业单位和社会公众共同参与减少污染物排放的行动，切实减轻污染对人民群众健康的不利影响。

3. 全省地表水中度污染

2012 年全省地表水水质级别为中度污染。除淮河流域水质由中度污染变为轻度污染、长江流域由轻度污染变为良好以外，海河流域水质仍为重度污染、黄河流域水质仍为轻度污染。监控的 83 个省控河流监测断面中，水质为劣 V 类的断面有 18 个，占 21.7%。水体污染，不仅影响工业生产、增大设备腐蚀、影响产品质量，甚至使生产不能进行下去，而且还影响人民生活，破坏生态，直接危害人的健康。所以，我们要进一步强化对饮用水源取水口的保护，加大城市污水和工业废水的治理力度，加强公民的环保意识，实现废水资源化利用。

4. 农村环境保护程度整体偏低

2012年，全省农用塑料薄膜使用15.52万吨，比2011年增长2.3%，其中地膜使用量7.31万吨，同比下降0.4%。化肥施用量增加1.6%；农药使用量下降0.4%。塑料薄膜、农药、化肥的大量使用，给水体和土壤安全带来不容忽视的危害。同时，夏收或秋收时节，对秸秆的焚烧等也给环境污染带来较大压力。此外，随着工业化和城市化进程的加快，工业污染也向农村蔓延。

生态环境保护是可持续发展的重要前提，农村环境综合整治工程是生态文明村建设的重要组成部分。当前，农村环境问题已越来越受到各级政府和公众的关注，必须要正确处理环境整治与经济转型升级、环境承载力与经济发展之间的关系，实现农村经济社会发展的全面、协调与可持续。

一个时期以来，全国各地不约而同地把环境治理问题上升到重要位置，尤其对雾霾的治理，将成为2014年多个省份的工作重点。安徽省提出："要切实加强生态环境保护和建设，以壮士断腕的决心抓好大气污染防治，让安徽天更蓝、水更净、人民生活更美好。"山西省提出："要加快建设绿化山西、气化山西、净化山西、健康山西，扎实开展大气污染防治，强力推进污染减排，狠抓省城环境质量改善，加大环境执法力度，确保全省环境安全。"河南省提出："要以实施'蓝天工程'、'碧水工程'、'乡村清洁工程'为重点改善环境质量，以加强生态系统建设为重点提升生态自然修复能力，以加强总量减排为重点强化环境容量控制，以节能降耗为重点提高资源节约集约利用水平。"

环境治理首先有利于经济结构转型。同时，它还可以做大环保产业。当前人们普遍的共识是，对环境生态的投入，同样可以产生GDP，产生利润，增加就业。现在一般商品都供过于求了，但是公共产品包括清洁的空气、干净的水还是短缺的，这个短缺如何解决呢？要靠政府。各级政府要把提供清洁的空气作为提供公共产品的重要内容之一，作为政府的重要职责。政府要颁布强制

性的排放标准，让大家都来执行，达不到就制裁，形成环保产业的庞大市场，使环保投入形成新的投资热点和经济增长点。

　　人们普遍认为结构性改革会使经济增长减缓，但这仅是改革的一部分。简政放权可以释放私营部门被抑制的需求，通过利用更加多元化的融资渠道以及提高民间资本投资比重进行投资项目融资的改革将促进基础设施投资的增长，生态改革更是意味着将投入额外资金用于节能和低污染设备和技术升级。

B.28
洛阳市工业化与城镇化协调发展研究

洛阳市统计局课题组

摘　要：

本文针对洛阳近年来主要经济指标增速徘徊在全省后几位的发展"困局"，研究以促进工业化、城镇化深度融合、良性互动为转变经济发展方式的"突破口"，筑造经济新跨越的"高平台"，破解当前发展难题。通过分析洛阳工业化与城镇化协调关系，提出洛阳工业化与城镇化协调发展的思路及建议。

关键词：

工业化　城镇化　协调发展

党的十八大报告明确指出："坚持走中国特色新型工业化、信息化、城镇化、农业现代化道路，推动信息化和工业化深度融合、工业化和城镇化良性互动、城镇化和农业现代化相互协调，促进工业化、信息化、城镇化、农业现代化同步发展。"对洛阳而言，近五年来经济增速由全省各地市排序第3位降到2012年的第16位，位次下滑了13位，主要经济指标增速都在全省后几位徘徊，摆脱当前经济发展的"困局"，亟须探索党的十八大提出的"四化同步"发展新方式，以促进工业化、城镇化深度融合及良性互动，形成转变经济发展方式的"突破口"，实现经济新跨越的"高平台"。

一　洛阳工业化与城镇化协调发展状况分析

随着工业强市战略的推进和经济持续快速发展，洛阳自2000年以来相继建立高新技术开发区、洛阳工业园区、洛龙科技园区、洛新工业园区等较大规模的工业园区，工业园区已经发展成了各具特色的产业集聚区，形成了城市工业的凝聚力，有序引导农村人口向城市集中。伴随着城乡二元体制逐步放松、工业化进程的不断推进以及城市基础设施稳步完善，城镇数量和城镇人口规模加速扩张。洛阳市区域做了调整，城市区域扩大，城镇人口迅速增加，城镇化进入快速发展时期。特别是 2003 年以来，洛阳市实施洛南新区大开发，城市区及镇中心区规模不断扩大，2012 年城镇化率提高到 47.93%，比 2000 年提高 18.33 个百分点，年均增长 1.53 个百分点，是发展最快的阶段之一。随着工业化和城镇化的不断推进，洛阳经济保持了较快的发展，2000 年全市人均GDP 为 6830 元，2006 年（20980 元）突破 2 万元，2008 年（30084 元）突破3 万元，2011 年（41197 元）突破 4 万元，2012 年达到 45316 元，年平均增长17.1%，工业增加值占 GDP 的比重由 46.5% 升至 53.1%，提高了 6.6 个百分点。与此同时，洛阳工业化与城镇化在加速发展过程中呈现相互联系、相互促进、互为支撑的互动关系，城镇化引导经济要素集聚，调整优化产业结构和布局，推进工业化的加快，初现工业化与城镇化互促并进的新格局。

1. 工业化水平提升，重工业畸高

洛阳实施工业立市发展战略以来，经济实力不断增强，2012 年洛阳地区生产总值突破 3000 亿元大关，从 2000 年的 860.9 亿元发展到 3001.1 亿元，年均增长 11.0%。工业主导地位日益突出，2012 年工业化率（工业增加值占生产总值的比重）为 53.1%，比 2000 年的 46.5% 提高 6.6 个百分点，年均提高0.55 个百分点。对比全国、全省工业化水平看，2012 年全国工业化率为 45.3%，全省工业化率为 51.5%，洛阳分别高于全国、全省 7.8 个和 1.6 个百分点。

尽管洛阳工业化率较高，但工业内部结构不尽合理，重工业所占比重偏高。2012 年，全市轻工业增加值比重为 15.5%，重工业占比为 84.5%。当前工业的最大问题是重工业比例太大，导致能耗加快，产能过剩严重，环境压力大。

2. 城镇化进程发展速度加快，总体水平有待提升

洛阳虽然是工业大市，但城镇化水平相对较低，2000 年仅为 31.7%。随着城镇化发展，2012 年洛阳城镇化率为 47.93%，常住人口 659.0 万人，其中市区常住人口 208.51 万人。2002 年城镇化率为 36.3%，2005 年为 38.7%，2010 年为 46.7%，2012 年为 52.0%，2012 年比 2000 年提升了 20.3 个百分

点，年均提高 1.53 个百分点，城镇化水平呈现稳步增长态势，对比全国、全
省城镇化水平，2012 年全国城镇化率为 52.6%，全省为 42.4%，洛阳城镇化
高于全省，低于全国。

3. 工业化与城镇化协调关系评价

评价工业化与城镇化协调关系，国际上通常有两种方法：钱纳里标准值法
和 IU、NU 比为 0.5 和 1.2 的国际标准值法。

依据钱纳里模型，当人均 GDP 达到 1000 美元时，城镇化率就会领先工业
化率近 30 个百分点。2012 年洛阳人均 GDP 为 45316 元，按人民币兑美元中间
价 6.3125 计算折合 7178 美元，人均 GDP 达到工业化后期阶段标准。对照表 1
看，洛阳城镇化率应介于 60% ~ 80%，显然 47.9% 的城镇化率还存在很大差
距，城镇化率低于工业化率 5.2 个百分点。

表 1　工业化与城镇化的对应阶段

城镇化率	城镇化阶段	工业化阶段
10% ~ 30%	非城镇化	初期阶段
30% ~ 60%	基本城镇化	中期阶段
60% ~ 80%	城镇化	后期阶段
80% 以上	高度城镇化	后工业化阶段

在 IU、NU 比为 0.5 和 1.2 的国际标准值法中，I 为第二产业就业人员占
总就业人员的比重，N 为第二产业和第三产业就业人员之和占总就业人员的比
重，U 为城镇人口占总人口的比重即城镇化率，IU 比是指劳动力工业化率与
城镇化率的比值，NU 比是指劳动力非农化率与城镇化率的比值。其衡量工业
化与城镇化之间的关系见表 2。

表 2　工业化与城镇化的协调关系

IU 指标值	NU 指标值	工业化与城镇化协调程度
大于 0.5	大于 1.2	城镇化滞后
趋于 0.5	趋于 1.2	比较协调
小于 0.5	小于 1.2	城镇化超前

选取 2002～2012 年洛阳城镇化率和按三次产业分全社会从业人员的基础数据进行测算见表 3。

表 3　2002～2012 年洛阳市工业化与城镇化协调关系指标

单位：%

年份	城镇化率	劳动力工业化率	劳动力非农化率	IU	NU
2002	31.70	23.18	44.93	0.73	1.42
2003	33.70	23.20	45.86	0.69	1.36
2004	35.60	24.04	48.71	0.68	1.37
2005	38.02	19.06	53.00	0.50	1.39
2006	39.64	26.80	54.93	0.68	1.39
2007	41.14	28.65	57.79	0.70	1.40
2008	42.57	29.47	59.83	0.69	1.41
2009	44.17	30.12	62.03	0.68	1.40
2010	44.33	30.61	63.65	0.69	1.44
2011	46.13	30.95	64.04	0.67	1.39
2012	47.93	31.85	64.39	0.66	1.34

从表 3 可以看出，一直以来洛阳城镇化滞后于工业化发展。2002 年以来，工业化带动了洛阳经济较快增长，也促进了城镇化的发展，但工业化带动城镇化发展力度还很不够，城镇化率偏低，工业化与城镇化发展并不协调。IU 大于 0.5、NU 大于 1.2，表明在农村中有大量剩余劳动力急需向城镇转移流动。

二　洛阳工业化与城镇化协调发展面临的问题

洛阳市"十二五"规划指出：洛阳正进入工业化与城镇化加快推进的新阶段。当前，洛阳城镇化滞后于工业化，与产业结构、城乡居民收入、消费需求、城镇体系建设等制约因素密切相关。

1. 工业化与城镇化严重脱节

按照发达国家工业发展的一般规律衡量，洛阳城镇化水平明显滞后。根据国际规律，GDP 达到 4000 美元左右，城镇化率应在 60% 以上，目前洛阳人均 GDP 达到 7178 美元，进入了工业化后期阶段；但人口城镇化率只有 47.9%，明显滞后于工业化。值得注意的是，自 2003 年以来，伴随着人口城镇化率的提高，第三产业增加值占 GDP 的比重却有所下降（见表 4）。这种情况导致经济结构性的严重扭曲，也引发了许多社会问题，城镇化滞后制约了消费结构升级，限制了服务业发展，也阻碍了农村富余劳动力流动。

表 4   2003～2012 年地区生产总值及从业人员构成

单位：%

年份	第一产业增加值	第二产业增加值	第三产业增加值	第一产业从业人员	第二产业从业人员	第三产业从业人员
2003	9.9	56.8	33.1	55.1	23.2	21.8
2004	9.8	58.7	31.4	54.1	23.2	22.7
2005	9.9	58.3	31.8	51.3	24.0	24.7
2006	9.7	60.1	30.2	47.0	19.1	33.9
2007	9.0	60.8	30.2	45.1	26.8	28.1
2008	8.7	61.1	30.2	42.2	28.7	29.1
2009	8.7	58.3	33.0	40.2	29.5	30.4
2010	8.1	60.2	31.7	38.0	30.1	31.9
2011	7.5	61.3	31.2	36.3	30.6	33.0
2012	7.5	60.0	32.5	36.0	30.9	33.1

注：GDP = 100，全社会从业人员 = 100。

2. 工业化尚未充分发挥对非农就业的带动作用

从全社会从业人员在三次产业中的构成看，洛阳农业从业人员比重从 2003 年的 55.1% 下降到 2012 年的 36.0%，年均回落 2.1 个百分点。农业从业人员比重的下降，意味着在二、三产业就业比重的上升。2012 年在 310.9 万人的乡村从业人员中，有 159.7 万人在二、三产业；农村剩余劳动力向二、三产业转移有效缓解农村人口压力，也带动了生产水平的提高。尽管目前，第一产业在 GDP 中的比重已下降到 7.5%，但就业人口比重仍高达 36.0%，洛阳仍有 153.0 万劳动力集中在第一产业，工业化对农村劳动力非农就业的带动促进作用并未充分发挥，对城镇化形成了一定限制。因此要调整优化产业结构，提高二、三产业劳动力吸纳能力，需要引导农村剩余劳动力向城镇二、三产业就业，特别是向劳动密集型行业、服务业就业。

3. 重工业畸重对工业化和城镇化的影响

洛阳工业部门结构单一，工业发展高度依赖于重工业部门，这对洛阳工业化和城镇化带来相当的阻碍作用。

（1）影响城镇化进程。在工业化发展的较早阶段就将国民生产剩余投入单一的重工业和所谓的"高新产业"的地区，为了赶超发达经济体，在维持生计部门冗余大量劳动力资源的情形下，形成资金密集型产业占绝大比重的经济结构，会极大地降低工业化发展过程中的城镇化发展。以重工业为主的经济发展方式，虽然在一定时间内有较快的发展速度，但就业水平不高。城镇工业就业岗位的缺乏会降低农村剩余劳动力向城市迁移的意愿，从而导致农村生产方式长期得不到发展，二元结构将会维持下去。

（2）抛开轻工业充分发展阶段优先推进重化工业发展，会产生一个就业不充分的，仅局限于几个产业的经济增长模式。其结果是不平等的收入分配状况将继续存在。社会经济增长方式决定了各种生产要素报酬的大小，如果在一个还未走过刘易斯拐点的社会中，采取资本高度密集的经济增长方式，则资本将获得较多的剩余。与此对应的，收入和资本就向少数资本要素拥有者集中，最终的结果将是城市居民的收入长期得不到提高，反过来会严重影响和制约工业化和城镇化的进程。

4. 城镇化对工业化提供空间不足

（1）城镇建设规模普遍较小。单从数量上看，2010 年洛阳市 143 个乡（镇）中，有建制镇 78 个，仅占 54.5%，但是，从建制镇建成区面积来看，除各县（市）的城关镇外，绝大部分镇的面积较小。扶持发展重点镇、示范镇的政策倾斜没有到位，没有形成对重点镇、示范镇发展相应的政策措施，城镇发展的激励机制没有建立和形成。

（2）城镇服务功能弱。规划滞后导致建设无序进行，大多数城镇扩张无序，镇区功能繁杂，个别城镇的部分街道还没有相应配套的排水、排污、路灯等设施，脏乱差现象普遍存在。城镇作为各种物资、信息的集散地，应该起到示范引导作用，但实际上洛阳很多城镇的聚集效应和带动辐射效应发挥不够。

三　洛阳工业化与城镇化协调发展的建议

1. 加强产业支撑，增强推进城镇化的动力

洛阳虽然工业增加值比重一直很高，但工业部门吸纳的劳动力有限，从带动非农就业水平来看，第三产业明显优于第二产业，第三产业很多属于劳动密集型产业。从产业和城镇发展的关系来看，制造业发展对城镇发展的影响基本上是量的影响，即影响城镇规模的扩大，城镇人口的增加。而服务业的发展对城镇发展的影响则是质的影响，即强化城镇的功能，提升城镇质量。所以，要使洛阳的人力资源优势得到充分发挥，就要加快发展现代制造业，适度发展劳动密集型产业；重点发展生产性服务业，如金融、现代物流、软件和电子商务、旅游及会展等相关产业，提高产业关联度，促进制造业分工的细化和规模化经营；同时又注重零售、餐饮等传统服务业的发展，扩大就业机会。在发展方式上，要以推进信息化为依托，用信息技术改造传统产业，并把握信息化发展趋势，推进信息化城市建设。

2. 加强基础设施建设，提高城镇综合承载能力

城镇综合承载能力既包括水土资源、环境容量等物质层面的自然环境资源承载能力，也包括城镇吸纳就业能力、辐射力、带动力等非物质层面的城镇功能承载能力。提高城镇综合承载能力，除了需要强化产业支撑外，还要根据经济发展和居民生活需要，加强基础设施建设。

（1）着力解决交通拥堵、住房紧张、社会事业发展不足等民生问题。

（2）切实加强城市生态园林和环境建设，切实保护人文资源和自然资源，营造城市绿色文明，突出城市文化特色，提升城市品位，建设宜居城市。

（3）深化城市建设投融资体制改革，逐步建立政府引导、市场化运作的多元化、多渠道投融资体制，保持合理的城市基础设施投资规模，实现基础设施建设的良性循环和滚动发展。

3. 加强制度创新，消除推进城镇化的障碍

加强改革创新，营造劳动力资源合理流动的政策环境和各类资本向城市聚集的投融资环境，为推进新型城镇化提供制度保障。

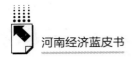

（1）要加大现行土地制度改革和创新力度，建立市场化的农村土地流转制度，培育农村土地使用权流转市场，使转让土地的农民获得资本到城市投资发展，让得到土地的人获得更大的发展空间，扩大规模效益。

（2）要适度放宽城市落户条件，便于人口流动，从根本上解决征地农民的后顾之忧，建立统一、规范、完善的社会保障体系。

（3）要建立反映科学发展观和新型城镇化内涵的城镇化质量评价体系，除了把经济建设指标纳入评价体系外，还要把促进城镇就业、统筹城乡发展、节约资源能源和保护环境等列入考核内容，以全面准确客观地反映城镇发展速度和质量，为科学决策和评价城镇化发展水平提供依据。

安阳市推进城乡一体化科学
发展的实践探索

杜 毅 桑 军 杨克俭 孟宪法*

摘 要：

随着城市经济的不断发展壮大，城乡差距越来越大，科学推进城乡一体化进程，建立以工促农，以城带乡，相互促进，一体发展的新型城乡关系，是化解当前经济社会矛盾的重要途径。本文从安阳市城乡一体化的基本条件出发，对如何推进城乡一体化科学发展进行了探索和分析。

关键词：

城乡差距 城乡一体化 新型城乡关系

党的十八大报告指出，解决好农业、农村、农民问题是全党工作的重中之重，而推动城乡发展一体化是解决"三农"问题的根本途径。当前，安阳市面临着复杂的形势，城乡发展差距较大，"三农"问题较为突出，经济转型任务艰巨，改革稳定重担在肩。科学稳步地推进安阳城乡一体化进程，建立以工促农，以城带乡，相互促进，一体发展的新型城乡关系，才是化解当前经济社会矛盾的正确途径。

一 城乡经济发展的基本趋势

发达国家的发展历程表明，城乡一体化与城镇化存在较强的关联性，并遵

---

* 杜毅、桑军、杨克俭、孟宪法，安阳市统计局。

循一定的基本规律。第一阶段，当城镇化水平低于30%时，城市文明普及率与城镇化率同步发展；第二阶段，当城镇化水平进一步提高到30%后，城市文明逐步加快向农村渗透和传播；第三阶段，当城镇化水平达到50%时，城市文明普及率呈加速增长的趋势，城乡差别明显缩小，城乡融合步伐加快；第四阶段，当城镇化水平达到70%后，城市文明普及率将达100%，实现城乡融合、城乡一体化、城乡现代化。

2000～2012年，安阳市城镇化水平分别为25.4%、26.0%、26.9%、29.5%、31.0%、32.5%、34.2%、35.8%、37.3%、38.9%、38.6%、40.5%、42.4%。这些数据显示，2000～2003年安阳市城镇化水平年均增加为0.75个百分点；2003～2012年，由于城市框架的拉大、功能的完善、空间的提升，加之政策的强力推进，城镇化步伐呈现不断加快的趋势，年均增长达到1.55个百分点，较2000～2002年的年均增速增加了一倍多。据此推算，到2020年，城镇化率可达到54.8%，将加速向城乡一体化迈进；到2030年城镇化率将达到70%，基本实现城乡一体化。

二 安阳市推进城乡一体化发展的基础和条件

近年来，随着安阳市经济社会的持续快速发展，工业化、城镇化水平不断提高，以工补农、以城带乡的能力明显增强，为全面推进城乡一体化发展具备了良好的基础和条件。

1. 综合实力明显增强，为全面推进城乡一体化奠定了经济基础

经过改革开放30年的发展，人民生活一步步越过基本温饱、总体小康之后，进入了建设全面小康的新阶段。2013年，全市GDP总量突破1500亿元大关，达到1567亿元，人均生产总值达到30624元。财政公共收入实现83.6亿元；城乡居民储蓄存款余额达892亿元，人均储蓄余额达到17437元。安林高速连接东西、中华路贯通南北，高铁开通、机场筹建等基础设施为城乡一体化架起桥梁。

2. 现代产业体系的形成，为城乡一体化提供了产业支撑

安阳市近年规划了西部新型制造业、中部高新技术产业、东部农副产品加工业三大功能区，重点培育壮大冶金建材、煤化工、装备制造、电子信息、食品加工、纺织和新能源等七大支柱产业。形成了以农业为基础、新型工业为支撑、服务业繁荣发展的产业格局。随着9个省级产业集聚区规划建设，产城融合的发展模式基本形成，城乡产业分布越来越明晰，特别是各个集聚区汇集资金、人口能力明显增强，城市与农村产业分割运行的局面逐步被打破，三次产业融合发展、协调推进，城乡产业关联度逐步提高。2013年三次产业比重调整为12∶57.5∶30.6，城乡一体化发展的产业依托更加坚实。

3. 城镇化水平不断提高，为全面推进城乡一体化搭建了良好平台

改革开放以来，安阳市城镇化进程不断加快，城市规模迅速扩大，新区发展日新月异。到2012年底，全市城镇人口243.5万人，城镇化率为42.4%。城市建成区面积达到95平方公里。重点小城镇的开发建设逐步兴起，初步形成了以城区为中心，以重点镇为骨干，以交通干道为纽带，辐射带动小城镇和中心村发展的格局。近年来，安阳新区发展不断推进，开始构建大中小城市协调发展和城乡共同繁荣的城镇体系，为城乡一体化搭建起重要平台。

4. 城乡各项社会事业统筹发展，为推进城乡一体化提供了公共保障

按照工业反哺农业、城市支持农村的要求，以农村为重点，加快推进公共服务均等化，着力增强各级财政特别是区级财政的普惠性，努力达到人人都能享受到良好的公共服务和稳定的社会保障要求。统筹城乡教育、文化、医疗卫生、就业培训等社会事业发展的力度越来越大，城乡义务教育、幼儿教育、职业教育、成人教育全面发展。2012年，全市参加农村合作医疗人数达到400万人。农村劳动力技能培训3.14万人，转移农村劳动力178万人。社会保障体系不断完善，城乡社会保障逐步并轨。

三 安阳市城乡一体化发展过程中存在的差距和制约因素

安阳市在推进城乡发展规划、产业布局、基础设施、公共服务、社会保障等一体化方面取得了明显成效，城乡二元结构开始逐步打破，但城乡发展仍然存在较大差距，主要表现在以下几个方面。

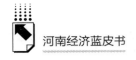

1. 经济发展上的差距

受体制、机制的约束，城市、农村在资源配置和收益分配上不平等。特别在二、三产业发展过程中，城市聚集了各类城乡资源要素，并取得了较好的收益。而农村只是廉价提供土地、农产品和劳动力等基础性资源，大量的收益最终落在了城市，农业主导区域的综合经济实力明显低于工业主导区域，从而导致城市和农村发展不平衡，城乡经济二元结构特征还很明显。

2. 居民收入上的差距

虽然这些年城乡面貌发生了很大变化，城乡居民生活水平在不断提高，但总体来看，城乡居民收入和生活水平差距在继续拉大，农民的生活条件远不如城市居民。2012 年，城镇居民人均可支配收入 21042 元，农村居民人均纯收入 8618 元，城乡居民收入比由 2003 年的 2.9∶1 缩小为 2.4∶1，但差距绝对数由 4654 元扩大为 12424 元。城乡居民收入上的差距直接体现在生活水平和质量上，城市居民家庭耐用消费品拥有量均大大多于农村。2012 年，城镇居民人均消费性支出为 13191 元，农民人均生活消费支出仅有 5399 元，相差了7792 元。对农村而言，农民从事农业生产除了有限的财政补贴外，经营性收入增长缓慢，保障增收的渠道和途径仍需进一步探索。

3. 基础设施上的差距

安阳市近年不断加大对农村的投入，农村基础设施建设步入了一个新的时期。但由于资金投入上的"城市偏向"和缺乏统一规划，城乡基础设施建设不同步，存在明显的二元化现象。城市基础设施建设基本依靠政府投资，近些年建设步伐越来越快。而农村道路、交通、通信、水利设施建设相对落后于城市，兴办各类公益事业都需要农民出工出钱。特别在现行财政体制下，县（区）财政支出压力逐年加大，对农村基础设施建设的投入非常有限。尽管每年都有一批基础设施建设项目，但很难满足保障经济社会发展的需求。农村道路、交通、供水、排污、垃圾处理等设施配套和共享程度还不够高，环境脏乱差问题仍不同程度的存在。

4. 公共服务上的差距

突出表现在城乡教育资源配置还不够合理，优质教育资源过多地集中在城区，农村学校教学条件相对比较薄弱，城区学校班额超编严重。农村医疗保健设施落后，执业医生相对较少，技术力量薄弱，与农民的就医意愿有较大差距，导致城区医院拥挤排队、乡（镇）卫生院冷冷清清。农村文体设施建设的力度虽然加大了，但绝大部分镇村仍缺乏图书馆、健身器械等基本文体设施，不能满足广大群众日益增长的精神文化生活需求。

5. 社会保障上的差距

目前，城镇在岗职工医疗保险、失业保险、工伤保险以及女职工生育保险等各类保险相对完整且水平较高，而农村仍然是以社会救助和乡村集体办福利事业为重点、以家庭保障为主体的保障模式，不仅范围小，保障水平也比较低，特别是经济薄弱的乡、村，保障能力更弱。近几年随着城市的开发建设，城郊土地被大量征用，"失地农民"的社会保障问题日益突出。

纵观城乡各方面差距形成的原因，主要是在思想观念、体制机制、政策体系等方面，还存在一些影响和制约城乡一体化的因素。

（1）思想认识不到位。对城乡一体化发展的问题，部分干部群众思想上还存在一些模糊认识，有的存在畏难情绪；有的急于求成，急功近利较为严重；有的存在"等、靠、要"思想。实际上，推进城乡一体化不是简单的让农民进城，而是要优化城乡资源配置，提高资源利用效率，使农村经济发展、社会文明和农民生活向城市看齐；推进城乡一体化不是变相的"劫富济贫"，不能以减缓城市发展速度、降低城市发展层次为代价，关键在于改善城乡关系，实现城乡经济社会协调发展；推进城乡一体化不是城乡一个模式发展，而是要更好地发挥比较优势，走各具特色的发展路子。要准确把握和认识城乡一体化的本质内涵，必须走出上述思想认识上的误区。

（2）发展规划不完善。按照安阳新区发展规划，2015年中心城区人口将达到120万人，新区规划面积达到183平方公里，小城镇建成区面积达到185平方公里。但是控制性详细规划和村庄建设规划处于起步阶段。由于发展规划的滞后，工作指导上缺乏依据，既不利于产业布局的调整，还会影响基础设施的配套。

（3）配套政策不完善。城乡统筹的财政投入机制不完善，农村基础设施建设和社会事业发展供给严重不足。由于存在城乡规划分割、建设分治的状况，小城镇建设和产业集聚区的发展政策还不够完善，乡镇基础设施建设资金

渠道相对较窄，市场化运作范围小，银行贷不到款，土地收益小，社会投资难引进，乡（镇）财政负担较重，在社会事业发展上表现得也比较突出，特别是农村公益事业建设项目，在很大程度上依赖于农村和农民自身的积累，短时期内很难有大的提高。

（4）体制机制不健全。主要表现在公共财政体制、城乡户籍制度、土地流转机制、农业产业化经营机制等方面的改革与创新不够，在一定程度上制约着城乡一体化发展。与户籍制度相关的配套改革没有完全到位，城乡居民在教育、医疗、就业、社会保障等方面还存在不合理的政策限制。近年来，国家逐年加大对农业的补贴，农民种粮积极性普遍提高，而失地农民保障机制还不够完善，致使农民对土地流转热情不高，阻碍了农业规模化、集约化、高效化经营和农村劳动力的转移。农村金融担保体系不健全，农民贷款难现象比较普遍，在一定程度上制约了农村的发展。

（5）农村剩余劳动力转移存在障碍。广大农村虽然人力资源丰富，但其文化水平和从业技能偏低，市场经济意识较为淡薄，转移就业、创业能力均比较弱。即使走出家门，由于缺少就业竞争力，大多外出务工人员只能从事体力劳动，能够从事技术工作和管理工作的只是极少数。城乡分割的户籍管理制度虽然进行了一系列尝试性改革，但新的城乡统一的户籍管理制度，并未真正建立，城乡壁垒依然森严，农民进入城镇的"门槛"依然很高。特别是进城务工经商的农民在住房、社会保障、医疗、子女入托入学、工伤意外保险等许多方面，仍然存在歧视性规定和制度性障碍。城乡统一的劳动力市场尚未形成，地区分割、城乡分割的体制尚未完全打破。劳动力中介服务组织不健全，管理、经营不规范，服务不到位。

四　推进城乡一体化发展策略

1. 发展以安阳市区为中心、以周边县城为卫星城的"1＋4"模式

所谓卫星城，即拱卫大城市的周边小城镇，各具特色，各有用途。而独立的小城镇，指拥有独立品格的中小城市，与周边大城市不形成附属关系。中国的国家结构形式决定了中国发展卫星城极少可能发展出像欧美国家拥有独立品格的小城镇。所以安阳城乡一体化发展也脱离不了现行体制的约束，只能顺应形势，因地制宜，发展以安阳市区为核心辐射带动周边林州市区、汤阴县城、滑县县城、内黄县城的"1+4"模式。

"1+4"模式核心在市区，重点和难点也在市区。只有市区经济发展得足够强大，基础设施配套大致齐全时，才会向周边县城、小城市拓展，把周边城镇当成自己的卫星城，以加深腹地，辐射带动周边，进而实现城乡一体化发展。所以加快安阳市区经济的发展是实现城乡一体化的首要任务。加快安阳市区经济发展着力点可放在三个方面：一是依托产业集聚区发展，做强工业经济。产业集聚区主导产业要突出，产业链要延长，才能在中原经济区甚至全国范围内形成影响力和竞争力。二是搞活资金，做强金融业。通过改革创新打破垄断、激活民间资本、创新金融服务生产的形式，解决实体企业缺钱融资难、金融企业有钱放贷难、老百姓投资收益难的矛盾。三是解放思想，做强文化旅游产业。要以游客为中心，精细规划、市场运作，突破安阳文化旅游业"资源多收益少、景点多亮点少、说道多看头少、静观多互动少"的困局。以文化旅游业为突破点引领和带动整个第三产业经济发展。

2. 与经济发展相适应，稳步推进城乡一体化进程，避免出现空城无业现象

城乡一体化是一项长期的历史任务，不可能一蹴而就，需要尊重规律，与经济发展阶段相适应，积极稳妥地推进。避免为提高城镇化率、提高土地财政收入，而不切实际过早过快压缩发展城镇化，从而出现有城无人、有人无业的状况，造成资源严重浪费。

根据安阳市目前的实际情况来看，城乡一体化可大体分两步走。第一步：2013~2020年，完成全面建设小康社会目标，城镇化率超过50%，人均GDP达到1万美元（按2020年预计物价和汇率水平测算），城乡居民生活比较富裕，城乡各项基础设施较为完备，市区三产较为发达，对周边城镇产生强辐射带动，城乡一体化加速发展。第二步：2021~2030年，城镇化率达到70%，人均GDP达到2万美元，人民生活富裕，城乡融合，城乡一体化完成。

3. 尊重农民意愿，避免出现"强迫农民上楼"的城镇化现象

2013年9月7日，国务院总理李克强在听取中国科学院、中国工程院城镇化研究报告并座谈时指出："新型城镇化要突出统筹城乡，根本前提是要尊重农民意愿、保护农民利益、保障粮食安全。这样才能使城镇化成果真正惠及农民，这根弦一定要绷紧。"从世界各地的经验来看，城镇化、城乡一体化是发展的结果而不是发展的目的，是随着经济的逐步发展、人民生活的逐步富裕而渐进有序实现的。城乡一体化最终是为了让人民过上更幸福的生活，政府部门在其中起到设计规划引导作用，如果不尊重农民意愿，仅为了提高城镇化率而城镇化，则会出现社会不稳定等严重后果。

五 推进城乡一体化的保障措施

1. 健全完善政策体系

一是完善小城镇发展政策。要积极探索建立土地一级市场供给主体多元化的机制和小城镇建设多元化投资机制。二是完善支持工业园区发展的政策。加大财政、税收对园区发展的鼓励和优惠力度。三是完善支持科技创新和合作经济组织发展的政策。适当安排农业科技创新和扶持农民合作经济组织发展的经费，推动农业产业化经营。四是探索建立公共财政体制。适应政府职能转变的需要，使财政逐步退出竞争性领域，转移到满足社会公共需求上来，把财政资金重点用于城乡基础设施建设、公益事业、生态建设、统筹全区职业技能培训和建立农村社会保障制度。

2. 探索完善土地承包经营权流转机制

按照依法自愿有偿原则，积极引导农民流转土地，实现土地集约化经营、规模化生产。充分发挥政府在农村土地流转中的引导作用，规范农村土地承包经营权流转的配套法规，健全土地承包经营权流转市场。积极探索多种土地流转方式，允许和鼓励农民以转包、出租、互换、转让、股份合作等形式流转土地承包经营权。支持发展专业大户、家庭农场、农民专业合作社等经营主体，推进农业适度规模经营。加大土地承包经营权流转政策及相关程序的宣传力度，让土地承包经营权流转成为农民的自觉行动。

3. 深化户籍制度改革

进一步放活政策，简化手续，建立城乡统一的新型户籍管理制度。逐步取消现行以农业和非农业性质划分户口的户籍管理制度，推行以实际居住地登记为"居民户口"的城乡—元化户籍管理制度，实现农民自由进城和自由迁徙。鼓励农村富余劳动力向城镇转移，农村人口在城镇落户，落户后在一定时期内对其原有的计划生育政策不变。建议由公安、计生部门研究制定具体实施办法，力争在"十二五"时期内，完成户籍制度改革。

4. 深化城乡管理体制改革

进一步理顺城乡管理体制，改变条块分割的管理模式，强化城乡统筹规划。建立一体化城乡市场，加快城乡一体化管理，打破城乡界线，统一规划基础设施、生态建设和各类经济活动的空间布局。积极适应建立新型城市管理体制的要求，以强化街道管理、发展社区服务为主题，进一步创新机制，提高城市管理服务水平。对纳入城镇规划区内的村组，逐步"撤村（委会）建居（委会）"，促其向社区管理模式转变。积极稳妥地推进撤乡并镇、合村并组，逐步实现由行政区划向经济区划的转变。

B.30
驻马店市农民工市民化进程实证分析

高 明 范国荣 海保国*

摘 要:

农民工市民化是指农民工获得与城市居民相同的合法身份和社会权利,进而实现其价值观以及生活方式等向城市居民转化的过程。近年来,大批农民工进城务工为推动经济发展、促进城市繁荣带来"多赢"效应,但是由于种种因素制约,农民工虽然进入城市,却并没有真正融入城市,成为游离于城乡之间的"边缘群体"。本文以驻马店市农民工市民化的进程现状作为实证,分析存在的问题,提出推进农民工市民化的建议。

关键词:

驻马店 农民工 市民化

一 农民工市民化定义及内涵

农民工是中国社会结构转型时期出现的特殊群体,主要是指户籍在农村,但主要从事非农产业的劳动人口。包括本地非农就业的农民工和外出从业的农民工两个部分。除特殊说明外,本文农民工主要指外出从业的农民工。

农民工市民化是指农民工获得与城市居民相同的合法身份和社会权利,如居留权、选举权、受教育权、劳动与社会保障权等,进而实现其价值观以及生活方式等向城市居民转化的过程。根据转化程度不同,农民工市民化可划分为职业转变、地域转移和融入城市三个明显的阶段性过程,其中职业转变、地域

---

* 高明、范国荣、海保国,驻马店市统计局。

转移只是外部特征，而实现融入城市才是市民化的真正内涵。

农民工市民化是中国现代化进程中的特有现象。中国特色的社会主义以及城镇化、工业化相对滞后，决定了中国的市民化道路与西方发达国家不同，不能采用"农民→市民"的直接转变，必须选择"农民→农民工→市民"的分阶段转化模式。从当前实际看，"农民→农民工"的转化比较顺利，而"农民工→市民"的转化相对缓慢。为此，党的十八大报告明确指出，要"有序推进农业转移人口市民化"，使农民工市民化工作提升到重要议事日程。

二 农民工市民化存在的问题

驻马店市是河南省典型的农业大市，拥有农村劳动力486万人，据调查资料测算，2012年末全市已实现农村劳动力转移257万人，并连续5年保持在200万人以上。其中，在本地转移（即本地农民工）72万人，占农村劳动力的14.8%；异地转移（即外出农民工）185万人，占农村劳动力的38.1%，高出全省平均水平近10个百分点，成为河南省较大的劳务输出大市。农民工市民化作为促进城镇化建设的核心问题一直受到市委、市政府高度重视，全市农民工由最初的无序流动到目前的有序转移，务工队伍不断壮大。但当前正值"农民工→市民"的过渡阶段，受经济基础、社会环境、政策体制等诸多因素约束，农民工市民化进程中仍存在着诸多不容忽视的矛盾和问题。

1. 以自发外出为主，"逆市民化"现象时有发生

近年，驻马店市通过政府组织、学校培训、中介搭桥等多种形式，不断加大劳务输出力度。从输出效果看，仍不能满足农民工市民化需求，有组织转移的农民工比重不足13%，大部分农民工仍以自发为主，靠血缘、地缘、人缘等"襟带"关系，结伴而行。这种自发式的无序流动极易形成劳动力市场供求脱节，"招工难"和"就业难"并存，"逆市民化"现象时有发生。

2. 以周期流动为主，季节性和兼业性市民化相对明显

目前，大多外出务工农民仍不愿放弃农业生产，继续保留着对承包土地的承包和经营权，除利用农闲时间务工外，农忙季节不得不返乡从事农业，具有"亦工亦农"两不误的兼业性。据调查，2012年驻马店市务工时间不足6个月

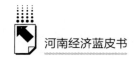

的农民工占20%，其中4%的农民工从业时间在3个月以下。这种"亦工亦农、亦城亦乡"的"候鸟式"流动就业，与新市民的职业要求相差甚远，并非真正意义上的职业转变。

3. 以粗放就业为主，"新市民"权利得不到有效保障

外出农民工主要集中在劳动密集型产业和劳动环境差、危险系数高的就业岗位，尤其是城市居民不愿干的建筑施工、矿山采掘、环卫清洁等脏、累、差工种，容纳了60%以上的农民工。而这类粗放型企业一般缺乏严格管理，与农民工签订劳动合同的比例不高。驻马店市签订劳动合同的农民工比例仅占22%、参加工伤保险的不足20%，大部分农民工权益难以保障。

4. 以低薪收入为主，定居城市的经济压力较大

近年来，农民工工资水平虽有明显提高，但与城镇在岗职工相比、与实际劳动强度相比，农民工仍处于低薪阶层。2012年驻马店市农民工月平均工资2463元，虽比城镇在岗职工高出28元，但与全国、全省相比分别低1434元、648元。其中，有15%的农民工月工资不足2000元，七成以上的农民工无固定职业和收入，部分农民工将工资寄回家乡后仅够维持基本生活，与城市的高消费形成明显反差，继续定居城市、转为市民的经济压力较大。

三 农民工市民化制约因素

目前，制约农民工市民化的因素较多，既有自身问题，也有社会原因，还有制度约束，个别因素甚至已成为阻碍市民化进程的关键。

1. 自身因素

（1）外出理念偏差是内在因素。一方面表现在农民工小富即安的务工理念，大多把外出的目标定位于提高收入、摆脱贫困，把"亦工亦农"作为最理想的生活模式。这种过客心态，无论是在本地转移，还是异地转移，融入城市的主观意识不强，影响了市民化进程。另一方面表现在地方政府对劳务经济的片面追求，作为输出地政府往往关注劳务输出的短期效益，忽视了输出后的社会化服务；作为输入地基层政府在承认农民工贡献的同时，更加担心为治安、市容等带来的社会隐患，"经济接纳，社会拒入"，最终导致农民工长期在输出地和输入地之间的"夹缝"中徘徊生存。

（2）综合素质偏低是直接因素。农民工综合素质是市民化的重要条件。目前，农民工素质仍处于偏低层次，高中及以上文化程度仅占 15.5%，比全省、全国农民工平均水平分别低 6.5 个、8.2 个百分点，与城镇相比差距更大。驻马店市经过专业培训的农民工不足 24%，大部分求职心切，不愿或没有参加过任何培训。文化素质和劳动技能偏低，使农民工就业空间受到很大限制，只能选择技术含量低、工作条件差的劳动密集型行业，难以实现稳定就业。此外，在农村长期形成的行为方式、生活观念，也导致农民工主体意识和自觉融入城市的意愿淡薄，加强技能培训、提高综合素质成为当务之急。

2. 社会因素

（1）劳务信息服务功能乏力。近年来，依托劳务输出基地，驻马店市虽已初步形成以县为主体、乡（镇）为基础、村为依托、办事处为窗口的劳务输出网络，但由于缺少资金支持、缺少总体协调，大多处于放任自流、人去网断状态。就业信息服务存在着区域发展不均衡、业务系统不统一、网络覆盖不广泛、服务形式不便利等问题，尚不能直接深入农村、服务农民。目前，外出农民工通过亲戚、朋友、同乡介绍或通过招聘广告获取就业信息的比例达 80% 以上，信息障碍使劳务输出的盲目性加大，"回流"现象时有发生。如 2008 年金融危机期间，驻马店市返乡农民工数量超过 30 万人。

（2）城乡劳动力市场不平等限制。长期存在的二元结构使城乡就业资源分配不均，城市居民一般在人才市场寻找工作，而农民工往往被挤压至劳务市场寻找工作，就业机会、薪酬待遇、社会福利等存在较大差距。甚至个别地方、个别单位招聘时，依然采用"城镇下岗职工优先、本地户口优先"的潜规则，迫使农民工只能到"次属劳动力市场"寻求就业。如 2011 年驻马店市某政府招收保洁人员和某政府部门招收联防队员，明确规定必须是市区户口、城镇下岗职工，将农民工直接拒绝在门槛之外。

（3）城市化和非农产业发展相对落后。驻马店作为人口大市、农业大市和劳务大市，非农产业发展落后以及城镇化水平低是影响农民工进城的基础性因素。一方面是非农产业落后，二三产业增加值仅占 GDP 的 73.4%，比全省低 14 个百分点，居全省第 17 位。拥有全省 7.3% 的规模以上工业企业数量，而规模以上工业增加值仅占全省的3.2%。非农产业发展落后限制了农民工的本地就业机会，不得不到市外寻求新的发展空间。另一方面是城市化落后，城镇化率分别比全省、全国低9.0个、19.2个百分点，城镇化水平低说明城市化发展落后，对农村富余劳动力的吸纳能力有限，限制了市民化进程。

（4）对用工单位缺乏有效的监管机制。近年来，从中央到地方出台了一系列保障农民工权益的政策法规，但从执行效果看，由于缺乏行之有效的监管机制，实施跟踪监督的难度较大，随意辞退职工、恶意拖欠工资等时有发生。2012年驻马店市区内发生的用"矿泉水、饮料抵工资"以及"闹市区裸奔讨薪"事件，在一定程度上暴露出对用工单位的监管缺失。仅2012年11月至2013年1月，驻马店市共排查拖欠工资案件169件，涉案标的达1000多万元。

3. 制度因素

（1）有待弱化的户籍制度及户籍管理制度。长期形成的户籍制度，以及对户口迁移的条件控制，成为农民工向城市转移的制度性壁垒。近年来，户籍迁移虽有松动，但仍保留了合法购房合同、劳动用工合同等条件限制，制度性障碍并没有彻底消除，大多数农民工继续被排斥在城市体制之外，欲享受与户籍身份联动的就业、教育、医疗等社会福利和公共服务，仍是一道难以逾越的门槛。

（2）有待补充的社会保障制度。农村社会保障起步较晚，并且与城镇相比补贴额度较低，远不能完全满足农村居民需求。最低生活保障方面，城镇低保月标准不低于300元，而农村仅有150元。养老保险方面，农村养老保险标准130元左右，而城镇是农村的数倍。城镇住房保障方面，农民工无缘享受城镇特有的廉租房、经济适用房，难以享有商品房按揭贷款。失业保险方面，无合同农民工失业期间不能享有城镇职工特有的失业金，"返乡"成为无奈的选择。

（3）有待完善的土地流转制度。"离乡又离土"是农民工市民化的根本标志。目前，农村土地确权不明，流转制度不够完善，缺乏合理补偿的成熟政策，大多数农民工不愿轻易放弃耕地，对于进城定居持谨慎态度。目前，驻马店市53%的农村劳动力已实现转移就业，其中虽然有38%的劳动力外出，但累计的土地流转面积仅有10%，大部分外出农民仍保留着对承包土地的经营权，"亦工亦农"现象十分普遍，不利于农民工实现行业和身份的双重转变。

（4）有待健全的义务教育体制。针对农民工子女教育，国家连续出台了一系列政策，但是由于缺少措施政策支持，在范围上缺少非义务教育，执行效果远没有达到预期目的。一是流入地公办学校教育经费和师资力量紧张、人满为患的问题十分突出，部分学校对农民工子女设置了入学"门槛"，随迁子女入学的难度较大。二是由于学前和高中教育属于非义务教育，国家政策支持和经费投入不足，农民工子女普遍缺乏公平的学前和高中教育机会。三是"异地报考"条件限制，使众多无固定住房、无固定工作、无保险合同的农民工止步于条件之外，农民工子女教育与农民工身份被同步"边缘化"，初中辍学现象相对普遍。

四　加快推进农民工市民化建议

农民工市民化是以人为本的新型城镇化的重要进程，要求我们必须从构建和谐社会的战略高度出发，正确认识和高度重视农民工市民化问题，针对农村退出、城市进入和城市融合三个不同阶段，有重点地采取应对措施。

1. 农村退出阶段：营造农村劳动力有序转移的社会环境

（1）加强组织领导。各级党委、政府要站在统筹城乡发展的战略高度，充分认识农民工市民化的重要性，发挥牵头协调作用，建立党委、政府统一领导、劳动保障部门牵头、相关部门配合的长效机制。成立机构，配备人员，明确职责，落实任务，把农民工市民化纳入作为年度考核的重要依据。

（2）加大宣传力度。利用报刊、广播、电视等新闻媒体，通过现场采访、专题报道、专栏专访等多种形式，大力宣传农村劳动力转移带来的经济效益，充分发挥典型人物和典型事迹的示范作用，用身边事教育身边的人，逐步转变农民工的务工观念，激发外出农民工向市民转变的积极性、主动性。

（3）强化技能培训。在培训机制上，鼓励支持民办职业教育，形成公办、民办学校共同发展的多元化办学体制。培训模式上，着力搞好订单培训、定性培养、定向输出。在培训内容上，重点开展就业前的引导和技能培训。培训方式上，开展集中办班、印发资料以及广播、电视等多形式的培训工作。

（4）健全信息网络。加大对农村劳动力的调查摸底，整合劳动、统计、公安等部门信息，构建流出地和流入地共享、多部门互联的劳动力信息系统，形成包括信息发布、就业咨询、职业培训及介绍、就业管理、跟踪服务等在内的社会化信息体系。关注农村劳动力输出和回流情况变化，建立劳动力信息预测预报体系，减少农民外出务工的盲目性。

（5）加快土地流转。加快包括农村宅基地在内的农村集体土地所有权和建设用地使用权地籍调查，尽快完成确权登记颁证工作。完善征地补偿办法，合理确定补偿标准，坚持依法自愿有偿原则，引导农村土地承包经营权有序流转。规范土地流转程序，逐步健全县、乡、村三级服务网络。

（6）改革户籍制度。继续推进户籍管理制度改革，落实放宽条件政策。已落户城镇的农民工，保证其享有与当地城镇居民同等的权益。暂不具备落户条件的农民工，要采取相应措施，解决子女上学、公共卫生、住房租购、社会保障等问题。清理与户籍制度挂钩的有关就业、义务教育、技能培训等政策措施，建立城乡统一的户口登记制度。

2. 城市进入阶段：提高农民工城市就业和生活的稳定性

（1）规范就业市场。进一步规范职业介绍、劳务派遣、职业咨询、就业信息服务、技能培训，以及与就业相关的服务和培训实体，取消农民工就业的限制性政策，建立健全城乡结合的分层次、网络型、综合性的劳动力市场，促进农村劳动力在城乡间的顺向流动。

（2）加强用工管理。建立工资支付保证金制度，治理中小型劳动密集型加工企业拖欠农民工工资问题。严格执行劳动合同制度，实行劳动合同信息化管理，对就业登记备案、劳动合同管理、社会保障缴费进行统一的动态管理。

（3）健全社会保障。坚持分类指导、稳步推进，优先解决工伤保险和大病医疗保障问题，逐步解决养老保障问题，扩大社会保障覆盖面，制定和实施农民工养老保险关系转移接续办法，制定包括农民工在内的流动人口社会救助制度。

（4）做好维权服务。树立理解、尊重、保护农民工意识，切实保障外出务工人员的民主选举、土地承包、财产分配等权益。建立健全劳动仲裁、司法援助，为维护农民工的合法权益提供法律援助。加大执法力度和对用人单位的监管力度，严厉打击农民工工资拖欠行为。

（5）改善居住条件。制定农民工居住最低标准，鼓励有条件的企业建设职工宿舍，依托工业园区统一兴建农民工集体宿舍、务工公寓，扩大廉租公寓、经济公寓覆盖面。逐步将在城市长期生活、具有稳定工作的农民工纳入城市经济适用房政策范围。支持企业将农民工纳入住房公积金制度范畴。

（6）帮助留守人群。帮助"留守人群"解决生产、生活难题，把"留守儿童"教育与寄宿学校建设结合起来，改建扩建一批寄宿制学校。组织结对帮扶工作，构建社会、学校、家庭三位一体的监护网络，形成帮扶留守人群的合力。

3. 城市融入阶段：保障农民工与市民同等的权利和义务

（1）加强社区管理。发挥社区管理服务的重要作用，构建以社区为依托的为农民工服务和管理的平台。加快社区信息化建设，提高社区居民委员会的服务手段和信息装备条件，健全社区农民工动态管理信息系统，提高农民工社区管理水平。

（2）保障民主权利。扩大农民工的社区参与，让农民工享受到更多的民主管理权利。保障农民工拥有选举权和被选举权，参与民主选举、民主决策、民主管理、民主监督。鼓励农民工参与社区自治，提高自我管理、自我教育、自我服务的能力。

（3）促进相互融通。组织开展宣传教育和文娱交流活动，引导农民工参与各种社区活动，丰富文化生活，加深本地居民与农民工的接触、交流和沟通，促进新老居民之间的情感交流。举办多形式公益性活动，引导农民工和居民互帮互助、和谐相处，加快农民工融入社区步伐。

B.31
城镇化对南阳市农业现代化的
推动作用研究

王书延　安红波　赵艳青*

摘　要：

城镇化是现代化的必由之路。南阳作为人口大市和农业大市，如何在新型城镇化大潮中，探索出一条科学发展之路，来加速推进农业现代化，切实解决农业、农村、农民问题，不仅是建设中原经济区高效生态经济示范市的需要，更是作为河南乃至中国缩影的南阳所肩负的特殊责任。本文尝试从定性、定量两方面分析测度南阳城镇化与农业现代化的依存与因果关系，并在此基础上探索完善与优化两者关系、强化新型城镇化对南阳农业现代化推动作用的途径和建议。

关键词：

城镇化　农业现代化　线性回归　格兰杰检验

党的十八届三中全会提出，城乡二元结构是制约城乡发展一体化的主要障碍。2013年12月召开的中央城镇化工作会议也指出城镇化是现代化的必由之路。可见新型城镇化道路是未来一个时期中国社会的发展方向，是中国经济持续增长的新引擎。南阳市作为农业和人口大市，是河南乃至中国的缩影，如何在新型城镇化的大潮中，加速推进农业现代化，切实解决农业、农村、农民问题，推动区域协调发展和中原经济区高效生态经济示范市建设，是一个需要重点关注和深入研究的课题。

---

* 王书延、安红波、赵艳青，南阳市统计局。

一　南阳城镇化和农业现代化发展现状

1. 城镇化发展情况

南阳作为河南省人口最多、面积最大的传统农业城市，城镇化水平相对偏低。2013 年底全市城镇化率预计为 38.5%，低于全省平均水平近 6 个百分点，低于全国平均水平近 16 个百分点。同时从城镇化的发展进程看，南阳面临的压力比较大。2000 年以来南阳城镇化率提升了 18.3 个百分点，而同期河南省提升约 21 个百分点。

2. 农业现代化发展情况

作为传统农业大市，南阳一直在探索适合本地实际的农业现代化发展道路。目前以龙头企业为中心的农业生产经营模式主要有以下几种。

（1）龙头企业控制经营。以河南省宛西制药股份有限公司为代表。这种模式中龙头企业拥有全部或大部分资本，掌握着产业的管理权、技术指导权和内部信息，与关联企业或合作组织形成利益共享的紧密性关系。

（2）龙头企业主导经营。以科尔沁牛业南阳有限公司为代表。这种模式中龙头企业掌握着关联企业或合作社一部分生产要素，共享内部信息和情报，与关联企业、合作社、农户之间保持着长期稳定和持续协作，使得企业或农户能够安心地进行资产投资和技术改造。

（3）契约合同经营。以社旗福润禽业食品有限公司为代表。这种模式中龙头企业通过合同契约形式来确保生产资料的定期、定量、定质需求和供给，采用具有一定控制权力的内部市场来避免市场变化、商品质量不确定等造成的损失。同时关联企业和农户在卖方市场中也可确保产品相对稳定的需求。

（4）封闭经营。以牧原食品股份有限公司、社旗县永辉薯业食品有限公司为代表。这种模式中龙头企业和相关企业是同一个法人下统分结合、功能互补、相对完整的统一体，原料和产品在一个体系下运行，生产经营有高度的计划性和统一性，通过规模化、集约化的生产经营，获取高于社会平均利润的收益。

总体来看，四种模式的实践有效地改变了南阳农业经营规模小、专业性差、商品率低、生产手段落后和竞争力不强的困局，初步显现了现代农业的雏形。但放在南阳农业现代化发展的大局看，这四种模式还只是"盆景"，尚不具备大面积推广的条件。南阳农业的整体现代化水平，与国内、省内先进地区相比，仍有很大差距。

3. 农业现代化评价指标体系评价结果

（1）农业现代化水平较低。参考有关专家的研究成果可以看出，除了单位耕地面积化肥施用量、土地生产率、森林覆盖率3项指标外，南阳其他指标均达不到目标值，说明南阳农业现代化尚处于起步阶段（见表1）。

表1　南阳市农业现代化评价指标体系

一级指标	二级指标	三级指标	实际数值（2012年）	参考目标值
农业经济现代化	物质装备	单位耕地面积机械总动力数	13.1千瓦/公顷	15千瓦/公顷
		有效灌溉率	50.1%	80%
		单位耕地面积化肥施用量	926千克/公顷	500千克/公顷
	科技投入	农业科技人员占农业从业人员比重	0.07%	6%
		农业从业人员初中及以上文化比重	66.3%	70%
	产出效率	土地生产率	44979元/公顷	40000元/公顷
		农业劳动生产率	12717元/人	30000元/人
		第一产业占GDP比重	18.1%	<10%
	经营管理	第一产业从业人员所占比重	48.2%	≤20%
农业社会现代化	农村社会发展	城镇化率	36.8%	>65%
		农村恩格尔系数	38.2%	≤35%
农业生态现代化	农村生态环境	森林覆盖率	34.0%	30%

（2）农业专业化、机械化、集约化等方面进程缓慢，现代生产手段不多。目前南阳第一产业从业人员人均农业机械总动力不到省内最高水平的60%，第一产业劳动生产率低于全省平均水平10%；全市有效灌溉面积、旱涝保收田面积占耕地面积的比重均低于全省平均水平20个百分点左右；部分地区耕作方式依然粗放，"望天收"现象仍在一定范围内存在。土地产出水平不高。目前南阳单位土地产出率低于全省平均水平15%；全市粮食单产和小麦、玉米、水稻单产分别比全省平均水平低26公斤、30公斤、10公斤、62公斤。

农业财政支出占比较高。2013 年全市公共财政预算支出中农林水事务支出达到 67.36 亿元，占总支出的 15.8%，为全省最高。由于农业比较效益低下，增长弹性和增长速度远远滞后于工业和第三产业，大量的财政支出对全市经济增长难以带来相应的贡献。

（3）农村人口过多、传统的自然经济观念浓厚、现代的市场经济观念和创业意识淡薄，这也是南阳经济活跃度不高的重要原因。

二　城镇化对南阳农业现代化的影响

1. 定性分析

（1）城镇化的发展加速了农村剩余劳动力转移。城镇化发展的过程，就是农村人口向城镇不断迁移落户的过程，是农村人口从农村的第一产业脱离进入城镇的二、三产业就业的过程。目前南阳按户籍划分的非农业人口约为 200 万人，而中心城区和各县建成区的常住人口已接近 300 万人，两者之间存在近百万的差距，说明已经有部分农业人口成为非农人口。大量农村人口转移到城镇工作并落户于城镇，将会流转甚至完全放弃其原本拥有的农村土地家庭联产承包经营权，有利于将块状分割的土地集中到农业产业化龙头企业或少数农户手中，为其进行适度规模化生产经营提供基本条件，也为改善农业的物质技术装备提供场所和载体，有利于农业机械化、集约化、现代化发展。

（2）城镇化的发展为农业现代化提供市场导向。随着城镇化发展，大量农村人口转为城镇人口，从农产品生产者变成了农产品的消费者，对于维持生存需要的农产品基本需求量将增加。另外，城镇化发展带来了农村人口生产、生活方式和环境的改变，以及随之转变的消费行为、思想观念。城镇人口所需要的生产生活资料都商品化了，消费必然增加。仅从年人均消费水平看，目前南阳城镇居民年人均消费超过 18000 元，而农村居民尚不足 7000 元，也就是说每 1 万人从农村转移到城镇就可以新增 1.1 亿元以上的居民消费。南阳作为人口超千万的大市，城镇化率每提升一个百分点，相应的就有超过 10 万人从农村转移到城镇，带来的新增消费就达到 11 亿元以上。而且城镇化水平越高，城镇人口生活质量水平也越高，对农产品的安全性、优质性、多样性等要求也

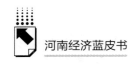
会随之提高。在市场机制下，农户必然会按市场需求调整优化农业内部产业结构和产品结构，加强现代化经营管理和技术创新，自发地增加农业科技投入，从而进一步加快农业现代化进程。

（3）城镇化发展推动着农业产业化发展水平。城镇化对农村剩余劳动力具有较强的吸引力和容纳能力，大量农村剩余劳动力的转移，可以有力地提升农业生产效率，提高农业收益，加速实现农业现代化。同时，城镇化为现代农业发展提供了与农业生产有较高关联度的农产品加工业和第三产业，提供了产前、产中、产后规范化服务，也进一步加速了农业现代化水平的提升。近年来，通过积极向优势产区集中集聚，南阳培育了一批产业集中度高、关联度强、竞争优势明显、带动面广的农业产业化集群示范区，形成重点龙头企业带动，中小龙头企业、农民专业合作社、科技服务组织竞相发展的农村经济发展新格局。目前，南阳市已有247家市级以上农业产业化重点龙头企业，形成了食用菌、猕猴桃、肉牛、中药材、花卉、蔬菜、茶叶等20个农业产业化集群和一批优质农产品示范基地。

（4）城镇化发展为农业现代化提供了技术和资金支撑。城镇化进程中，城镇规模不断扩大，城镇的社会服务功能、基础设施建设不断完善，区域资金、技术、信息聚集地的功能也不断强化，进而促使乡镇企业逐步走上有序、科学的发展道路，而乡镇企业的壮大可以为农业现代化发展提供技术和资金支撑，带动农业机械化发展、促进农业技术的进步，促进农业科学技术在农村的应用，加快传统农业的改造速度。中国很多地区的发展实践表明，乡镇企业越发达，"以工补农"的能力就越强，农业现代化水平也越高。

2. 定量测度

城镇化的核心内容是农村人口转移到城镇就业和定居，这意味着城镇常住人口及其比重会随着城镇化发展水平的提高而增加，所以城镇人口比重的变动方向和增减幅度在某种程度上反映了城镇化发展的趋势与速度。

农业现代化水平越高，农业机械设备、化肥农药等物质资本投入及科技投入会增加，农业从业人员会减少，农业产值总额会增加，农业劳动生产率就会越高。

可以用城镇化率（记为 X）来反映城镇化发展水平，用农业劳动生产率

（记为 Y）来衡量农业现代化水平。由图 1 可以直观地看到，2000 年以来南阳城镇化水平与农业现代化水平都在不断提高。

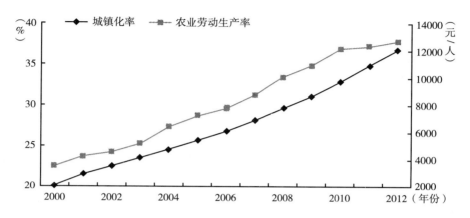

图 1 2000 年以来南阳市城镇化率与农业劳动生产率变化趋势

有关研究表明，农业劳动生产率与城镇化率之间高度正相关，因此为定量反映南阳城镇化对农业现代化发展的影响，采用线性回归分析来量化城镇化与农业现代化的依存关系，用格兰杰因果检验来反映城镇化与农业现代化在统计意义上的因果关系。

经检验，对数化处理后的新变量 LnX 和 LnY 是平稳时间序列，可以得到 LnX 和 LnY 的一元线性回归方程：

$$LnY = 2.2785LnX + 2.6835$$
$$(17.0785) \quad (15.2770) \quad R^2 = 0.9637$$

回归方程的拟合优度 $R^2 = 0.9637$，拟合效果较好，同时 t 检验绝对值大于 5% 显著水平下的临界值 2.23，表明 LnX 和 LnY 之间存在显著线性关系。从自变量 LnX 的系数来看，LnX 对 LnY 弹性系数为 2.2785，说明 LnX 对 LnY 有很强的促进作用。

再对 LnX 和 LnY 进行格兰杰因果关系检验，在滞后 2 期的情况下，拒绝 "LnX 不是 LnY 的格兰杰原因"，接受 "LnY 不是 LnX 的格兰杰原因"。这表明城镇化的滞后变量值对农业现代化水平的预测精度存在显著性改善，农业现代化的滞后变量值对城镇化水平的预测精度不存在显著性改善，也就是说南阳城

镇化对农业现代化只有单向因果关系，城镇化水平的提高能够明显带动农业现代化的发展，而农业现代化水平的提高对城镇化发展的促进作用不足。

3. 综合判断

上述分析、测度表明，近十来年南阳正处于城镇化和农业现代化提升阶段，但两者之间并未有较强的相互促进、协调发展的关联效应，甚至在一定程度上表现为相互分割、各自为政。出现这种现象，至少可以从以下两个方面来解释：

（1）南阳产业结构长期不合理，对城镇化发展所依赖的二、三产业培育不足，没有形成能够有效吸纳农村转移劳动力和农副产品的产业体系。全市二、三产业增加值比重低于全省平均水平5.4个百分点，就业比重低于全省平均水平6.4个百分点。同时，南阳农业现代化、产业化尚处于起步阶段，绝大多数涉农企业规模小、水平低、产业链短、科技含量不高，因此尽管农业现代化水平在提高，但由于以城镇为主要空间载体的二、三产业发展不足，农业现代化对城镇化支撑产业的扩大再生产难以起到促进作用。

（2）作为欠发达地区，南阳农业现代化水平提升以后，绝大部分转移出来的农业剩余劳动力选择了去发达的外省市进城务工，对本地的城镇化水平提升几乎没有贡献。农村住户调查资料显示，目前南阳农村劳动力转移总数大约为220万人，其中乡内转移52万人、乡外省内38万人、省外130万人；外出人员中全年在外从业6个月以上的超过150万人。这些数据在一定程度上反映出随着南阳农业现代化的发展和农业生产效率的提升，的确可以促进农村剩余劳动力向城镇转移，加快城镇化发展，但城镇化水平的提升更多体现在全国平均水平、体现在南阳转移人口的外出地或打工地，在南阳本地体现有限。

三 积极强化新型城镇化对南阳农业现代化的推动作用

1. 统筹谋划新型城镇化和农业现代化的协调发展

南阳作为全国重要的粮棉油生产基地，"稳农保粮"既是国家区域分工对南阳的定位要求，也是保障国家粮食安全、维护社会大局稳定的政治任务。因此，南阳必须努力探索一条新型城镇化与新型农业现代化协调发展的新路子，最大限度地降低城镇化对粮食生产的负面影响，充分利用好非耕地资源，同时积极发挥城镇化对粮食生产的正面影响作用，通过土地制度的改革，集约利用好城镇化过程中释放出来的乡村建设用地，并让有条件的农民工在城镇落户，从而推动农村土地逐步向种粮大户集中。

2. 加快载体培育，强化产业支撑

以产业为基础，要以产业集聚区和专业园区为载体，以培育主导产业、产业集群为重点，带动同类企业、关联企业和配套企业合理布局、高效集聚。大力激活服务业发展，特别是要把文化旅游业尽快建成全国知名的旅游休闲度假目的地；强力推进商务中心区、特色商业区建设，增强辐射带动能力，促进大容量就业。加快发展农业产业化集群，按照规模化生产、区域化布局、产业化经营的方向，大力发展农产品精深加工，建设具有区域特色的农产品生产带和加工集聚区。

3. 拓宽就业渠道，强化就业服务

以就业为本，要把增加就业岗位、提升就业技能作为人口向城镇转移的基本前提。特别是南阳作为农业人口转移大市，大力发展职业教育和技术培训，对于推进城镇化和农业现代化协调发展，加快经济转型升级具有重要意义，必须切实围绕全市发展的支撑产业、新兴产业和先导产业，把技术培训与产业发展需求紧密结合起来，培养不同层次的技能型人才。同时要将符合条件的进城农民和新型农村社区居民全部纳入政府就业服务体系，提供免费就业服务。

4. 完善城镇功能，提高综合承载能力

建设高效生态经济示范市的目标要求未来南阳必须成为科学发展与生态文明有机统一、协调共进的示范区。因此，在加快新型城镇化发展、推进城乡一体化进程中要坚持生态优先、绿色发展的理念，中心城区要以提升首位度和宜居度、增强承载力和辐射力为目标，舞动发展"龙头"；县城要加快新区、产业集聚区和老城区融合发展步伐，优化城镇形态，提升服务功能。同时加快区位条件优越、特色产业突出、潜力大的中心强镇建设，鼓励引导周边农业人口向镇区集中，培育现代小城镇。

5. 加快公共服务设施建设，努力实现均等化

努力解决进城农民的就业、住房、子女入学、医疗、户籍、社保等问题，

努力促进农业转移人口就近城镇化。加快公共教育、医疗卫生体系建设，重点推进义务教育均衡发展，实现城乡医疗人才、设备、财力的共享。实现社会保险的广覆盖，逐步将城镇居民医保政策与新农合政策整合为一。多渠道增加住房供给，建立以公共租赁住房为主的多层次城镇住房保障体系，有效保障城镇常住人口的合理住房需求。

6. 加快体制机制创新，优化城镇化发展环境

城镇化的核心在人。要改革户籍制度，引导产业集聚区、城中村、城市近郊村农业人口和具有稳定职业、稳定住所的农村转移人口集中转为城镇居民。创新资金保障机制，吸引社会资本参与新型城镇化建设，探索建立城镇基础设施建设与土地储备相结合、与具有收益项目周边物业开发特许经营挂钩的联动机制。建立人才回归机制，吸引和鼓励南阳在外人才以总部回迁、项目回移、资金回流、技术回乡、信息回馈、智力回哺等方式回归创业、回哺家乡。创新农村产权制度改革，加快农村宅基地确权登记和颁证工作，探索农户将集体资产所有权、土地承包经营权、宅基地及住房置换成股份合作社股权和城镇住房。

B.32
周口市推进城市组团发展的可行性研究

梁洪斌　朱文方　翟永亮　刘锋磊*

摘　要：

立足于中原经济区建设战略，河南省提出城市组团发展的决策。周口市为此做出"建设复合型核心城市，构建周口（川汇区）、项城、淮阳、西华和商水城市组团，推进与中心城区一体化发展"的构想。本文在深入调查的基础上，对周口城市组团发展的总体布局、发展模式、存在问题以及推进的措施及建议等进行了系统的论证。

关键词：

城市　组团发展　因素分析

城市组团式发展是指中心城区和周边城市组团，通过科学合理的功能分工和快速便捷的交通联系，形成具有竞争优势的城市集群，共同带动区域发展的新型城市发展模式，是国内外城市空间发展和形态演变的客观趋势，是河南省委、省政府立足于建设中原经济区的战略决策。为落实河南省城市组团式发展的战略部署，周口市紧密结合当前新型城镇化发展的阶段性特征，审时度势，创新城市发展方式，提出周口市要"建设复合型核心城市，构建周口（川汇区）、项城、淮阳、西华和商水城市组团，推进与中心城区一体化发展"的构想。

一　城市组团发展的内涵及意义

城市组团是指距离中心城区 30 公里左右，空间相对独立、基本服务功能

---

* 梁洪斌、朱文方、翟永亮、刘锋磊，周口市统计局。

完善、与中心城区分工合理、联系密切的城区，包括中心城区周边基础较好的县城、县级市市区和符合条件的特定功能区。促进中心城市组团式发展有利于加快中心城市发展，提高城市综合承载和辐射带动能力，形成以大带小、以小补大、相互促进的城市集群发展优势；有利于优化城市形态，避免"城市病"，实现城市科学有序发展；有利于整合空间资源，在全市形成统筹发展的良好格局。实行城市组团发展，及时组织、科学引导和优化城市发展形态，能有效避免传统农业大市在城镇化进程中走弯路、走错路，真正走出一条符合传统农区实际的科学合理的城镇化道路。

二　周口市推进城市组团发展的必要性和紧迫性

随着中原经济区建设的加快，中原城市群已形成覆盖全省域的新格局，中原经济区东南部的黄淮4市以及安徽省的淮北、宿州、阜阳、亳州4市普遍发展水平偏低，是中原经济区"三化"战略中的重要开发地区，该板块需要一个强有力的发展极核来引领带动区域发展。周口作为地区中心城市，交通四通八达，是全省唯一具备公路、铁路、水路"三位一体"大交通格局的省辖市，西华通用机场已签订项目合作协议，近期将开工建设，它处于"黄淮、京九产业轴"的战略连接点，肩负着发展多种战略产业的重任。

在看到机遇的同时，也应该清楚认识到，周口经济社会发展面临的许多困难和问题，一些深层次矛盾也逐渐显现，主要表现在：中心城区作为全市的政治、经济、文化中心，不仅城市规模与人口大市不相称，而且经济总量明显偏小，基础设施薄弱，2012年中心城区建成区面积60.8平方公里，常住人口仅70.6万人，实现国内生产总值149.64亿元，仅占全市的9.5%，产业集聚效应不足，缺乏辐射周边的"带动力"，规模产业的"支撑力"和宜居环境的"吸引力"，承接产业转移能力不强，吸纳农村人口的能力不够，难以有效地带动周边区域发展。

这些问题有共性的，也有个性的，既有普遍性，也有特殊性。在全面建设小康社会的今天，周口若想实现富民强市，缩短与全省、全国兄弟地市的差距，必须大胆探索，先行先试，通过集中打造中心城市组团式发展区，构建跨越发展的核心平台，打破"均质慢化"发展的惯性，按照"有机集中"的思路，建立起主导产业体系和核心竞争力，集中力量打造一个"强有力"的发展极核，做大做强中心城市，强化中心城市的集聚吸引能力，增强城市中心带动作用。具体来说，就是以中心城区川汇区为核心，最大限度地整合发展要素和优势资源，联合项城、淮阳、商水、西华，打造以中心城区为核心的城市集群，使中心城市组团式发展区互相依托、协同发展，实现中心城市组团式发展区能级的全面提升，辐射带动其他五个县市区全面发展。

三 周口市推进城市组团发展的有利因素

1. 农业基础雄厚

周口作为传统农业大市，基础性资源如土地、农副产品等的配置相对较充裕。2012年周口（川汇区）、项城、淮阳、西华和商水5县（市、区）共有耕地面积535.74万亩，占全市耕地面积的43%。粮食总产量348.36万吨，油料作物总产量25.21万吨，粮食和油料作物产量分别占全市总产量的45%、69%；猪、牛、羊、禽年底存栏分别为244.71万头、26.51万头、112.35万只、2511.58万只，全年出栏猪、牛、羊294.63万头、21.59万头、125.99万只；全年肉、蛋、奶产量分别为34.15万吨、11.02万吨、2.57万吨。通过城市组团发展，加大农副产品深加工产业的招商引资力度，完善上下游产业链，同时大力发展都市生态农业，加快推动农业产业化、现代化进程，周口必将成为以农副产品加工为主导的特色产业集聚区。

2. 人力资源丰富

2012年周口（川汇区）、项城、淮阳、西华和商水5县（市、区）共有乡村劳动力资源276.57万人，按每个农村劳动力耕种6亩耕地计算，只需89.29万农村劳动力，有187.28万农村剩余劳动力。目前，周口在外务工人员中有60%左右是80后的新生代农民工。他们很多在沿海发达地区的企业打工，学到了沿海城市的开放思想和大企业的现代管理理念，积累了一定的资本，为他们返乡创业奠定了基础，他们是加快周口工业发展的宝贵资源，为加快中小企业发展带来人才支撑。

3. 区位优势明显

5 个组团城市互相靠近，环绕在中心城区周围，距中心城区均不足 30 公里；交通联系方便，空间相对独立，基本服务功能完善，各有不同的突出功能，为形成优势互补的组团式城市提供了有利条件。

4. 特色优势突出

组团的各县（市、区）各具特色，项城工业基础较好，工业发展潜力较大，食品、医药、皮革、纺织服装 4 个产业占该市工业总产值的比重达 80%。依托周项路与项城组团联系，可以逐步将项城建设成为以农副产品精深加工、纺织服装为主的城市组团；淮阳是省级历史文化名城，具有丰厚的文化底蕴和旅游资源，依托周淮路与淮阳组团联系，可以逐步将淮阳建设成为以文化旅游产业为主的城市组团；西华出口加工业初具规模，特别是富士康、麦当劳两个世界 500 强企业相继入驻西华，填补了西华没有世界 500 强企业的空白。依托周西路与西华组团联系，可以逐步将西华建设成为以电子、制鞋和食品加工进出口为主的城市组团。商水与中心城区距离最近，借助火车站南迁和八一路贯通、工业重点向南融入周－商产业带的机遇，可以逐步将商水建设成为特色商贸城镇。

四 周口市推进城市组团发展需要关注的问题

周口市城市组团发展中需要关注以下几个方面的问题。

1. 组团城市经济发展不平衡，中心城区滞后严重

从工业总量看，2012 年，项城规模以上工业增加值 78.4 亿元、淮阳 44.6 亿元、西华 46.1 亿元、商水 40.6 亿元，而川汇（含开发区）规模以上工业增加值 49.6 亿元，发展很不平衡。从企业规模数量看，2012 年全市规模以上工业企业 1044 家，最多的淮阳有 144 家，而中心城区（含开发区）规模以上工业只有 71 家，只占总数的 6.8%。中心城区近年来虽然开工建设了一批工业项目，但是缺乏大个头项目，投资额相比县里明显偏少。2012 年市重点项目平均投资额 4.4 亿元，中心城区重点项目平均投资额仅 2.3 亿元，低于全市平均水平 2.1 亿元；2012 年中心城区重点推进的 10 个工业项目总投资仅有 20 亿元，投资额最大的仅为 3.5 亿元，中心城区非但没有发挥辐射带动作用，其滞后影响却愈发突出。

2. 组团城市产业结构不合理，持续发展受到制约

（1）产业同构突出。5个组团城市均以食品加工业作为支柱产业来发展，产业特色不突出，相同产业分散布点，不能集群落户，链条不能互补，资源不能共享，集约发展的能力差、效益差，尚未形成"一县一集群、一县一特色"的错位发展格局。

（2）产业集中度低。组团县（市、区）企业规模整体上仍然偏小，产业组织结构仍处于"小而散"的状态，产业链发育不足，企业之间、产业之间、地区之间缺少专业化分工，一些工业园区和产业集聚区内的企业"集而不聚"，缺少关联度。

（3）企业规模小，缺乏带动能力强的企业巨头。组团各县（市、区）现有企业普遍规模小，企业种类比较分散，发展缓慢，带动能力不强，缺少大的龙头带动性企业。组团各县（市、区）没有1家规模以上工业主营业务收入超百亿元的企业；超50亿元的企业仅河南省莲花味精集团有限公司1家；超10亿元企业12家，且分布不平衡，川汇6家，商水2家，淮阳3家，项城1家。

3. 组团城市基础设施不够完善，服务设施超负荷

目前，周口中心城区和各县（市、区）组团由于基础设施欠账多，投入不足，整体水平较低。道路交通方面，城市道路交通网络不完善，道路硬化标准偏低，基础设施配套差，一些道路由于年久失修，路面毁坏严重，影响市民正常生产生活。供排水方面，各城区内均不同程度存在供水管网老化、新旧管网不配套、布局不合理；排水管网等防汛排涝设施严重滞后，雨水泵站提排能力不足，市区排水管网不成系统，排水不畅，一到汛期，经常出现大面积内涝，"瓶颈"、"梗阻"现象突出。城市绿化方面，公园、街心游园、公共绿地等指标达不到相关标准。市政设施方面，城市垃圾处理困难，生活垃圾无害化处理厂和集中供热还是空白。

五 推进周口市城市组团发展的几点建议

加快城市组团建设，是实施中心城市带动战略、提升中心城市综合竞争力的重要抓手，是推进新型城镇化的重要内容。在组团发展过程中，应进一步加快形成中心城市组团式发展格局，着力在推进规划编制、交通基础设施建设、制定完善政策、基础和公共服务设施提升、城乡一体化等方面做文章，推动中心城市组团建设全面展开。

1. 高点定位，调整完善城市规划

按照"集约紧凑、经济实用、特色现代、优美宜居、绿色环保"的理念，高起点、高水平编制组团发展的总体规划，重点明确中心城区和各组团的功能定位、发展规模、产业发展及空间布局、交通等重大基础设施建设、重大公共服务设施布局、生态和环保设施建设等内容。按照中心城市组团式发展总体规划，对组团城市总体规划、土地利用总体规划等进行完善。明确各组团职能分工，将东新区定位为区域性综合服务新城区；淮阳定位为历史文化名城、旅游城市；项城突出工业发展；西华重点发展劳动密集型产业；商水加快建设特色商贸城镇。

2. 加强领导，不断完善政策体系

为加快城市新区和城市组团发展，建议市里成立周项淮商西组团发展领导小组，以切实加强对城市组团建设工作的指导、监督和检查，统筹协调各县（市、区）及市直有关部门在落实各项政策措施中遇到的重大问题，督促各项政策措施落实到位。积极探索有利于城市新区和城市组团发展的政策措施，加快形成完善的政策体系，研究制定"关于推进中心城区加快发展的指导意见"、"支持城市组团发展各项政策的细化方案和具体措施"等一系列政策，并认真贯彻落实。

3. 错位发展，培育壮大产业基础

依据各组团发展特点，中心城区要大力发展商贸、金融、保险、设计、中介咨询、时尚休闲等高端服务业以及高端制造业、高技术产业，限制一般性原材料粗加工项目。城市组团要按照产业为基的要求，加快县域产业集聚区发展，充分发挥区位、资源和交通优势，合理确定主导产业，重点引进关联度高、辐射力大、带动力强的龙头型、基地型项目，发展特色产业集群，加强与中心城区主导产业的关联配套，积极承接中心城区产业转移，形成与中心城区错位发展、链式发展、优势互补的产业体系。作为城市组团的特定功能区，要强化功能定位，做大做强主业，完善城市基础设施和服务功能，增强服务中心城区和区域发展的能力。

4. 夯实基础，加快交通体系建设

推进中心城市骨干道路向组团延伸，加强国省干线公路升级改造，加强中心城市与组团间快速公交系统建设，加快周项、周淮、周西快速通道建设，重点推动中心城区与城市组团的交通基础设施对接、共建共享，打造"半小时"交通圈。

5. 创新机制，加大综合开发力度

以周口市东新区、产业集聚区和专业园区为载体，加快区域性中心城市和重点镇建设，提升城市规划管理水平和服务功能，增强其集聚人口和经济的能力，成为全市经济文化服务中心，在城镇化和城乡一体化中更好地发挥支撑和枢纽作用。项城市要充分利用工业起步早、城镇基础建设相对比较完善的优势，加快城镇化进程，提高城市品位，力争发展成为 40 万～50 万人的大城市。西华、商水、淮阳要按照城市功能体系的总体要求，依托中心城区，实现周商、周西、周淮一体化。

6. 严格标准，加强基础设施建设

参照中心城区基础设施和公共服务设施建设标准，全面推进组团基础设施和公共服务设施建设，提升城市组团综合承载能力。为加快推进基础设施建设，城市组团建设总体方案明确提出，组团城市建设配套费按照中心城区标准征收，这将为各地解决资金不足问题提供有力支撑。

7. 统筹并进，推进城乡协调发展

一方面积极引导周边农民最大限度地向城市组团和中心城区集中，妥善解决好住房、社会保障、子女就学等问题，实现农民变市民。另一方面积极推进组团与中心城区之间村庄进行改造整合，规划建设新型农村社区，推动人口适度集中居住。推动城镇基础设施和公共服务设施向新型农村社区延伸，加快实现城乡公共服务均等化。

B.33
商丘市城乡居民收入差距研究

路标 刘晓亭 代克斌*

摘 要：

收入分配问题是构建社会主义和谐社会的重要课题，也是全面建成小康社会需要解决的问题。近年来，商丘市围绕"两高一低一提升"和富民强市目标，加快建设中原经济区承接产业转移示范市，全市经济呈现持续平稳较快增长态势。与此同时，城乡居民收入水平有了较大提高，但城乡居民间的收入差距问题也日趋显露。本文结合实地调研对近年来商丘城乡居民收入增长情况和差距产生的原因进行了分析，并提出了进一步缩小收入差距的对策建议。

关键词：

商丘 城乡居民 收入差距

近年来，商丘经济保持了持续平稳较快增长态势，促进了城乡居民人均收入稳步增长，人民生活水平显著改善和提高。但是，在人均收入较快增长的同时，城乡居民收入差距却在不断拉大。为摸清全市城乡居民收入差距现状和产生原因，商丘市统计局组成专题调研组，赴睢县、柘城县、夏邑县、梁园区，选择有代表性的调查户40户（每县10户，城镇、农村调查户各5户），采取入户调查的方法开展调研，并调取450个城镇调查样本和160个农村调查样本近3年的统计资料进行了整理和分析，全面总结了近年来全市城乡居民收入增长情况，查找分析城乡居民收入差距产生的原因，提出了缩小城乡收入差距的建议。

———————

* 路标、刘晓亭、代克斌，商丘市统计局。

一 商丘市城乡居民收入状况

1. 城乡居民收入保持较快增长

（1）城镇居民。2010 年，商丘市城镇居民人均可支配收入为 14178 元，2012 年增至 18312 元，平均每年增加 2067 元，年均增速为 13.6%。城镇居民人均收入较快增长的拉动因素：一是行政机关工资改革的推进，部分人员津（补）贴和工资标准提高；事业单位实施岗位绩效工资制度改革等一系列政策使工资性收入稳步增长，由 2010 年的 9704 元增至 2012 年的 12091 元，年均增速为 11.6%。二是各级政府出台优惠政策扶持个体和私营经济发展。个体私营经济保持较快发展态势，城镇居民经营净收入快速增长，对收入增长的贡献增大。人均经营性净收入由 2010 年的 1694 元增至 2012 年的 2552 元，年均增速为 22.7%；占人均可支配收入的比重由 11.9% 提高到 13.9%。三是商丘市加大财政转移支付力度，提高失业保险金标准、低保补助标准、离退休职工的养老金和离退休金标准。转移性收入平稳增长，由 2010 年的 2810 元增至 2012 年的 3696 元，年均增速为 14.7%，占人均可支配收入的比重由 19.8% 提高到 20.2%。

（2）农村居民。2010 年，商丘市农民人均纯收入 4674 元，2012 年增加到 6426 元，平均每年增加 876 元，年均增长 17.3%。2010 和 2011 年，农民人均纯收入实现较快增长，增长速度分别为 15.3% 和 20.6%；受肉价下跌及农业生产资料价格上涨等因素的影响，2012 年农民人均纯收入增速有所回落，增长 14.0%。农村居民收入增长的主要因素：一是农业连年丰收。种植业连年丰产丰收，规模养殖不断扩大，畜牧业发展较快，农村二、三产业较快发展，促进了农民家庭经营收入持续增长。2012 年与 2010 年相比，人均家庭经营纯收入年均增长 13.0%；占农民人均纯收入比重的 47.9%。二是国家惠农政策性补贴增加。粮食直补、良种补贴、农机具购置补贴、农资综合直补等一系列优惠政策的落实，带动了农民转移性收入的增加。2012 年与 2010 年相比，人均转移性收入年均增长 4.5%，占农民人均纯收入比重的 3.8%。三是工资性收入增长快。商丘市加大职业技能培训力度，促进了农村劳动力内转外输。提高乡村干部、乡村教师等行政、事业单位职工收入水平，带动了工资性收入的不断增加。2012年与2010年相比，人均工资性收入年均增长26.4%，占农民人均纯收入的比重由41.4%上升到48.1%，占比首次超过人均家庭经营收入所占比重。

2. 农村居民收入增幅快于城镇居民

2012年，商丘城镇居民人均可支配收入较上年增长13.4%，农村居民人均纯收入较上年增长14.0%，快于城镇居民可支配收入增幅0.6个百分点，农民收入增速自2010年以来连续3年快于城镇居民。2012年与2010年相比，全市城镇居民人均可支配收入年均增长13.6%，农民人均纯收入年均增长17.3%，农民收入增速快于城镇居民3.7个百分点。主要是农民工资性收入增长较快，工资性收入对农民人均纯收入的贡献率达到66.0%。

3. 城乡居民收入绝对量差距拉大

（1）城乡居民间收入绝对量差距逐年扩大。2010年，全市城镇居民人均可支配收入为14178元，农民人均纯收入为4674元，城乡居民收入差距为9504元；2011年差距突破万元，达到10514元；2012年差距为11886元，呈现出收入绝对值差距逐年扩大的趋势。

（2）城乡内部居民家庭之间收入水平存在很大差距。一是城镇居民收入群体差异较大。从全市450个城镇调查样本找出15.0%高收入户与15.0%低收入户进行比较，2010年15%高收入户的平均收入为27196元，15.0%低收入户平均收入为6511元，前者是后者的4.2倍；2012年分别为37496元和7165元，两者差距扩大到5.2倍。不同行业之间以及行业内部管理人员与普通职工之间收入也存在很大的差距。从行业看，采矿业、建筑业、金融业等行业的收入水平明显高于其他行业。采矿业收入最高，2012年为5087元；最低的农林牧渔业，为1866元；收入最高的行业是最低的2.7倍。二是农村居民部分群体收入超过城镇。调研中了解到，一些有经济头脑、懂技术、有资本、信息灵的规模养殖户、特色种植户、个体经营户、外出打工户等收入水平超过了城镇居民。如夏邑县太平镇退休干部李××反租农民土地投资建起了集生态、观光于一体的现代化百果生态园，吸引周边游客来果园观光，年收入达300多万元。

4. 城乡居民收入与全省、全国平均水平差距扩大

2010 年商丘城镇居民人均可支配收入与全省、全国平均水平分别相差 1752 元和 4931 元，2012 年差距分别扩大到 2131 元和 6253 元。2010 年商丘农村居民人均纯收入与全省、全国平均水平分别相差 850 元和 1245 元，2012 年差距分别扩大到 1099 元和 1491 元。尽管近几年商丘城乡居民收入增长较快，且增幅高于全省平均水平，但是城乡收入绝对额基数小，造成收入与全省、全国平均水平差距拉大。

二　城乡居民收入差距扩大的原因

城乡居民收入差距加大的原因主要体现在"四个差异"。

1. 收入基础差异

虽然近年来商丘农民收入增长较快，2011～2012 年平均增长 17.3%，快于同期城镇居民收入年均增速 3.7 个百分点，但是农民收入基数低，年均增加额始终低于城镇居民，农村居民收入在短期内难以赶超城镇居民。

2. 经济政策差异

城市居民享有失业、养老、医疗等社会保障，下岗职工也享有最低生活保障等，而农民虽有其他不同项目的补贴，但额度较小。农村 60 岁以上老人在近两年才享有每月 60 元的养老金。城镇低保人均每月补助标准 200 元，而农村低保人均每月 100 元。2012 年，商丘城镇居民人均转移性收入为 3696 元，农村居民人均转移性收入为 245 元，农村居民转移性收入仅为城镇居民的 6.6%，两者差距较大。在城镇，居民房屋有产权，可以通过出售和出租取得收入。2012 年商丘市城镇居民人均出租房屋收入 116 元，比上年增长 9.4%。而农村居民房屋无产权，不能增值或增值较慢。

3. 收入结构差异

由于县域经济发展不够快，农村居民收入来源结构主要以家庭经营收入为主，随着农村外出务工人员增加，打工收入占比虽有所增加，但以家庭经营收入为主的结构没有根本性的改变。据农村住户调查资料，商丘人均家庭经营收入占农村家庭总收入的比重，2010 年为 51.5%，2012 年为 47.9%。而农村家庭经营收入以种植业为主，经营分散，收益不高，而且受农业生产水平、气候、农产品价格等不确定因素影响较大，丰年产品价格低，收入不高，歉年价格较高但产量低，收入增长也不显著。因此，农村家庭经营收入受诸多因素影响，左右农村居民整体收入水平的提高。而城镇居民收入主要以工薪收入为主，且收入稳定，城乡居民收入的"旱涝保收"与"看天吃饭"使得城乡收入水平差距显著。

4. 劳动力素质差异

城乡劳动力素质的差异导致了在就业市场从事行业、收入水平及稳定性的差距。一是文化水平、专业技能的差异。2012年，全市农村外出就业劳动力中，初中以下文化程度的比重占81.6%，受过专业技能培训的仅占24%，而城镇劳动力基本接受过高中以上教育。由于城镇居民具有较高的文化水平和专业技能，就业岗位层次高，即使打工也能从事管理型、技能型的岗位，获得的收入较高；而农民大部分靠劳力，从事的岗位层次低，得到的收入相应较低。二是思想观念的差异。城镇居民普遍思想解放，思维超前，对收入期望较高，并能为获得高收入去奋斗；而农民大多观念保守，小富即安，思想不够解放。三是对待风险态度的差异。城镇居民一般敢闯敢试，勇于承担风险，能获得较高的收入；而农民不愿意承担风险，适应市场变化的能力弱。

三　缩小城乡居民收入差距的建议

商丘市城乡居民收入差距明显，且短期内绝对值差额还会继续扩大，但农村居民收入增速大于城镇居民收入增速，故长期趋势是城乡居民收入差距会不断缩小。缩小城乡居民收入差距，一方面要不断提高城镇居民收入水平，改变居民收入偏低的状况；另一方面要特别关注农民增收问题，着力提高农村居民收入水平。

1. 针对城镇居民收入低于全省平均水平的现状，要不断提高城镇居民收入水平

（1）大力发展第三产业。近年来，商丘市第三产业发展较快，但占经济总量的比重仍偏低，第三产业发展空间很大。要注重发展商贸物流、金融保险及其他现代服务业，实施典型带动，加快商务中心区和特色商业区建设，推动"两区"健康快速发展，发挥其辐射带动作用，加快第三产业发展，促进城镇居民就业增收。

（2）建立与 GDP、物价挂钩的工资增长机制。工资性收入是城镇居民家庭收入的主要部分，约占家庭总收入的 2/3。不断提高居民家庭收入是最大的民生工程，要实现居民收入快速增长，保持职工工资有较快的增长速度。建议在经济平稳增长、政府财力许可的条件下适时出台增资政策，基本保持居民收入与经济同步增长，让居民共享经济发展的成果。

（3）加大对弱势群体的救助力度。通过开发、提供更多的如交通协警、园林绿化等公益性岗位，有针对性地开展各种就业技能免费培训，切实加大对下岗职工、4050 人员等的帮扶力度，拓宽就业渠道，不断增加弱势群体收入。

（4）加大鼓励创业的政策力度。继续支持和鼓励大学生、下岗职工自主创业，在资金、税收等方面给予创业初期的支持，大力发展个体企业及个体工商户，促进收入来源多元化，拓展居民收入的来源渠道。

（5）完善社会保障政策。完善养老、医疗、失业、工伤、生育保险以及住房公积金"五险一金"制度，提高保险和公积金额度。继续完善城镇居民最低生活保障政策，逐步提高城镇居民低保水平。

2. 针对提高农民收入，要探索有效途径，多措并举

（1）加快新型城镇化进程，改变城乡二元经济结构。结合商丘实际，要继续坚持将产业集聚区、新型城镇化作为重点工作，以产业集聚区为平台，大力发展符合产业政策的劳动密集型产业，促使更多的农村富余劳动力转移到二、三产业，为农村劳动力转移就业拓宽渠道。坚持产城融合，一方面加大招商引资力度，以项目为依托，争取更多、更好的项目落户商丘；另一方面加强产业集聚区交通、文化、生活、消费、娱乐等基础设施建设，不断改善用工环境和用工条件，提高用工待遇，增强对本地城乡劳动力的吸引力，让农民在家门口实现就业、增加收入的同时，解决企业用工难问题，促进本地经济的发展。继续推进以产业为支撑的新型城镇化进程，促进农民市民化、农民工人化，有就业岗位，有增收渠道，最终实现城乡统筹发展，收入差距缩小。

（2）加快推进土地流转，转变农民增收方式。从调研情况看，种植业收入远低于务工所取得的收入。因此，要尽快研究出台不断完善鼓励土地流转的政策，积极探索和完善互换并地模式、能人大户模式、家庭农场模式、农民专业合作社模式、龙头企业模式、土地流转模式等，引导农村土地向种养大户、农民专业合作社、农业产业化龙头企业有序流转，着力推进农业的规模化、标准化、集约化、合作化经营，使农业劳动者从土地中解放出来，从事收入较高的二、三产业，转变农民的增收方式，同时也使农民从现代化的规模生产和经营中获取更多的收益，实现技术、资金优势与农村劳动力、土地资源的有机结合，形成种养工厂化、农民工人化的新格局，推动传统农业逐步向现代农业转变。梁园区刘口乡通过土地流转的方式，建立了立体种植合作社，按每年 700 元租金从农民手里租用土地，种植核桃，在核桃没有挂果以前，在树林里种上了黄花菜，目前已形成 1500 多亩的种植规模。在黄花菜的生产过程中，他们雇用当地的农民进行除草、打药、采摘，前两项一天为 40~50 元，采摘按每斤 0.3~0.6 元付给报酬。被雇用的农民多为留守妇女，既可照顾家庭生活，又能增加收入。这种通过土地流转方式进行规模种养的模式，可以取得规模效益，同时节省下来的劳动力可以外出或在本地转移到二、三产业，去获取更高的收益，合作社还通过雇用本地留守男女劳动力，实现劳动力的充分利用，增加农民收入。

（3）加强技术技能培训，提高农民增收本领。组织开展有针对性的技能培训，提升农村居民的就业技能；搭建就业平台，开发、提供更多的就业机会。要加大投入，加强对农业技术、农民技能、基层农技推广人员的培训。同时，要出台相应政策，择优选派农技人员，带技术、带资金、带项目，到村组和生产基地开展技术技能培训工作，切实提高广大农民的科技素质，特别是让青壮年村民都能掌握一门以上的生产实用技术，为创业和就业创造良好条件，促进农民增收。据调研了解，从事建筑业的农民工中，没有技术的女劳动力每天 60~70 元，男劳动力每天 100 元左右；而掌握技术的瓦工和刀工每天 160 元以上，高的可拿到 200 元以上。因此，加强对农民的培训应重点培养、扶持一些致富带头人、种养能手，重点在培养农民技术和能力方面，在培养观念和科技知识方面。通过培训，培养出一定数量的能手、致富带头人，提高更多农民的技能，将会大大增加农民增收的本领和手段。夏邑郭店乡有一位左姓养殖能手，租用 20 亩林地养殖土柴鸡，一年 4.5 万只左右，雇用 4~5 名农民，初期投入 10 多万元，每只鸡可赚取利润 9~10 元，每年获取非常可观的收益。

（4）加强农村保障体系建设，强化农民增收保障。一是进一步健全农业补贴制度，坚持对种粮农民实行直接补贴，继续实行良种补贴和农机具购置补贴，完善农资综合补贴动态调整机制。二是增加新型农村社会养老保险基础养老金，提高新型农村合作医疗补助标准和报销水平，提高农村最低生活保障水平。三是积极发展政策性农业保险，增加农业保险费补贴品种并扩大覆盖范围，增加农民的转移性收入。四是出台优惠政策，鼓励农民自主创业，从事和发展二、三产业。在增加收入的同时，创造更多的就业岗位。五是继续落实转移农民工权益保障政策，为农村劳动力转移创造更好的就业环境。

B.34

濮阳市农业产业化集群调研报告

李保国　尹宝君　巩 卓　王伊涛　赵维伟　姜会玲　刘亚楠*

摘　要：

产业集群通过协同效应显现出的竞争优势，日益受到各界的关注。农业产业化集群是农业与关联产业在产业化基础上有机联系、相互支持的组织结合体，是贸工农、产加销高度衔接形成的复合产业体系和集群内众多经济主体织成的网络结构。本文从濮阳市产业集群发展状况入手，分析了濮阳市农业产业化存在的问题，并给出了建议。

关键词：

濮阳市　农业现代化　农业产业化集群

发展农业产业化龙头企业集群是当前"三农"工作的主要抓手。随着经济全球化进程的日益推进，市场竞争已从企业发展战略向产业集群战略演化。对于传统农区来说，全力促进现代农业产业化集群的创新发展，对提升现代农业生产能力、实现新型农业现代化、创造区域农业竞争优势、带动农村产业结构升级、提高农民收入、创造农村区域增长"乘数效应"等具有综合效应和重要意义。2013年7月，濮阳市家家宜米业产业化集群、天灌米业产业化集群、训达油脂产业化集群和伍钰泉面业产业化集群被省政府认定为2013年河南省农业产业化集群。濮阳市统计局对濮阳市产业集群做了调研，为加快农业产业集群发展提出启示和建议。

---

* 李保国、尹宝君、巩卓、王伊涛、赵维伟、姜会玲、刘亚楠，濮阳市村社会经济调查队。

一 濮阳市农业产业化集群发展现状

濮阳市规模以上农产品加工企业目前已经发展到 520 家，其中市级农业产业化龙头企业 158 家、省级 22 家、国家级 1 家。农业产业化经营已进入由数量扩张向质量提升的转变，由松散型利益联结向紧密型利益联结的转变，由单个龙头企业带动向龙头企业集群带动的转变阶段。适应新的形势，加快发展农业产业化集群，以农业优势资源为基础，以若干涉农经营组织为主体，以农业产业化龙头企业为支撑，以相关服务机构为辅助，以加工集聚地为核心，以辐射带动周边区域为范围，围绕农业相关联产业发展种养、加工和物流，形成上下游协作紧密、产业链相对完整、辐射带动能力较强、综合效益达到一定规模的生产经营群体，实现产、加、销一体化。

1. 濮阳县油脂产业化集群

濮阳县油脂产业化集群以国家级龙头企业濮阳县训达油脂有限公司、市级龙头企业濮阳市天昱油脂有限公司等产业化组织为龙头，建设标准化油料生产基地 10 万亩，其中绿色花生生产基地 5 万亩，有机花生基地 2 万亩；加工生产花生油、大豆油、芝麻油、调和油以及花生休闲小食品，日加工植物食用油达 1500 吨，年加工植物食用油达 37 万吨，打造"训达"有机花生油等国家级、省级知名品牌 2 个，建成河南省最大的油料生产与加工产业集群。使濮阳县油料就地加工转化率达到 99%，带动本地农户 2.5 万户，吸纳劳动力就业 8000 人。2012 年成功流转土地 100 亩用于厂区的扩建，已取得产品有机认证证书，由于是国家级农业产业化龙头企业，国家农发行每年给予政府贴息贷款 5000 多万元，其他商业银行主动上门贷款达 1 亿元以上，基本上不存在贷款难的问题。由于公司加工规模较大，存在原料供应不足的现象，只有采取公司 + 农户模式加大油料基地建设来有效解决原料供应不足的现状。

2. 范县天灌米业产业化集群

天灌米业有限公司是一家集生产加工、经销批发为一体的有限责任公司，有机大米、绿色大米、精装大米是范县天灌米业有限公司的主营产品。公司成立于 2001 年，总占地面积 120 亩，总投资 2600 万元，2004 年投资 408 万元对天灌米业进行了设备及厂房更新，其中投资 302.80 万元引进一套日本佐竹生产的精米加工生产线，包括色选、抛光、立式铁辊砂辊碾米机、长度厚度分级机等先进设备，年加工能力 4 万吨；投资 105.2 万元新建了精米加工车间。2009 年投资 240 万元建原粮仓库，使公司整体仓容达到 5 万吨。公司各项指标配备齐全，形成了集稻米加工、储存、贸易为一体的豫北最大的粮食加工企业。公司自成立以来，连续被中国绿色食品发展中心认定为 A 级绿色食品加工企业，天灌大米被认定为绿色食品。在县质监、农业技术等部门的支持下，采取"公司+基地+农户"的模式，大力推广优质粳稻标准化种植。公司拥有生产基地 10 万余亩，年生产优质稻米 5 万吨，2008 年被国家标准委评为"优质水稻标准化示范区"。产品畅销山西、陕西、河南、江苏、广东等各大城市，近两年新开发稻鸭共作无公害有机大米，已成为市场的紧俏商品，销售价格达 30 元/公斤，仍然供不应求。该公司通过资产重组、人员优化等改革措施，经营体制机制得到完善，质量管理得到加强，企业逐渐步入良性循环的轨道。

3. 清丰县食品产业集群

清丰县共有规模较大的面粉加工企业 8 家，主要有伍钰泉面粉集团、宏海面粉有限公司等，都采用先进的进口设备，可生产多种等级面粉。日加工能力 1900 吨，从业人员 812 人，年产值 9.8 亿元，利税 2100 万元。其中面条、挂面生产企业 4 个，日加工能力 120 吨，从业人员 650 人，年产值 1.5 亿元，利税 200 万元；馒头作坊式生产网点 546 个，馒头年生产能力约 4.1 万吨，年工业总产值 1.17 亿元；速冻食品生产企业 1 家，即清丰县丰宴食品有限公司，投资 1116 万元，年加工生产水饺 1 万吨，目前正在县产业集聚区紧张施工之中；小型速冻食品生产企业 3 个，小型生产网点 3 个，年生产能力 0.11 万吨，年工业总产值 8800 万元。食品产业发展前景分析：

（1）建设主食产业园。按照《河南省政府关于大力加快推进主食产业化和粮油深加工的指导意见》，积极与上级对接，争取政策支持，根据主食生产企业的特点，在产业集聚区，规划 1 平方公里建设主食产业园，制定政策，为清丰县主食产业搭建发展壮大的平台。在大力抓好招商引资的同时，培养现有的中小企业和本地投资人上项目、谋发展，使其不断发展壮大。

（2）筹建粮食产业园，做大做强粮油企业。整合现有资源，争取上级政策倾斜和支持，征得县政府同意，在县城周围建设一个仓储容量 6 万吨以上，集收购、销售、加工、物流、储存为一体的功能齐全的粮食产业园，增加企业的市场竞争力，保证全县粮食安全和农民增产增收。

（3）依托产业集聚区，打造食品工业园。以伍钰泉面业、凯利粮业、丰宴食品、味德食品等企业，支持一批日产 20 吨工业化鲜湿面条、挂面，或 10 吨面包、饼干、馍片建设项目；支持一批日产 20 吨速冻水饺、包子等速冻食品建设项目；支持一批年产值在 5 亿元以上的主食产业化集群。大力推进粮油深加工和副产品循环利用的龙头企业；重点支持高附加值、高科技含量，以及起点高、规模大、功能配套、市场前景好、带动能力强的重大项目；重点支持日处理能力 300 吨以上的面粉加工项目，日处理能力 30 吨以上的油料加工项目。

4. 清丰林木制品产业集群

清丰县素有"木工之乡"的称号，家具产业是清丰县的传统产业，家具生产在清丰县已有上百年的历史，清丰县柳格镇是"木工之乡"中的"木工窝"，几乎家家户户都有木工，妇女都是半个木工。现在，濮阳乃至周边地区 70%～80% 的装修装饰工人都是清丰人。目前全县共有家具生产企业 426 家，有板材、门业木板加工、五金配件、油漆、床垫加工等相关企业 150 余家。产品主要以民用家具为主，年产各类家具 40 余万件（套），产值达 20 亿元。清丰家具的卖场有 1000 余家，其中在大中城市有专卖店 200 余家，辐射到郑州、太原、济南、石家庄等周围 300 公里范围内的城市，牢牢占据着此范围内的县乡及农村市场，清丰家具的影响力和辐射面在不断增强。这就为清丰家具产业的集聚发展奠定了良好的基础。清丰已将家具产业作为清丰县产业集聚区的两大主导产业之一，高标准规划建设了 4 平方公里的家具工业园，将清丰家具产业打造为中国中部地区重要的制造基地、研发基地、流通基地，尽快形成家具产业带和产业集群以建立完善的产业链，是推进特色产业发展、实现濮阳市工业新跨越、保持全市经济协调、健康、可持续发展的重要措施。清丰家具产业已形成一定规模，在全国范围内具备一定的集群雏形和比较优势，具有构建中部地区"中原家具之都"的基础。

河南经济蓝皮书

5. 濮阳开发区高效果蔬产业集群

开发区果蔬产业集群覆盖新习乡、王助镇、皇甫办事处马辛庄 12 万亩蔬菜种植（其中 2.5 万亩无公害蔬菜基地、100 亩有机蔬菜基地），近万亩经济林基地及草莓基地。参与公司化运作的农民专业合作组织 8 个，市区级重点产业化龙头企业 7 个，种苗培育基地一处，大型农产品批发交易市场一个。果蔬种植主要基地含新习乡猪－沼－菜"三位一体"生态循环种养基地、惠众丝瓜种植基地、惠民蔬菜基地；王助镇牛－沼－果生态循环农业示范园、诚农蔬菜种植园、万亩无公害蔬菜基地；皇甫办事处马辛庄万亩林果采摘园、丁寨草莓种植园等。计划至 2015 年，蔬菜、经济林种植面积达到 35 万亩，销售收入达 15 亿元，带动农户 2.7 万户。

二 存在的问题及原因分析

1. 资金支持不力，集群环境亟须改善

一方面国家信贷政策收紧、利率上调，企业融资压力增大，农产品原料价格居高不下，生产经营成本上升，利润降低；另一方面国家土地政策制约了企业扩大发展，比如清丰县农业示范园建设和家具生产项目占地相对较多，而土地指标日趋紧张。要解决这一问题，除对项目严格筛选，按省定投资密度标准集约用地外，主要还是要多渠道想方设法解决用地指标，为项目落地解决后顾之忧。清丰县家具生产相对较强，但商贸氛围不浓，产业链条相对滞后。四川家具企业的到来，对家具商贸将会起到积极的推动作用，但本地家具企业没有集中的商贸区仍是问题。产业链条不完善是严重制约对外招商的因素，成都、深圳、郑州等地客商到清丰考察后就明确表示濮阳本地配套产业太少，生产不方便。

2. 集群产业关联度低

由于长期以来条块分割等体制性障碍的影响，上、中、下游产业之间相互分割，各自追求自我延伸与自我循环形成的小而全为主的生产体系，在原料、技术、资金、销售等方面互相挤占，使得企业难以实现纵向上的结构升级，存在不同程度的低水平重复建设；企业横向联系少，缺乏应有的专业化分工协

作，产业链接工作薄弱，产业间关联度低，多数集群企业生产主要集中于产业链的某些环节尤其是终端产品生产上，市场竞争优势不突出。缺少专业市场的支撑，大部分产业集群缺少专业化的大市场支撑，市场与产业的联系以及相互支撑不够，束缚了集群规模的迅速扩大。

3. 创新意识薄弱，品牌知名度欠缺

农产品竞争力的关键在于能否形成自己的品牌优势。农产品加工制成品虽然都申请注册了商标，但均未形成有影响力的品牌，在全省全国市场上有较高知名度的农业龙头企业产品很少，市场难以开拓。品牌主体的品牌营销意识淡薄、手段缺乏，导致品牌认知度低，增值速度缓慢，品牌价值提升极其有限。此外，农业龙头企业创新意识不强、产品档次不高、科技含量偏低等现状，也直接影响了对基地农户的带动力、市场开拓能力和自身的经济效益，从而制约了农业产业化经营水平的进一步提高。

三 现代农业产业化集群创新发展的对策建议

目前，全市农业产业化经营已进入由数量扩张向质量提升转变，由松散型利益联结向紧密型利益联结转变阶段。发展农业产业化集群，有利于实现一、二、三产业融合，走出一条以农业产业化带动新型农业现代化的新路子。

1. 土地流转

建立土地使用权流转机制。要切实做好宣传引导工作，按照依法自愿有偿原则，鼓励和引导农民以转包、出租、互换、转让、股份合作等形式流转土地承包经营权，发展多种形式的适度规模经营，达到集中连片，引导土地资源向优势产业聚集，实现土地流转后的效益最大化，为加快产业集群建设，提供用地保障。

2. 招商引资

要以示范区建设为平台，以农业项目建设为抓手，坚持"招商先行、项目带动"战略；坚持走出去与请进来相结合、抓签约与抓落地相结合的路子；通过政策引导、资金倾斜、用地用电保障等优惠条件，广泛吸纳工商资本、金融资本和社会资本，参与示范区建设，扩大农业有效投入，形成多元化投融资

机制，打破资金投入瓶颈制约。

3. 鼓励科技创新

整合农业产业化龙头企业技术人才、实验设备等资源，建立公共科研开发推广服务平台，提升科技创新与推广能力。支持产业化集群内龙头企业建设国家级和省级重点实验室、工程技术研究中心、企业技术中心等各类研发中心，开展与大专院校、科研院所的技术合作，提高企业的自主研发能力和科研成果转化能力，不断增强产品的精深加工能力。支持农业产业化龙头企业申请专利，掌握具有自主知识产权的核心技术。对农业产业化龙头企业新设立的国家级研发中心给予一定的补助。鼓励农业产业化龙头企业实施品牌发展战略，对获得中国驰名商标的龙头企业，给予一定的奖励。

4. 优化市场环境，打造物流平台

现代物流是农业产业化发展的加速器。打造农业产业集群，就必须打造现代农业物流业，做到货畅其流。要加强农产品专业市场建设，通过专业市场，把更多的农产品生产者、企业更紧密地联结在一起。发挥现代农业物流的作用，使集群内生产的农产品实现其价值和使用价值，使农产品通过物流过程产生增值，进而降低农产品生产与流通成本，提高市场反应速度。

5. 强化人才培养

市、县（区）要将产业化集群内的龙头企业经营管理者和员工培训纳入"农村创业人才培训计划"和"农村实用人才队伍建设规划"等人才培训工程，在资金上给予适当倾斜，采取政府扶持与市场运作相结合的办法，整合社会资源，加大培训力度，创新培训方式，提高培训质量。引导产业化集群内的龙头企业与高等院校建立长期稳定的人才培养机制，采取多种形式培养用于现代农业产业化集群发展的各类人才。

6. 实施品牌发展战略，提高农产品质量安全水平

集成龙头企业品牌优势，打造区域品牌，提升品牌价值。支持龙头企业开展无公害农产品、绿色食品、有机食品认证和 ISO9000、HACCP 等质量控制体系认证，建立健全产品检验检测制度，以质量创品牌。强化具有知识产权和特色农产品品牌保护，支持农产品地理标志认证。开展品牌推广与营销，鼓励龙头企业开设直销店和连锁店，积极与大型连锁超市、批发市场对接，拓展市场空间。利用报刊、电视、网络和展销展示会等手段，加大品牌宣传推介力度，提高品牌的知名度和影响力。

7. 加强政策扶持和服务

农业产业化还处于起步阶段，各相关部门要采取措施在财政、税收、信贷等方面提供政策支持，创造更好的政策环境加大财税扶持力度。如设立重点龙头企业专项资金；对农产品资源开发、加工或流通企业减免企业所得税，对从事农特产品生产经营个体工商户进行税收优惠；涉农部门要认真做好项目推优工作，积极向金融部门争取信贷支持，多渠道帮助农业产业化经营重点龙头企业向上级争取项目资金。及时准确地收集、分析、预报、发布国内外市场供求信息，为农户的生产经营决策服务；提供科技服务，通过政策引导、扶持和提供服务，为产业化的发展创造良好的外部环境。

B.35

济源市经济在调整期的可持续发展分析

济源市统计局课题组

摘 要:

国际金融危机以来，济源经济在快速发展中积累的各种矛盾和问题集中凸显，全市经济一度探底到历史最低水平；虽然在各种政策作用下出现短暂的回升，但在内外需基础不牢和国内政策的双重因素影响下，经济持续低迷。全市经济增长也由连续多年领跑全省18个省辖市降到目前力保目标的尴尬境地。本文对济源经济在转型调整期的可持续发展进行分析。

关键词:

济源 经济转型 升级 调整

2013年是实现"十二五"规划承上启下的一年，也是未来五年济源市在全省率先全面建成小康社会的关键年，从经济环境看，2013年经济增长仍处在转型调整阶段。

一 金融危机前的济源经济

从省直管到金融危机爆发前的12年间，历届济源市政府审时度势，紧抓各个时期的发展机遇，在一系列发展战略的指引下，济源经济实现快速跨越式的发展。但与此同时，追求经济增长速度的发展模式所积累的结构性矛盾也日益凸显，这些矛盾在金融危机爆发后都表现出来。

1. 1997~2003年：经济总量规模壮大

济源生产总值总量由1997年的44.70亿元增加到2003年的93.04亿元，

经济总量相当于 1996 年济源为县级市时水平的 2.1 倍；人均 GDP 由 1997 年的 7272 元上升到 2003 年的 14313 元，6 年翻了一番。

2. 2004～2008 年：经济发展提速增效

2004 年起，济源经济进入"黄金五年"，经济综合实力继续增强，主要人均经济指标在全省处于领先。

（1）经济增长持续位居全省前列。随着一批重点工业项目的投产拉动，工业经济不断提速，使得济源市多项经济指标增长领跑全省。2004～2008 年，全市 GDP、公共财政预算收入、固定资产投资、社会消费品零售额等指标增速一直位居全省前三位，济源"小而快"的特点发挥到了极致。

（2）经济效益明显提高。2004～2008 年，规模以上工业企业实现利润从 6.35 亿元增加到 26.34 亿元，年均增长 42.7%；人均 GDP 由 2004 年的 16871 元提高到 2008 年的 42476 元，人均经济实力居全省第 1 位。

（3）经济运行质量改善。地方财政收入由 2004 年的 6.80 亿元增加到 2008 年的 20.16 亿元，年均增长 31.2%；城乡居民收入稳步提高，其中城镇居民人均可支配收入由 2004 年的 7828 元提高到 2008 年的 13809 元，农民人均纯收入由 2004 年的 3397 元提高到 2008 年的 6671 元，分别居全省第 3 位和第 2 位；城乡差距逐步缩小。

3. 经济发展过程积蓄的矛盾和问题日益凸显

（1）内需和外需增长不平衡。2004 年，全市内需增长 13.5%，外需增长 37.6%；2008 年内需增长 14.1%，外需增长 18.9%；内、外需结构由 2004 年的 86.6∶13.4 发展到 2008 年的 83.3∶16.7。

（2）三次产业结构不平衡。济源产业结构持续"二、三、一"的格局，第一产业持续平稳；第二产业快速增长，比重上升；第三产业增长持续低于第二产业，占 GDP 的比重也呈逐年下降态势，成为制约全市经济增长的短板。

（3）工业内部结构矛盾突出。一是结构层次低，资源和环境压力加大。济源市以能源原材料工业起家，经过多年的发展，能源原材料工业已成全市主导行业，重化工业特征明显。轻、重工业结构由 2004 年的 7.8∶92.2 发展到 2008 年的 4.5∶95.5。二是高技术产业发展滞后，技术集约化程度低。2008

年，济源高技术产业企业比 2004 年增加了 60%，但增加值仅占工业增加值的 1%，低于全省平均水平 3 个百分点。

二 转型升级调整期的济源经济

金融危机爆发后，全球经济进入了大调整时期。济源多年发展积累的矛盾也随之凸显，经济增长低迷，全市经济进入深度调整期。

1. 经济增长持续低于危机前水平

无论是全国、全省还是济源，危机带来的影响一直在持续，且呈愈来愈深之势。2012 年，全国、全省、济源经济增长分别低于 2008 年水平 1.8 个、2.0 个和 3.0 个百分点，济源下滑程度高于全国全省。

2. 重工业主导型的省辖市受危机冲击大、持续时间长

金融危机以前，河南省工业占比 60% 以上，特别是重工业主导型的省辖市经济增速一直处在第一方阵，2008 年以来，这些省辖市经济增长全面降速。2012 年与济源经济结构相同的 7 个省辖市仍处在低迷期，除焦作市外，其他市经济增长下滑幅度均在 2 个百分点以上（见表1）。

表1 河南省重工业主导的省辖市金融危机前后经济增长变化

单位：%

省辖市	GDP 增速			规模以上工业增加值增速
	2004 年	2008 年	2012 年	2012 年
洛 阳 市	16.2	14.4	10	12.9
平顶山市	15.8	13.6	6.9	8.1
安 阳 市	15.9	13.1	7.5	9.5
鹤 壁 市	16.0	13.5	10.9	13.0
焦 作 市	21.1	12.6	11.3	14.2
三门峡市	13.4	15.1	12.1	15.0
济 源 市	17.1	14.8	11.6	15.3

金融危机后，全省经济增长格局发生较大变化，几乎是重新洗牌。重工业占比 60% 以上的省辖市增长位次普遍后移，而轻工业占比 40% 以上的省辖市受金融危机冲击较小，经济增长位次普遍前移（见表2）。

表2　河南省轻工业主导的省辖市金融危机前后经济增长变化

单位：%

省辖市	GDP 增速			规模以上工业增加值增速
	2004 年	2008 年	2012 年	2012 年
开封市	10.0	13.1	11.1	17.8
新乡市	14.6	13.9	11.4	16.2
周口市	14.0	12.3	10.7	19.7
信阳市	13.8	12.2	10.5	16.5
许昌市	14.5	12.6	12.3	17.4
漯河市	13.6	13.4	12.1	16.0
南阳市	15.6	12.1	10.2	16.3
驻马店市	15.1	11.8	10.4	18.6

3. 济源投资结构矛盾继续深化

金融危机后，稳增长和保增长成为各级政府的基本目标，经济刺激政策主要集中在工业领域，对工业的投资扶持远大于其他产业。第二产业在国民经济中占比越来越大，第三产业越来越小，投资结构矛盾继续深化。

4. 危机倒逼，工业内部调整转型出现积极变化

经济危机形成的倒逼机制，是经济结构调整的一个必需过程，也是一个必然结果。一是持续多年的重工业增长快于轻工业的格局有所改变，重工业增速回落。2012 年，轻工业增加值增长 15.6%，高于重工业增长 0.4 个百分点；重工业增速较 2008 年回落 5.4 个百分点。二是工业增长的支撑力逐步向高成长性产业转移。2012 年，随着富士康、中原特钢等装备制造业扩大产能，全市高技术产业增加值增长 259%，占工业增加值的比重达 5.3%，高于 2008 年 4.3 个百分点。

三　当前济源经济形势判断

1. 经济的高速增长得益于第二产业占比大的产业结构

经济发展速度是一个综合指标，是经济发展实力的综合体现，其高低除受经济发展水平制约外，还受产业结构等因素的影响。据测算：如果综合考虑三次产业结构和工业内部结构,在各行业增长速度一致的情况下,周口、驻马店GDP增长9.8%相当于全省增长12.3%,济源增长14.8%。如果设置一条等高线,开封、南阳、信阳等农业占比大的地市增长速度高于等高线,平顶山、鹤壁、济源等工业占比大的地市增长速度低于等高线,周口市初步核算增长速度与等高线持平。也就是说:近些年济源经济增长较快,在全省领跑,从未跌出过前6位,主要是得益于第二产业占比最大的产业结构。

2. 经济增长对工业和投资依赖过重

从经济增长的主导和拉动作用看,济源经济发展主要依赖工业和投资的增长。从三次产业贡献率看,济源2007~2011年第二产业的贡献率平均在60%左右,第三产业的贡献率平均在25%左右,相差35个百分点;济源经济的发展主要靠第二产业。从投资和消费对经济增长的贡献率来看,2008~2011年,投资对经济增长的贡献率由52.8%提高到83.2%,消费对经济增长的贡献率由25.2%下降到10.1%;经济增长对工业和投资的依赖过重。

3. 经济发展面临诸多不确定性

2008年以来济源经济两度下行,第一次从2008年的14.7%回落到2010年的12.5%,第二次从2011年的14.8%回落到2013年的12%,2013年济源面临更为复杂的经济形势,存在很多不确定性。

(1)传统支柱产业并未真正摆脱困境。1~9月,六大优势行业实现增加值同比增长9%,较1~8月回落0.2个百分点,低于全市平均水平6.6个百分点,对全市工业增长的贡献率为38.9%,拉动工业增长6.2个百分点,同比回落3个百分点。传统产业经济元气尚未恢复,未真正走出困境。

(2)短期内经济的较快增长主要依赖富士康的拉动。2013年以来,富士康成为拉动济源工业增长的主要动力。1~9月,全市工业产值1018.3亿元,其中富士康完成78.9亿元,对全市工业生产的贡献率达40.2%。剔除富士康因素,1~9月全市规模以上工业增加值同比增长9.6%(排全省第16位),实现利润同比增长6.8%(排全省第15位)。

(3)经济发展面临诸多压力。2012年济源主要经济指标增速在全省位次全面后退,GDP由第1位退至第6位,规模以上工业由第10位退至第12位,固定资产投资由第2位退至第12位;社会消费品零售总额由第1位退至第18

位，以往济源量小速度快的优势已经不在，济源已连续 3 年出现完不成省和市目标的局面，保目标的压力在逐步加大。

四　济源经济发展面临的机遇和挑战并存

未来 5 年是济源全面建成小康社会和实现两个"百年目标"的关键时期。正确分析未来 5 年济源经济社会发展环境，科学把握发展趋势，对于加快实现率先在全省全面建成小康社会和建设中原经济区"三化"协调发展先行区的宏伟目标具有重要意义。

1. 济源经济持续较快发展的外部环境依然良好

未来 5 年，虽然外部环境不稳定、不确定因素依然很多，但从长远看总体向好的趋势没有改变，有利因素依然占据主导地位。

（1）从国际环境看，国际金融危机导致世界经济格局已经并将继续发生深刻复杂的变化，世界主要国家正在积极推动新一轮科技创新和产业发展，努力抢占未来发展战略制高点，有利于推动中国战略性新兴产业发展，推动国内技术进步和产业转型升级。

（2）从国内环境看，一是坚持发展是中国现阶段的任务没有改变，二是坚持改革开放的基本国策没有改变，三是坚持均衡发展、共同富裕的最终目标没有改变。随着中国新一轮区域经济布局的加快推进和国务院关于《全国主体功能区规划》的颁布实施，促进中部崛起、西部大开发、振兴东北等一系列重大区域发展战略相继发力，有助于推动河南乃至济源的经济持续发展。

未来 5 年，济源仍处在承接产业转移的重大机遇期和产业结构升级的重要时期，产业在转型中发展，城市在转型中跨越，迈向新兴的地区性中心城市的发展新阶段，城市形象在不断完善和提升。这些都为济源率先全面建成小康社会奠定了坚实基础。

2. 未来 5 年济源经济发展仍面临严峻挑战

未来 5 年，国际金融危机将持续影响，其所引发的全球经济深度调整和国内长期积累的深层次矛盾也将继续显现，使得济源经济发展趋紧的运行格局不会有根本改变。

（1）经过多年的高速发展，中国已处在可以发挥综合优势的发展新起点，但是"不平衡、不稳定、不协调、不可持续"的问题依然突出。城乡区域发展差距依然较大，城市内部的二元化现象较为严重；产业结构不合理，科技创新能力不强；居民消费不足，内需、外需不协调；经济结构不尽合理，支撑中国经济30多年快速发展的劳动力、土地、能源资源等生产要素以及金融融资成本价格持续上升；人口红利出现拐点。更为突出的是，能源资源消耗多，环境污染严重，能源供应保障面临着人均占有量低、结构不合理等问题，能源对外依存度过高；环境约束加剧，空气质量问题突出。这些不利状况对济源的产业结构调整、生态环境建设等带来新的挑战。

（2）区域竞争更加激烈，结构性矛盾与深层次问题持续存在，济源发展压力明显加大。一是国家刺激政策对济源经济的带动作用减弱。与中部其他省份和省内其他城市相比，济源工业产品种类少，档次低、竞争力弱。二是经济发展的资源环境约束更加明显。未来济源将面临加快发展与转型升级及资源环境约束的多重压力，追求速度与效益提升处于两难选择，实现好与快的统一面临硬性约束。

五　调整期济源经济发展出路

伴随着《中原经济区规划纲要（2012~2020年)》的实施，济源有了新的定位和发展目标，即建设地区性的新兴中心城市，在全省率先全面建成小康社会和建设中原经济区"三化"协调发展先行区。面对新的形势和新的挑战，济源经济发展将何去何从？答案毋庸置疑：调中求进、转中促好，明确发展目标，在发展中促转变、在转变中促发展。

1. 加快发展需要明确目标

要实现"率先在全省建成小康社会"和"十二五"规划目标，济源经济年均增长需要保持在12%~14%。

实现GDP比2010年提前翻番目标需要年均增长12%以上。2010年济源GDP为343.4亿元，若到2020年生产总值实现翻番，2012~2020年全市生产总值年均增速需达到7%以上。若提前3年实现翻番目标，年均增长需达到

10.4% 以上。

2. 实现目标需要付诸行动

对于济源而言，必须首先处理好发展速度和发展质量的关系。一方面必须要保持一定的发展速度，在经济总量上实现一个较快的提升，只有发展了才能有效解决经济社会中出现的矛盾；另一方面经济总量的提升必须要具备一定的质量，不能盲目追求速度，必须做到全面、协调、可持续。

（1）抓好项目。一要加大项目招商力度。要把"招商引资"切实转向"择商选资"上，不断提高招商引资质量；要坚持行之有效的龙头招商行动计划，突出专业化集群式招商，积极培育引进总部企业，总部经济项目；要拓宽开放招商领域，积极引进高新、新型、新兴产业。二要加大项目推进力度，要健全项目协调推进机制。三要做好项目带动。要以高起点规划、重大项目实施为抓手，切实推动产业扩规模、上层次、有特色，进而带动全市经济发展。

（2）调好结构。一要优化好三次产业结构。要利用好产业分工格局调整、产业转移的机遇，加快调整优化产业结构；要加快服务业发展，努力落实好服务业三年行动计划，促进三产结构新突破。二要优化好投资、消费和出口结构。在投资上，要力避重复投资，防止出现新的产能过剩，使投资方向转到有市场需求、对未来经济发展有重大支撑作用的领域上来；在消费上，要优化消费环境，科学引导社会消费，努力培育新的消费热点，使扩大内需落到实处；在出口结构上，要继续稳定外贸市场，优化出口市场结构与商品结构，促进进出口市场的多元化，不断提高传统优势出口商品的质量和档次。三要优化好工业结构。面对新一轮产业升级大潮，要抓好承接东部沿海产业转移的机遇，抓好建设新型城镇化机遇，通过加大对能源原材料工业的技术升级改造力度，延长产业链条，提高产品附加值，发展循环经济，全面推进工业产业结构的升级和新型工业化建设。

（3）促好集聚。一要继续发挥产业集群效应。促进产业战略性布局，促进生产要素优化配置和上下游产业链条的整合，不仅要做好工业集聚，更要做好农业、旅游、文化、金融、商贸、物流等行业的集聚，通过集聚提高产业综合实力，获取更大的竞争优势，更好更快推动产业结构升级调整。二要进一步加大集聚区建设。加快完善基础设施和服务设施，进一步提升集聚区承载能力，要发展好特色园、区中园，大力培育集聚区主导产业，促进产业集群发展。三要充分发挥集聚引领作用。作为承接产业转移的载体，要围绕优势资源、优势产业、优势企业，优化产业布局进行集聚，提高产业集中度，增强产业集聚力，使产业集聚区的主导产业更明显，带动引领作用更有力。

（4）搞好改革。一要扎实推进经济领域重点和关键环节改革。深化国有企业内部改革，鼓励支持企业跨行业、跨地域、跨所有制战略重组。深化农村产权制度改革，加快推进农村产权的确权颁证，推动农村资产自由流转。深化行政审批改革，创新行政审批方式方法，提升审批效率。积极推进公立医院改革，巩固完善国家基本药物制度。二要持续创新要素保障机制。创新投融资体制机制，做大做强市级投融资公司，做实做活集聚区投融资公司，优化政府投融资运行机制；强化节约集约用地，扎实开展土地综合整治，积极推进人地挂钩试点，探索结余建设用地指标流转，缓解用地供需矛盾。加强人力资源建设，积极开展订单培训、定向培训、定岗培训，满足企业用工需求。

皮书数据库

中国社会科学院 社会科学文献出版社

首页　数据库检索　学术资源群　我的文献库　皮书活动态　有奖调查　皮书报道　皮书研究　联系我们　读者咨询　搜索报告

权威报告　热点资讯　海量资源

当代中国与世界发展的高端智库平台

皮书数据库　　www.pishu.com.cn

　　皮书数据库是专业的人文社会科学综合学术资源总库，以大型连续性图书——皮书系列为基础，整合国内外相关资讯构建而成。该数据库包含七大子库，涵盖两百多个主题，囊括了近十几年间中国与世界经济社会发展报告，覆盖经济、社会、政治、文化、教育、国际问题等多个领域。

　　皮书数据库以篇章为基本单位，方便用户对皮书内容的阅读需求。用户可进行全文检索，也可对文献题目、内容提要、作者名称、作者单位、关键字等基本信息进行检索，还可对检索到的篇章再作二次筛选，进行在线阅读或下载阅读。智能多维度导航，可使用户根据自己熟知的分类标准进行分类导航筛选，使查找和检索更高效、便捷。

　　权威的研究报告、独特的调研数据、前沿的热点资讯，皮书数据库已发展成为国内最具影响力的关于中国与世界现实问题研究的成果库和资讯库。

皮书俱乐部会员服务指南

1. 谁能成为皮书俱乐部成员？

- 皮书作者自动成为俱乐部会员
- 购买了皮书产品（纸质皮书、电子书）的个人用户

2. 会员可以享受的增值服务

- 加入皮书俱乐部，免费获赠该纸质图书的电子书
- 免费获赠皮书数据库100元充值卡
- 免费定期获赠皮书电子期刊
- 优先参与各类皮书学术活动
- 优先享受皮书产品的最新优惠

卡号：**7239814440983044**
密码：

3. 如何享受增值服务？

（1）加入皮书俱乐部，获赠该书的电子书

　　第1步 登录我社官网（www.ssap.com.cn），注册账号；

　　第2步 登录并进入"会员中心"—"皮书俱乐部"，提交加入皮书俱乐部申请；

　　第3步 审核通过后，自动进入俱乐部服务环节，填写相关购书信息即可自动兑换相应电子书。

（2）免费获赠皮书数据库100元充值卡

　　100元充值卡只能在皮书数据库中充值和使用

　　第1步 刮开附赠充值的涂层（左下）；

　　第2步 登录皮书数据库网站（www.pishu.com.cn），注册账号；

　　第3步 登录并进入"会员中心"—"在线充值"—"充值卡充值"，充值成功后即可使用。

4. 声明

　　解释权归社会科学文献出版社所有

皮书俱乐部会员可享受社会科学文献出版社其他相关免费增值服务，有任何疑问，均可与我们联系
联系电话：010-59367227　企业QQ：800045692　邮箱：pishuclub@ssap.cn
欢迎登录社会科学文献出版社官网（www.ssap.com.cn）和中国皮书网（www.pishu.cn）了解更多信息

法 律 声 明

　　"皮书系列"（含蓝皮书、绿皮书、黄皮书）由社会科学文献出版社最早使用并对外推广，现已成为中国图书市场上流行的品牌，是社会科学文献出版社的品牌图书。社会科学文献出版社拥有该系列图书的专有出版权和网络传播权，其 LOGO（▧）与"经济蓝皮书"、"社会蓝皮书"等皮书名称已在中华人民共和国工商行政管理总局商标局登记注册，社会科学文献出版社合法拥有其商标专用权。

　　未经社会科学文献出版社的授权和许可，任何复制、模仿或以其他方式侵害"皮书系列"和 LOGO（▧）、"经济蓝皮书"、"社会蓝皮书"等皮书名称商标专用权的行为均属于侵权行为，社会科学文献出版社将采取法律手段追究其法律责任，维护合法权益。

　　欢迎社会各界人士对侵犯社会科学文献出版社上述权利的违法行为进行举报。电话：010 - 59367121，电子邮箱：fawubu@ ssap. cn。

社会科学文献出版社